U0067279

突破閱讀困難

理念與實務

台灣學障學會　策劃

王瓊珠、陳淑麗　主編

作者簡介

（按作者姓氏筆劃排列）

方金雅（第七章）

　高雄師範大學師資培育中心副教授

王瓊珠（第二、六章）

　高雄師範大學特殊教育學系教授

林素貞（第十一章）

　高雄師範大學特殊教育學系教授

柯華葳（第八章）

　中央大學學習與教學研究所教授

洪儷瑜（第一、三、十、十一章）

　台灣師範大學特殊教育學系教授

陳秀芬（第十一章）

　台灣師範大學特殊教育中心助理研究員

陳明聰（第九章）

　嘉義大學特殊教育學系教授

陳俞君（第四章）

　樹德科技大學兒童與家庭服務系副教授

陳秋燕（第十一章）

　國中特殊教育教師

陳淑麗（第三、十、十一章）

　台東大學教育學系教授

曾世杰（第五章）

　台東大學特殊教育學系教授

楊欣宜（第十一章）

　國中特殊教育教師

盧昱雯（第十一章）

　國中特殊教育教師

目次

Part1 基礎篇

第一章
閱讀困難學生的特質   3

第二章
閱讀教學模式   27

第三章
有效的閱讀補救教學   49

Contents

目 次

Contents

序

有困難，怎麼辦？

近二十年來，全世界各國政府有鑑於學童閱讀能力逐漸下降，以及嚴重閱讀問題對社會可能造成的影響，無不紛紛推出因應之策略和政策，例如：美國的 No Child Left Behind Act（2002）、Reading First（2003），英國的 Sure Start （1998）、Primary National Strategy（2003）和 Secondary National Strategy（2005）。

學童閱讀能力逐漸下降的問題，為何會受到如此關注呢？因為很多研究已經指出，閱讀能力不僅是考試成績，也不僅是關係學校的成績而已，閱讀能力代表著一個人未來自我學習的能力。學童如果閱讀能力低下，在校期間會造成學業成就全面低下、蹺課、中輟等適應問題，甚至影響其離校後的成人生活，例如：升學、求職、薪資、犯罪等各種社會適應問題。所以，美國國立兒童健康研究院（National Institute of Child Health and Human Development, NICHD）前主任 Reid Loyn 於 2000 年就指出，一個國家應該把學童的閱讀問題視同為公共衛生的問題，不應僅限於學校教育的議題。著名的國際學生評量（Programme for International Students Assessment, PISA），主要是調查國二學生的基本知識能力，包括：閱讀、數學及自然。該調查工作認為，國二學生的閱讀能力是其未來成人終身學習的基礎，所以各國在 PISA 所得閱讀評量的結果，代表這個國家十年後，最年輕一代的工作力；如果國二學生閱讀能力無法達到基本水準，十年後，最年輕一代的工作力，也將缺乏終身學習的能力，其人力素質將難以因應時代變化所致之就業環境的調整；所以，閱讀不僅是學校考試成績而已。英國所推出的閱讀政策，除了教育部門之外，

連商業人力部門也參與提升閱讀能力的相關政策之制訂，可見閱讀力高低對一個國家影響之深遠。

既然閱讀力如此重要，當學童出現閱讀困難時，我們該怎麼辦呢？這就是台灣學障學會編輯此書的緣由。雖然，要大家都重視「閱讀困難」的議題並不容易，但如何發現困難、解決困難，甚至預防、突破困難更是一件不容易的事情。台灣學障學會本著專業回饋社會的精神，並執行本會預定「增進社會大眾對學習障礙之認識、發行學習障礙之相關資料」之任務，對於國內如何突破閱讀困難的議題，義不容辭的規劃出版《突破閱讀困難 —— 理念與實務》一書，預期將現有的理論和實徵支持的有效方法，以深入淺出的專書介紹。

本書的誕生，發想於中央大學柯華葳教授主持的「中文閱讀障礙診斷工具」之專案研究，柯教授在專案結束後，隨即規劃出版《中文閱讀障礙》之專書，並邀集多位學者介紹中文閱讀困難與評量等相關知識，她亦期待能有教學實務的相關書籍出版，讓讀者進一步了解如何進行中文閱讀困難之預防與補救等工作。柯教授和該研究小組發現，國內確實有將將近 10%的閱讀障礙學生，與國外的研究結果類似，其發現包括：閱讀能力低者會隨著年級，困難愈來愈大，亦即「貧者愈貧、富者愈富」的馬太效應，也發現閱讀障礙學生隨著年級增加而增加，亦即在早期可能尚未出現困難的閱讀障礙，因未能及早發現、及早補救的預防，而導致閱讀障礙學生人數在中、高年級有增加的現象。可見面對閱讀困難，不僅在補救而已，有系統的篩選和及早預防也是很重要的。

基於上述緣由，本會文宣出版組兩位同仁 —— 高雄師範大學王瓊珠教授和台東大學陳淑麗教授，義務幫忙擔任本書的編輯工作，兩位編輯歷經一年，包括擬定內容大綱、確定本書架構、邀請作者、審查、校閱、邀請導讀、編輯等工作，確實相當用心。本書共有十一章，分為基礎、教學和案例三大篇，試圖提供一個完整的架構，讓讀者在「閱讀困難」之主題，得以有理念、教學和實際範例縱貫之了解，而非僅限於教學策略的介紹；本書各章涵括之主題，從普世性的有效教學原則、各種閱讀成分的教學、支援閱讀困難之輔具，以及結合評量的補救措施，一直到如何建構一個完整的補救模式，甚至到如

何編輯補救教學的教材等，可說是鉅細靡遺。此外，本書各章所邀請的作者均是國內一時之選，不僅對所寫的主題有所專精，而且在該主題亦有多年的研究經驗，所寫之內容，尤其是策略與做法，都是有實徵研究支持的。本書所談的各種方法和執行模式，絕對是高度可行的，理論與實務結合之程度，也是國內少見。

　　本書之出版，首先要感謝柯華葳教授的鼓勵，台灣學障學會理監事的支持和經費挹注，讓本會有此機會共襄盛舉、出版此書。此外，王瓊珠、陳淑麗兩位編輯的專業和付出，以及十餘位作者的參與，讓本書得以兼顧完整性和專業代表性；本會首任理事長邱上真教授義務擔任審查工作，她不僅對本書各章提供建設性的意見之外，還提供讀者閱讀本書的指南，協助導讀的撰寫；本會助理黃致筠、袁瑞伶小姐的幫忙，和心理出版社總編輯林敬堯先生的配合，都是本書順利出版的功臣，特此致謝。

　　台灣學障學會以此書為系列出版之首冊，期待國人可以藉由專業知識的引介，能更了解如何突破困難，正向的、積極的面對各種學習困難，也期待本會能透過系列作品的出版，幫助學習障礙相關研究和服務之間建立一座互動的橋樑，更期待讀者繼續支持本會並給予回饋，共同為提升學習障礙者之生活品質而努力。

台灣學障學會理事長
于台灣師範大學博愛樓
2010 年 2 月 5 日

導 讀

　　「閱讀困難者」是一個異質性高的群體，一般泛指閱讀能力低於年級水準的學生。由於閱讀是許多學科學習的基礎，當個體無法順利學會閱讀時，小則波及其他領域的學習成效，嚴重的話還將衍生其他問題，如中輟、失業及其他社會問題等。因此許多先進國家都致力於國民閱讀素養的提升，因為閱讀力是國家未來國力的重要指標。

　　在教育現場，我們發現一些孩子因為受限於智力偏低、語言經驗缺乏、文化差異的影響，以致於對學校所教的東西缺乏相應的理解，因而產生閱讀困難。另外，還有一些學生雖然智力正常，亦無環境不利因素之干擾，卻仍有閱讀困難（稱為閱讀障礙），推測其主要問題係源於腦神經功能的些微異常，雖然是「些微」差異，卻讓學生的學習烏煙瘴氣，挫折不已。本書要談的便是如何依照有科學證據的方法，對這群學生進行閱讀補救教學。在目前的教育體制之下，雖然閱讀障礙的學生才有機會接受特殊教育服務，但這並不表示學校就可以對一般閱讀困難的學生置之不理。學校如何透過不同層級的學習支援系統來幫助閱讀困難嚴重程度不一的學生，老師如何評估學生的閱讀困難並提供有效的教學等，都是本書關心的焦點。本書共有十一章，分為三部分。第一章至第三章為基礎篇（Part I），第四章至第九章為教學篇（Part II），第十和十一章為案例篇（Part III），三者缺一不可，內容既涵蓋閱讀「理念」，也包括「實務」部分。

　　第一部分的基礎篇主要是介紹閱讀困難學生的特質、閱讀教學模式、有效的閱讀補救教學，提供讀者一個巨觀的視野，了解「閱讀困難」只是一個概括的名詞，閱讀困難學生的類型殊異。從閱讀成分來區分，閱讀困難的亞

型（subtypes）包括：讀寫障礙、理解障礙以及識字理解皆差等。另外，有的學者從閱讀相關認知成分來分類，其亞型包括：語音缺陷（聲韻缺陷）、視知覺缺陷、唸名缺陷等。當心評人員參考不同的分類框架時，對於個案評估的向度也會不同。同理，當教學者對閱讀困難學生的核心問題看法不同時，也會影響其後續教學與課程設計。因此，第一章開宗明義先從認識閱讀困難學生的特質談起，作者透過不同案例故事的分享，不僅為不同閱讀困難類型提出佐證，也提醒讀者注意到閱讀困難學生的問題不單是學科學習，語言溝通、行為問題、人際適應等都需要關注，同時，在他們弱勢的背後往往隱藏著鮮為人知的優勢，等待伯樂來發現。第二章係介紹三種主要的閱讀教學模式，即直接教學模式、認知策略教學模式、全語言教學模式。「閱讀該怎樣教才有效？」一直是學界爭論不已的議題，不同閱讀模式的教學主張有時是南轅北轍，特別是「直接教學模式」和「全語言教學模式」的意見經常針峰相對。作者並無意臧否哪個閱讀模式最優或最差，而是分析各教學模式背後的想法，讓讀者能夠根據學生的能力與需求，選擇一個比較適合的模式遵循。當然，也有人喜歡走中庸之道的「平衡閱讀教學」（balanced reading instruction）的模式。不過要提醒讀者的是，「中庸之道」不應該等於「大雜燴」，不管三七二十一就把所有閱讀元素都納入，而是一種基於對學生困難的理解而做出的教學決定。到了第三章「有效的閱讀補救教學」，作者又進一步提供學校和教學者更具體的建議，本章主要提及兩方面的訊息：⑴學校層級如何建立多層次的學習支援系統，來照顧每位學生的需求？實踐「帶好每一位學生」的教改理念；⑵有效的閱讀補救教學應當把握哪些原則？作者逐一闡述了九個有實證研究支持的教學原則，並輔以實際案例說明，讓讀者把看似高高在上的教育理論，轉化成具體的教學行動。

第二部分的教學篇主要係從閱讀發展與閱讀成分的層次與大小，逐步鋪陳，直至可協助或提升閱讀能力的輔助策略，有系統地介紹學前讀寫萌發期的閱讀指導策略（第四章）、識字前期所需的聲韻覺識和注音符號教學（第五章），隨著學生年級逐漸增長，老師要繼續提升個體的識字能力（第六章）、詞彙能力（第七章）以及閱讀理解能力（第八章），才能使其閱讀能力向上發展。要提醒讀者的是，各章所談的並不是各自獨立不相干的技能；

事實上，閱讀是技能的累積。學前階段的孩子儲備了豐富的口語經驗和表達語彙，有助於他們察覺口語與文字符號的對應關係，而優異的聲韻覺識和熟練的注音符號拼讀能力，好比是一座初學者從口語世界走到文字世界的橋樑。進入文字世界之後，閱讀能力開始像滾雪球一般，先是一點一滴地累積識字量，由單字擴充到語詞，從大量閱讀中也能學到很多學校沒教的生字和語詞。如同財富增生一般，學生的閱讀力也會出現「富者愈富，貧者愈貧」的現象（又稱為「馬太效應」，Matthew effect），讀愈多的孩子，閱讀能力愈好，反之，讀得少或不愛讀的孩子，閱讀能力就會愈差。雖然，閱讀量增加可提升學生的閱讀力，但要讀出文章的深意，還有賴老師的引導，並不是丟給學生一堆書和學習單，他們就會自然產生理解策略。第八章的作者點出了閱讀理解教學的關鍵想法，即理解策略教學要和文本內容緊扣，學生才有機會將所學之策略應用到不同的文本，將所學方法真正內化。此外，隨著科技與時俱進，已有若干輔具可協助閱讀困難者減少障礙，且閱讀媒材也不限於紙本，教學者可依據學習者的需要，善用科技帶來的便利，讓閱讀困難者經由繞道而行的方式，享受閱讀樂趣。

第三部分的案例篇主要係從統整的觀點，將評量、教學、教材三者融合在一起，透過真實案例的評估分析和閱讀補救教材的介紹，讓讀者將先前所讀的內容加以融會貫通。教學是一個動態歷程，教師要依據評量目的，選用適切的評量工具診斷學生的問題，準備難度適宜的學習材料，進行教學並評估學習成效。有鑑於教學歷程相當複雜，須同時考慮個體的起點能力和閱讀發展順序，擬定其學習重點。第十章的作者提出「特殊學生的語文能力發展課程之通用架構」（簡稱 DALC-SEN），讓老師有一個語文課程設計的參考架構，不致於茫無頭緒。另外，作者了解到閱讀材料若全靠老師自編，是相當吃力也缺乏系統性；第十一章及附錄係由三組作者群介紹他們已發展且經實驗成功的補救教學教材，讀者可參酌其設計原則與內涵，透過仿效或選用，早日到達成功之路。

總之，閱讀沒有捷徑，也不是天生自然就會。在學習閱讀的過程中，孩子每一個小成就都是寶貴文化資產傳遞的成果。對閱讀困難的學生來說，光有懂文字的大人在身旁陪伴還不夠，還要能診斷問題、找到適合的藥方與服

用方法、持續地觀察改善狀況才行。總結來說，此書最終目的是希望透過有學理根據的教學指引，讓老師的教學行動不是一味盲目追求流行，也不是僅僅固守一成不變的教材與教法，卻無視於學生的困難與需求。

邱上真 教授指導
王瓊珠 教授撰稿

Part I

基礎篇

第一章

閱讀困難學生的特質

洪儷瑜

　　閱讀困難學生一般而言，是指閱讀能力低於年級或智力水準的學生，但由於閱讀困難的核心問題不一，因此有不同亞型的閱讀困難者。本章在討論閱讀困難學生的特徵時，乃先以一般對閱讀困難的統稱來介紹，先了解閱讀困難學生人口統計的特徵和適應行為問題，再依據不同學者對閱讀障礙的分類方法，介紹不同亞型之閱讀障礙學生，其讀寫表現與口語能力等特徵，期待讓心評專業人員或教學介入者，對閱讀困難之問題有基礎的了解。

第一節
閱讀困難學生之特徵

一　人口統計的特徵

　　閱讀困難學生到底有多少人？是否比較容易出現在哪些特定族群？美國、英國和紐西蘭的研究發現，閱讀困難是一般人閱讀能力分配下的一小群人，這群人的閱讀能力跟一般人的閱讀能力是呈現連續性的差異，且沒有一個絕對的切截點可以明顯區分閱讀困難者和一般人，很多切截點都只是人為的決定（Shaywitz, 2003）。可見閱讀困難的定義，僅是為了某些教育服務所使用

的名稱,而不同的使用目標可能會有不同的標準;因此,不同的報告也常看到不同的比率,例如:美國康州調查報告指出,約20%的學童有閱讀困難;美國教育部統計,接受特殊教育的閱讀障礙學生約占3.5%(Shaywitz, 2003);美國精神醫學會估計約有4%的閱讀障礙者(American Psychiatry Association, 1994)。

閱讀障礙是否會因為各國語文文字的不同,而有所差異?此問題在Stevenson 和其他國家學者之跨國調查研究中,已經證實了各國所得的比率差不多,也就是閱讀障礙的學生約占5.4至7.5%;而當時我國的徐澄清醫師也曾參與該研究(Stevenson et al., 1982)。事後美國學者在文獻回顧的報告中也指出,閱讀障礙者約占人口之10至15%(Vellutino, Fletcher, Snowling, & Scanlon, 2004)。

洪儷瑜等人在台北、高雄和台東的國中、國小,進行小規模的實際調查結果,發現約10.5%的學生有閱讀障礙;而其中男生略高於女生,約為1.5倍(洪儷瑜等,2007),確實比原來樣本之男女比率(1.05:1)略高,但差異並不明顯,與美國耶魯大學Shaywitz之論點差不多。她們發現,一般學校所服務的閱讀障礙學生,男生為女生的2至5倍之差異,可能與老師轉介的偏見有關。一般研究調查之閱讀障礙男女差異不會太大,但學校多依賴教師轉介,就容易出現男生的比率顯著高於女生,此可能與男生的閱讀困難比較容易出現外向性行為,因此容易被老師轉介有關;而女生的閱讀障礙可能較少出現外向行為問題,其問題會被教師忽視,導致實際接受特殊教育服務的男女比率之差異比研究調查所得來得明顯。

除了性別之外,閱讀困難學生出現的比率可能也與所處地區、家庭環境有關;國內外研究都發現,偏遠地區或文化刺激較少的區域,其閱讀能力會顯著低於都會或人口稠密的區域。柯華葳主持的《台灣四年級學生閱讀素養(PIRLS 2006 報告)》(柯華葳、詹益綾、張建妤、游婷雅,2008)一書發現,全台灣十萬人口以上的學校之四年級學生閱讀能力顯著高於十萬人口以下;洪儷瑜、蘇宜芬(Hung & Su, 2009)曾在北區偏遠學校的國一新生調查其基本閱讀能力,也發現其識字、閱讀理解或口語理解等能力均在全國常模T分數45以下。

　　根據柯華葳主持的《台灣四年級學生閱讀素養（PIRLS 2006 報告）》調查，也發現父母的學歷、家庭經濟狀況、家中藏書量、親子的互動程度與小四學生的閱讀能力表現有關。父母學歷較高者，其子女閱讀能力也較高；家庭經濟在一般或富裕之小四學生，其閱讀能力都優於家庭經濟不富裕的學生；家中有成人閱讀之藏書在 26 本以上的學生，其閱讀能力優於家中藏書 25 本以下的學生；家中安排親子活動，如看書、說故事、玩文字遊戲等，或父母與子女會聊彼此的事之家庭，其子女的閱讀能力優於低親子活動、低互動的家庭子女（柯華葳等，2008）。

　　由此可見，閱讀困難學生有較高的機率出現在人口較少或偏遠的地區，或父母學歷低、家庭經濟不佳、家中擁有成人閱讀之藏書少、親子活動少的家庭。

 適應特徵

　　閱讀困難學生除了閱讀能力不佳之外，在學校適應上可能會出現某些特徵，根據林怡芳（2007）比較語文型學習障礙（verbal learning disabilities，簡稱 VLD）、非語文型學習障礙（nonverbal learning disabilities，簡稱 NVLD）、輕度智能障礙（mild intellectual disabilities，簡稱 MID）和一般學生（normal control，簡稱 NC）等四組的學校適應表現，研究結果發現，語文型學障的溝通領域是其弱勢，僅比輕度智能障礙好，而動作能力是其優勢，與一般學生沒有顯著差異；進一步分析其弱勢能力——溝通能力，則發現語文型學障學生在讀寫能力比非語文型學障或輕度智能障礙差，但在接收性或表達性的口語溝通技能則剛好相反；可見語文有困難的閱讀障礙學生，在讀寫能力的表現是其明顯弱勢，但在口語方面的能力，卻比其他類型學障好，而動作方面的表現更是其優勢。

　　就閱讀障礙學生的情緒適應方面，林怡芳進一步比較上述四組學生的情緒適應情形，採用「貝克兒童及青少年量表（第二版）」（The Beck Youth Inventories, Second Edition，簡稱 BYI-II），結果發現語文型學障學生在情緒問題之焦慮、憂鬱、憤怒均低於非語文型學障學生；除了焦慮之外，其他兩

項情緒，語文型學障學生在憂鬱、憤怒略高於一般學生，但其違規行為卻是四組最高，略高於非語文型學習障礙和輕度智能障礙學生，顯著高於一般學生（林怡芳，2007），可見閱讀障礙的學生在情緒問題方面，可能不若其他類型的學障，但在違規行為方面的問題，卻可能是其較易出現的適應困難。

上述結果與一般常見描述閱讀障礙學生的特徵相當一致，可見，閱讀障礙學生除了在讀寫方面有困難之外，其他如口語溝通、動作、日常生活、社會適應等，雖可能出現低於一般學生，但卻不太明顯，甚至在動作方面與一般人無異；而閱讀障礙學生在情緒方面與一般人差異不大，但較容易會出現違規、犯罪的行為。然而，閱讀障礙學生由於讀寫方面的困難，很容易變成學業全面的低成就。林怡芳在其論文中訪談的小玉，就是一個典型的例子（參見故事一），雖然她並未出現任何違規行為問題，但由其狀況可了解很多潛在的適應危機。

故事一：教室裡的大雄——小玉

小玉（化名）就讀國小六年級，外表清秀、乖巧，從幼稚園起就發現國語學得不好，記得慢、忘得快，每次讀同一個字都會讀出不同的音，念了五年的幼稚園，到小學僅會讀三個注音符號。媽媽曾擔心帶去教學醫院的兒童心智科，醫師認為是「大隻雞晚啼」（台語：意思是較優秀的潛能較晚才會出現），要家長不用擔心。上小學後，上課容易分心，常需要一對一教導，寫考卷常看不懂題目而不會回答；從小一起，國語、數學都不好，家裡讓她去補習，效果也不好，也嘗試過各種方法教她，都沒有明顯成效。小玉的學習充滿挫折，曾經被老師和同學罵白痴，也曾因不會回答，被老師處罰而害怕去上學，小玉媽媽覺得她很像「哆啦A夢」劇中的大雄，功課不好、不喜歡寫功課、害怕考試，沒什麼朋友，經常被同學欺負或冷落。

　　小玉在家裡和弟弟的互動很正常，與家人相處也很正常，上了資源班交了幾個朋友，讓她比較喜歡學校生活，有時會把學校發生的事情帶回家分享，也會把學校教的生活相關知識與弟弟分享。家長擔心小玉對於學校所教導的常識似懂非懂的，其生活常識顯得有點幼稚、不成熟……

第二節
由閱讀困難亞型談其特徵

　　閱讀困難可因環境因素或生理因素所致而不同，一般認為生理因素所致的閱讀困難比較不容易補救（Richek, Caldwell, Jennings, & Lerner, 2002），所以，在台灣和美國的學習障礙定義中，都認為學習障礙是發生在一般補救教學成效不顯著的學生。由生理因素所造成的閱讀困難，可能包括智力、語言能力、聽力、視力或情緒等因素所造成，一般所談的閱讀障礙都不是這些因素所造成的閱讀困難。在閱讀障礙亞型的研究中，都是以這群不是因為環境、文化或個人生理、智力、情緒因素所造成的閱讀困難。

　　閱讀障礙事實上僅是很多不同閱讀困難的總稱，印裔美籍學者 Aaron、Joshi 和 William（1999）的專文〈並非所有閱讀障礙都是類似的〉（Not all reading disabilities are alike）指出，關於閱讀障礙亞型的說法很多：

1. 根據閱讀成分的區分：如 Gough 和 Tunmer（1986）利用閱讀簡單的成分將閱讀障礙分成三類，包括：識字解碼有問題的「讀寫障礙」、理解有問題的「理解障礙」，以及二者都有問題的「什錦型」，後來很多學者也遵循這個分法提出不同亞型（Aaron & Joshi, 1992），而國內洪儷瑜等人以及粘玉芳也採用此分法。

2. 根據閱讀認知成分的區分：最早的分法是 Bordor（1973）將讀寫障礙區分為語音缺陷（dysphonetic）或視覺缺陷（dyseidetic）兩種類型，國內溫詩麗（1996）、徐麗球（1998），以及陳淑麗、曾世杰（2005）也曾遵循此類去區分亞型。

3. 根據閱讀發展的區分：Spear-Swerling 和 Sternberg（1994）利用閱讀發展階段，提出解釋造成閱讀困難的可能路徑，他們根據各階段的技能學習狀況來區分閱讀障礙發展偏軌的類型，包括：非拼音型（nonalphabetic readers）、解碼有限的補償型（compensatory readers）、能認字但未自動化（unautomatic readers）、遲緩（delayed readers），以及次佳（suboptimal）等五種讀者，王瓊珠（2003）、洪儷瑜（2005）也曾依據此分類探討閱讀障礙亞型。

本文將依據以上的亞型介紹各種閱讀困難的特徵。

以閱讀認知成分的區分

　　早期閱讀障礙亞型的區分是以閱讀認知成分來進行，常被引用的是 Bordor（1973）將閱讀障礙區分為語音缺陷（dysphonetic）或視覺缺陷（dyseidetic）兩種類型；後來學者依據獲得性障礙，分為深層型讀寫障礙（deep dyslexia）和表層型讀寫障礙（surface dyslexia）（邱上真、洪碧霞，1997；Miles & Miles, 1996）。國內溫詩麗、徐麗球分別用不同年級和不同標準所得之閱讀困難對象進行亞型研究，他們都採用聲韻處理、視知覺處理等 9 或 12 種認知評量，結果也發現類似的亞型，在聲韻困難、視知覺困難、認知能力差和認知能力皆正常的四組中，其中兩個研究皆發現，所有閱讀困難樣本中，以認知能力皆正常者之比率最高，小二為 34%（溫詩麗，1996）、小三為 39%、小六為 43.3%（徐麗球，1998）；兩個研究均指出，這群認知能力皆正常者，可能是一般環境因素所致的閱讀困難；這可能是因為兩個研究之閱讀困難學生，皆以智力和國語文成就或閱讀能力之差距標準篩選，所以研究樣本出現認知能力皆正常的亞型最多。排除認知能力正常者，他們的研究都發現，閱讀困難可分為三種亞型，在具有認知能力困難之人數最多的亞型因年級而異，小二和小三的樣本以視知覺困難之亞型為最多，小二有 21.5%（溫詩麗，1996），小三有 31.4%（徐麗球，1998）；但小六卻以聲韻處理困難之亞型的比率最高（占 25.9%）（徐麗球，1998）；在小二、小三樣本中，次多的亞型是語音處理困難的人數，在小二閱讀困難學童中發現，這組僅是視知覺

困難程度大於語音處理困難（占小二樣本 25.7%），小三閱讀困難學童卻是語音處理的相關認知能力均顯著低下，其人數占有認知能力困難之亞型的次多（占 21.9%），與低年級不同的是，小六閱讀困難學童以各項能力均差組次多（占 25%）；而各項能力皆差的亞型在小二、小三卻是最少的。

可見依據視知覺和聲韻處理所區分之閱讀困難亞型種類雖然差不多，但人數比率卻會因年級而有差異。大部分學生都沒有所謂的閱讀認知能力之缺陷，有認知缺陷的閱讀障礙者，根據語音和視覺處理兩大項能力，可區分為語音處理困難（類似 Border 的語音缺陷）、視知覺處理困難（類似 Border 的視覺缺陷）和各項能力皆差等三組，但各亞型的人數比率和 Border 或其他拼音文字之研究結果有異，拼音文字所得之亞型以語音處理缺陷較多，而台灣的亞型卻以視知覺處理缺陷較多，但到了小六，則和 Border 的結果相似。以下就依據此三組說明不同閱讀困難的特徵。

（一）語音缺陷

語音缺陷常被認為是識字解碼有困難的閱讀障礙之核心缺陷（Lyon, 2003; Vellutino et al., 2004），李俊仁、柯華葳（2007）指出，中文閱讀困難的核心問題在聲韻覺識的證據強於視知覺處理能力，語音缺陷型之閱讀障礙應該是典型的讀寫障礙（dyslexia），其主要缺陷在聲韻處理（phonological processing）的能力。根據香港大學教授 McBride-Chang（1995）整理閱讀障礙者之聲韻處理能力的文獻，歸納出聲韻處理困難的特徵如下：在語音處理上較不流暢，特別是子音塞音，如 s 或ㄙ；在子音或母音的區辨、分類方面，音調、音素的區辨較差。

語音缺陷型的讀者在閱讀時，可能出現字母的形和音連結有困難，例如：不會唸注音符號或字母，或者會唸注音符號但不會拼讀（如不會拼讀沒有學過字音或假字，或無法把字拆成音節、音素），對押韻或相同子音的字之辨識不好，甚至不會區分四聲調，這些即是傳統文獻所提到的深層型讀寫障礙（Miles & Miles, 1996）。深層型讀寫障礙者會因為音形連結的缺陷，轉為利用語意連結字形，而把一個字唸成語音差異很大的字，例如：「forest」唸成「tree」，「校」唸成「學」，但所唸出來的音都是語意相近（或有關聯）的音。

（二）視覺缺陷

　　視知覺處理一直被認為是中文閱讀與拼音文字系統閱讀的差異，但後來的文獻已肯定中文閱讀之核心缺陷仍以語音處理為主；然而台灣的兩個研究，卻發現在小二、小三的閱讀障礙或低成就，都以字形的視知覺處理缺陷為多數，比率約二至三成（徐麗球，1998；溫詩麗，1996）。視知覺處理缺陷主要是字形的視覺分析能力有問題，如依賴音形關係的認讀，常會犯音似異義字的錯誤，例如：將「meat」讀成「met」，「cap」讀成「cop」，在中文部分則像同音形似字的錯誤，例如：「籃」球的「籃」誤解成「藍」，這類也是傳統文獻所謂的表層型讀寫障礙型，由於他們的字音連結能力不錯，但語意和字形的視覺連結缺陷，所以他們雖然可以把字唸出音來，但卻不知道字義，或唸成意義差異很大的詞，例如：「空閒」唸成「空間」。異於深層型讀寫障礙者，他們可以讀假字，但對不規則字的表現就比規則字差很多，因為拼音文字的不規則字，都是音形連結的例外。

（三）綜合型──各項能力皆差

　　這群學生是語音處理和字形處理能力均差，通常是閱讀困難較為嚴重者，他們不僅是無法認讀、區辨注音符號、拼音，對於字形的區辨能力也差，所以，他們出現的問題比上述兩類複雜，錯誤也比上述兩類多元，也可能是以下分類的閱讀能力低下者或是嚴重閱讀困難的非讀者。

（四）唸名速度缺陷

　　唸名速度缺陷主要來自雙缺陷假說（double-deficit hypothesis），這是另一種對閱讀障礙亞型的主張，美國學者 Wolf 和她的同事（Wolf & Bower, 2000）認為，聲韻覺識的單一缺陷無法完全解釋閱讀障礙，所以，她們提出「快速唸名」（rapid naming）是閱讀障礙的另一項認知缺陷。依照雙缺陷假說，可將閱讀障礙分成三種亞型：聲韻覺識缺陷（phonological-deficit，簡稱PD）、唸名速度缺陷（speed-naming-deficit，簡稱SND）以及雙缺陷（double deficit，簡稱DD）（如圖 1-1 所示）。

圖 1-1　雙缺陷假說對閱讀障礙的亞型分類

　　國內曾世杰（1999）和他的研究生曾編製聲韻覺識測驗、唸名測驗（曾世杰、邱上真、林彥同，2003），以及利用雙缺陷假說探討國內閱讀障礙的亞型，證實雙缺陷假說在中文的閱讀障礙學生中，也找到這三個亞型，並提出補救教學的方案（陳淑麗、曾世杰，2005）。其中的聲韻缺陷與上述的語音缺陷型類似，唸名速度缺陷則是流暢性差的學生，他們在聲韻處理上沒有問題，可以正確的拼讀注音符號或英文，但在唸讀、名詞檢索上出現速度過慢的問題，陳淑麗、曾世杰（2005）針對他們的困難所設計之補救教學課程，主要採用含有組字規則、語意、文意結構和朗讀流暢性的包裹設計。

　　至於雙重缺陷亞型是否與上述各項能力皆差的亞型類似，仍待探討。由於國內亞型的研究都沒有同時包括語音、視知覺和流暢性，所以，無法了解視知覺和流暢性的關係。在 Aaron 等人（1999）的研究中，他們以三、四、六年級的美國學生為對象，發現各閱讀能力和認知能力之相關在各年級之組型都不太一樣，組字規則處理和認字速度相關密切。其結果也呼應國內上述亞型的研究結果，也就是認知組型在年級間有差異；另外，也提醒了視知覺和流暢性的問題可能有關聯。因為台灣的兩篇亞型研究發現，小六的各項能力皆差組之人數比率遠高於小二及小三，而視覺缺陷型的人數大幅減少，如果對於小六受試增加唸名流暢性之評量，也許高年級各項能力皆差組可能與視知覺處理缺陷之組型重複，成為視知覺和流暢性差以及各項都差兩組，如此一來，雙重缺陷亞型就可能是各項能力都差的。果真如此的話，高年級的

視知覺缺陷組型人數的減少，可能是視知覺處理能力隨著年級增長，到了高年級單純用正確性所找到的比率自然不多，如可以評量流暢性，就可能在視知覺和流暢性組方面會增加人數。這些猜測仍須待未來不同年級學生的亞型研究，採用語音處理、視知覺處理、流暢性等評量重新檢驗。

以閱讀成分的區分

以閱讀成分區分閱讀障礙的主張主要有三項，說明如下。

（一）識字解碼差 ── 讀寫障礙、特定型閱讀障礙

識字解碼有困難主要是在認讀單字有困難，但其口語理解正常，其認知缺陷確實主要在聲韻覺識之處理（Lyon, 2003; Vellutino et al., 2004）。陳慶順（2001）以小二的識字困難學生採靜態對照組之比較發現，注音符號認讀、去音首和聲調處理等聲韻覺識能力，以及工作記憶、序列記憶等認知能力均能顯著區分二組；洪儷瑜等在二、四和七年級的閱讀障礙之不同組型的研究中，也發現聲韻處理能力（去音首、假音認讀）僅在讀寫障礙組較差，在理解障礙組並沒有出現顯著低於一般學生（Hung, Chen, Wang, Fang, & Chen, 2008）。然而，陳美文（2002）針對識字困難的學生進一步區分為單獨識字有困難以及兼有讀寫字困難者，單純識字困難和讀寫字均有困難者之比率差不多，但單純識字困難學生雖然抄寫能力不錯，但其在聽寫和看注音寫國字等表現均低於T分數40，此現象即呼應了「國際讀寫障礙協會」（International Dyslexia Association，簡稱IDA）於2003年所發表的定義，識字困難學生也會出現拼字的困難，其定義如下：

> 是一種由腦神經生理基礎的特殊學習障礙，它的特徵在認字的正確和（或）流暢性有困難，以及表現出拼字能力和解碼能力差。這種困難典型是因語言的聲韻能力有缺陷，並非其他認知能力或教學使然，其衍生的問題包括在閱讀理解有問題，以及減少可以增加詞彙和背景知識的閱讀經驗。（Lyon, 2003: 2）

　　強調識字困難的「dyslexia」，過去在國內都翻譯成「閱讀障礙」，也與
「reading disabilities」混用，忽略了閱讀障礙者還包括一群沒有識字解碼問題
者。此混用的問題在英文文獻也被提醒，很多學者開始區分這兩個名詞的差
異（Aaron et al., 1999; Catts, Adlof, Hogan, & Weismer, 2005; Shaywitz, 2003），
而將「dyslexia」鎖定在識字解碼的缺陷；國內也有人將此譯成「失讀症」、
「識字障礙」或「識字困難」。早期筆者也使用「識字困難」，但卻發現老
師因為名詞僅有「識字」而無法正確轉介，因為老師在教室看到學生經常合
併識字和寫字的困難，甚至在高年級以上的學生，老師可能因少有機會觀察
到學生認讀沒有脈絡的字，而覺得學生沒有識字問題，卻因僅觀察到學生寫
字的困難，而堅持否認學生認讀有困難，甚至誤導診斷學生僅有書寫的困難。
此問題經常在精密專業的評估之後，才發現學生被隱藏的識字解碼問題。

　　識字困難被忽略的現象，在外語學習的研究中也有發現，國內外均發現
在外語拼讀學習有困難的學生，有一部分在母語認讀字上也有困難，但卻有
一部分學生在母語認讀字已追上正常水準，但追蹤其小時候的母語學習經驗，
卻發現其當時認讀字確實有困難，因長期補救讓他在母語上的識字解碼困難
已消失不見了，但類似的困難卻重新出現在外語的學習上（邱于真，2009；
張寶娟，2007；Sparks et al., 1998）。

　　因此，識字解碼困難的學生不能僅依賴教師的觀察，確實的評估，包括：
正確的評估、核心缺陷的確定、相關問題的排除，以及發展資料的蒐集和考
量等，都是必要的。

　　此外，由上述「國際讀寫障礙協會」（IDA）的定義中，提醒了我們識
字解碼有困難的學生，可能會衍生出寫字、閱讀理解的問題，甚至語言的問
題。粘玉芳利用簡單觀點模式的分類，比較四組小三學生在口語敘事的差異，
結果發現，讀寫障礙學生在敘事上使用較少的關聯連接詞，所以他們的複雜
句型僅是短句的組合，缺乏關聯連接詞，例如：「野鹿突然往前奔跑把小男
孩摔到了一個香水裡」（粘玉芳，2008），可見識字解碼能力的困難不但影
響閱讀理解，也會影響外語學習和口語表達。

　　然而，此一亞型卻是閱讀障礙學生中，有較高機率是有所成就的，許多
成功的閱讀障礙名人，包括新加坡前總理李光耀、維京集團負責人柏雷森

（Richard Branson），都是屬於此一亞型（刊欣，2002）。

（二）理解差——理解障礙、非特定型閱讀障礙

識字能力正常但理解有困難的這群學生，即為理解障礙，這群早期曾被認為是自閉症的專有特徵，但後來發現，有一群語言理解有困難但識字能力正常的學生並沒有社會互動、固執行為等問題，這群閱讀障礙亞型才漸被重視（Nation, 2005）。洪儷瑜等人（2007）研究發現，這個亞型的學生在小學中年級以前的成績可能是正常的；美國 Leach 等人比較四、五年級閱讀障礙學生在小三以前或以後被鑑定者，結果也發現小三以後鑑定的學生較多是理解困難型的學生（Leach, Scarborough, & Rescorla, 2003），可見這是一群低成就會較晚出現的學生，而他們的口語能力應該早已經出現異常，僅是他們的口語困難不致於影響小三以前的學業成績。除了在口語理解能力不佳之外，粘玉芳（2008）也發現，小三理解困難學生在看圖說故事的敘事能力上，出現簡單句多、錯誤句型之比率較一般學生高，他們會組合一些詞彙但卻不能成為正確的句子，或不能正確描述所要表達的意思，例如：「那個狗狗吊著蜜蜂窩，把蜜蜂窩打到地上」。

這群學生可能因記憶力、識字解碼尚可，在低年級時，學習成就不會顯現出問題，但到了中高年級課程難度增加時，就顯現出其理解的困難，這群學生仍以低年級的方式學習，而老師卻不能覺察到學生理解能力的困境，隨著年級增長，各科成績愈顯低落。根據臨床經驗，理解困難學生最早以及最容易出現問題的科目往往是數學，因國小之國語成績有時在努力背誦下，成績還可維持在班上的平均水準，因而被誤解為數學障礙；事實上，他們的計算和數字感可能是不錯的，僅是在應用問題或複雜的計算，如缺失值計算、三則運算時，才可能出現問題，這些困難可能與語言理解之缺陷有關。

（三）識字理解皆差

識字和理解能力均差的閱讀障礙，早期被認為是智能障礙或智力低下的弱讀者（Aaron & Joshi, 1992），但洪儷瑜等人（2007）研究發現，這群人的智力是正常的，甚至可以在平均數以上，但他們的在識字、口語理解等方面

都表現得不好，有學者稱之為語言型學習障礙（Catts & Kamhi, 1999），也有學者認為是特定型語言缺陷（specific language impairment，簡稱SLI）（Bishop & Snowling, 2004）。粘玉芳（2008）發現，這類亞型的小三學生在看圖說故事的敘事能力上，連簡單句都很短，例如：「小男孩掉到湖裡」這樣的簡單句，理解困難學生卻可以說出：「結果小男孩就掉下水池了」，語意較語言型學障學生豐富；此外，語言型學障學生的錯誤句也多，例如：在小男孩被麋鹿舉起來的一張圖片中，學生說「小男孩掛起來了」，句子簡化但也錯誤表達。

　　這類學生經常也會出現讀寫困難、閱讀困難，但因其具有簡單的口語溝通能力，而易被忽略其口語理解和表達能力的缺陷。這類學生也可能是閱讀障礙嚴重的類型，臨床上曾發現一位識字、理解皆差的學障生，他在人際互動的語言簡單，經常因為誤解語言而生氣或不高興，周圍的人都認為他情緒化，家人想要利用聊天紓解他的情緒，但經常被他拒絕或弄得更僵。他媽媽說：「只好讓他自己關起來，自己就會氣消了。不然怎麼說，也沒有用。」可見，他們不僅是功課不好，在語言運用和生活適應上也可能出現一些徵兆。但他們可能會有一些非語文的天分，例如：可能是學校校隊選手，或是在摺紙、刻印章、紙黏土或穿珠、烹飪等方面的高手，或是動植物的專家。所以，在評估閱讀困難時，一定要有語言的評估，否則老是將學生語言的問題歸因於內向、情緒化、幼稚等個性情意方面的問題，而錯過了幫助學生的機會。除了診斷出問題之外，也要留意他們的優勢能力，尤其他們在優勢方面的投入和學習態度經常跟學科很不一樣，透過優勢可以證明他們並非智力低下或缺乏學習動機。

 ## 三　以閱讀能力發展階段的區分

　　美國學者 Spear-Swerling 和 Sternberg（1994）利用閱讀發展階段提出解釋造成閱讀困難的路徑，一般成熟的讀者（skilled readers）之閱讀發展會經歷過六個階段：(1)視覺線索識字（visual-cue）；(2)語音線索識字（phonetic-cue）；(3)有限識字（controlled word recognition）；(4)自動化識字（automatic word recognition）；(5)策略性閱讀（strategic reading），以及(6)高度流暢閱讀（highly fluency reading）。不同的發展階段均有不同的識字策略或代償策略，他們認為，閱讀困難的產生並不是靜態的或只在某個階段才發生，而是在整個閱讀發展中，偏離了正軌（off track）的發展路徑，偏軌發展就會產生閱讀學習的困難。他們根據各階段之重點技能，區分閱讀障礙發展偏軌的類型，分為非拼音型（nonalphabetic readers）、解碼有限的補償型（compensatory readers）、能認字但未自動化（unautomatic readers）、遲緩（delayed readers）、次佳（suboptimal）等五種讀者。前四種類型在認字解碼或理解技巧發展有困難，被視為是有障礙的讀者，第五種類型是一般缺乏策略的低成就學生。

　　王瓊珠（2003）根據 Spear-Swerling 和 Sternberg（1994）的閱讀障礙類型，分析國小一年級疑似讀寫障礙的學生，包括疑似閱讀障礙學童和一般對照組的學童各 16 名，並根據學童的表現歸納出六種發展偏軌的類型：非讀者、萌芽型、解字型、遲緩型、拼音型和流暢型等。筆者在 2002 至 2004 年間適性研究之學生 12 位，利用教師觀察資料、學生作業或聯絡本等所有作品紀錄、家長訪談，與其他心理測驗為分類依據，依據前述 IDA 閱讀障礙定義所提之能力，包含識字、寫字和文章理解等三種能力，大致區分為：有限閱讀能力者、注音符號依賴型（或拼音）者、策略補償或未自動化，以及閱讀遲緩或理解缺陷等四種（洪儷瑜，2005）。相較於王瓊珠以及 Spear-Swerling 和 Sternberg 所得的類型，略有所不同。比 Spear-Swerling 和 Sternberg 所提出的障礙類型少一類——「非自動化」，主要是筆者研究受試以讀寫字有困難為主，「非自動化」和「策略閱讀」有所重疊，因中文除了注音符號代償之外，還有字形、聲旁等策略可以使用，故採其閱讀策略命名，故以「策略閱讀」為命名之依據；另外，也未見高層次理解缺陷的次佳型。而相較於王瓊珠（2003）所提出的六類（非讀者、萌芽型、解字型、遲緩型、拼音型和流暢型）也少了兩類（萌芽型、解字型），主要可能是王瓊珠的分類中，流暢型是屬於非閱讀障礙，因該研究受試僅是疑似學習障礙，也可能包括了正常學生，且解字型可能隨年級轉變成注音符號依賴型或策略補償型，因為王瓊珠的受試年級較小，筆者研究的受試均是中年級以上。表 1-1 呈現中年級閱讀障礙學生的發展偏軌類型，與王瓊珠、Spear-Swerling 和 Sternberg 的類型

表 1-1　閱讀發展偏軌類型之特徵和比較

類型	識字量	寫字量	文章理解	類似其他研究用的類型註
有限閱讀能力	0～500 字（約小一以下）	0～500 字（約小一以下）	解碼能力差，難以閱讀文章。	王：非讀者 SS：非拼音型
注音符號依賴	800～1,500 字（識字約在小一、小二程度）	0～1,000 字（約小一程度或更差，寫字多以注音符號替代）	可以閱讀有注音符號的文章，因解碼限制，難以提升文章理解力。	王：解字型 SS：解碼有限補償型
策略補償	1,400～1,600 字（識字約在小二、小三）	800～1,000 字（約有小一、小二的程度，但寫字經常出現錯別字）	可以閱讀能力範圍內的文章，但讀難字太多的文章時，會因解碼不成熟而影響理解力。	王：解字型的晚期 SS：解碼有限補償型、非自動化
閱讀遲緩	1,200～1,700 字（識字在小二、小三程度）	1,000 字以上（錯別字不多）	閱讀尚流暢，可識字但不理解，文章理解僅限於字面理解，行間或高層次理解能力不好。	王：遲緩 SS：次佳型

註：王代表王瓊珠，SS 代表 Spear-Swerling 和 Sternberg。

名稱之比較。

　　表 1-1 和其他兩個研究顯示，閱讀障礙發展偏軌在小一可能出現閱讀能力很低的非讀者、萌芽、解字、拼音、遲緩等類型，但到了中年級，閱讀障礙的偏軌類型出現了有限閱讀能力者、注音符號依賴、策略補償和遲緩等四個類型，由此可推測低年級的萌芽、解字、拼音型的閱讀困難，可能會隨著年級改變，但有限閱讀能力者（或稱非讀者）這一類型卻難以隨著年級改變，也許是因為他們的閱讀能力過低，難以在現有教育下獲得適性課程之補救，普通班的課程或是資源班調整普通班課程，似乎對他們閱讀能力的改變不大。就如同以下故事二的力美；並另舉故事三、四，以分別說明注音符號依賴和

故事二：痛苦的讀者——力美

　　力美（化名）是小四女生，在小三時於學校參與研究被篩選進入語文補救教學實驗班。她剛到補救教學班時，經常跟老師起衝突，尤其是在寫字、朗讀評量時，她會抗拒，甚至逃離教室。經過一學期的相處，她似乎了解老師不會處罰、嘲笑她，且還有增強的點數，她慢慢開始願意寫考卷、寫作業、個別朗讀。但她的寫字考卷經常空白（如圖1-4所示），儘管她會寫一些筆劃簡單的字，例如：上、中、下、大、小等，偶而難得會寫出較多筆劃的字，但卻像「畫」字，沒有筆順、布局可言。每次上課學了3至4個字，但記憶僅能保留到該課結束，在綜合複習活動時經常就忘記了；而最好的狀況是她還記得簡單兩、三個五筆劃以下的字。讀課文也是她討厭的活動，即使是簡短的句子她都不容易朗讀流暢，即使到課堂最後，若可以全部朗讀完就已經算不錯了，而很難要求其流暢性。老師經常到課堂最後或單獨時間才安排她進行朗讀評量，因為她不要跟別的同學一組。上課幾乎沒有一個活動是她喜歡的，她也不喜歡跟同學一起分組練習或互評，只願意讓老師幫她評，好像只有老師可以知道她的困難。但是下課後，她卻和同學玩得很好，有時候還可以帶頭玩遊戲，上課勉強參與的樣子和下課的天真活潑實在非常不同。她說她來上課是因為她喜歡老師，但問她為什麼喜歡老師，她卻回答不出來，在幾次追問之下，她才靦腆的說：「老師很好。」

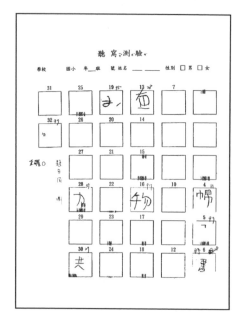

註：能寫出的字很少，僅寫出部分部件，難有完整的字，寫出來的字不是筆劃很少，就是部件組合錯誤。

圖1-4　非讀者之聽寫表現

故事三：恨不生在美國的英雄

　　英雄（化名）是一個安靜的小男生，他在小一、小二時的功課還不錯，但上了小三，老師發現他經常不會寫國字，不然就是國字寫得不完全，寫字作業變成了他的夢魘。後來，他轉到學校資源班進行施測，才發現他有識字困難，識字分數不到小二的程度，可是普通班老師懷疑資源班老師的說法，因為英雄在教室朗讀課文都沒有問題，生字詞也都會唸。資源班轉介英雄參加台灣師範大學的語文補救實驗班，實驗班老師發現，英雄的注音符號和拼音確實比其他同學還要好，但沒有注音符號的字和文章，他就讀得很慢。他很痛恨寫字，尤其是形似字，他很難區分，有一次寫「高」字時，他竟寫成「亮」字多次，在老師提醒之前都沒有發現自己寫的和黑板上的字不一樣。在沒有注音符號的「昧字」（maze）作業，他很辛苦的讀著一句一句，再圈選出空格的字，他會選出形似的別字，但選擇的表現比寫字好，他在聽寫或平常寫字幾乎有80%都是用注音符號（如圖1-5所示），其注音符號的正確性都在90%以上；但寫起國字就像「畫」字一樣的辛苦，尤其是多筆劃的字，經常把部件全擠成一團。資源班老師看到英雄如此辛苦，有時候不忍心只好讓他提供注音符號或允許他寫注音符號，他說：「如果英雄生在美國，學習英語課就不用這麼辛苦了。」

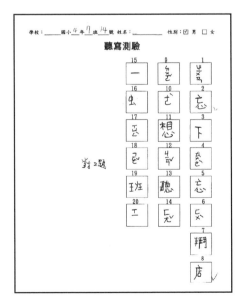

註：多以注音符號替代，部分字僅寫出部分部件，或寫同音字──「忘」。

圖1-5　注音符號依賴型之聽寫表現

故事四：長於使用策略的菁陵

　　菁陵（化名）從小一國語學習就有困難，經常功課寫到超過晚上 10 點，在學校參與台灣師範大學的研究被篩選參加語文補救實驗班，第一次來到台灣師範大學上課，就出現下課之後找不到原來教室的情形。老師也發現她很多方面都有點慢半拍，好像不容易馬上學會，但到單元結束時，她都能學會所教的字，閱讀的精熟度經常在 85% 以上，但書寫的精熟度僅在 50%，寫字對她而言比閱讀困難得多，她總是可以在單元最後一次的朗讀評量表現得不錯，甚至是班上最好的，但課堂開始的表現卻看不出來她的優秀。在書寫評量時，會發現她不是部首錯、部件錯誤，就是部件不完整；補救教學之前，她經常在書寫上空白，在接受補救教學之後，發現她的得分進步雖不多，但很多空白會變成不完整的部件或錯字（如圖 1-6 所示）。閱讀時，她會犯音異形似的錯誤，例如：把「輸」唸成「輪」，或語詞替代，例如：「柳橙」唸成「路燈」，有時唸錯了會自我修正，有時不會；尤其在實驗班課程後期，她在唸讀時自我修正的次數增加了，可以看出她在嘗試找到正確的字音或字詞。除了在讀寫活動表現上看到她長於使用各種策略，有時也會對於自己不會的部分假裝成自己故意犯錯，好掩飾自己的不會。

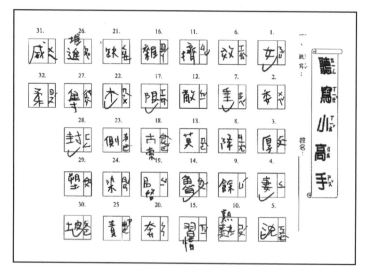

註：由該表之錯誤可知，其使用策略多元，包括：注音、形似、部件不完整、同音等不同策略。

圖 1-6　策略補償型之聽寫表現

策略兩類發展偏軌亞型的案例。

　　因此，如以學生在不同階段之閱讀或語文學習的困難狀況，亦可看出閱讀障礙不同類型的問題以及不同的發展類型。

 ## 四 結語

　　由上述各種閱讀障礙亞型的說法可知，同一名閱讀障礙的學生可能在不同的亞型主張會有不同的名稱，此主要是不同的亞型分類各有不同的強調特徵所致。上述這些亞型的特徵，旨在提供讀者了解閱讀困難的多面性，「閱讀困難」是一個異質性高的群體，透過亞型、不同發展偏軌類型，可以讓教師和臨床工作者了解其多元的特徵，進而有助於擬定篩檢、診斷工作計畫，以及設計教學介入計畫。

參考文獻

中文部分

王瓊珠（2003）。**國小一年級疑似閱讀障礙兒童之觀察研究**。台北市：心理。

刊　欣（2002）。創業天才、閱讀白痴／障礙兒高成就。**商業週刊，756**，57-59。

李俊仁、柯華葳（2007）。中文閱讀弱讀者的認知功能缺陷——視覺處理或是聲韻覺識？**特殊教育研究學刊，32**（4），1-18。

林怡芳（2007）。**國小非語文型與語文型學習障礙學生適應功能之比較研究**。國立台灣師範大學特殊教育學系碩士論文，未出版，台北市。

邱上真、洪碧霞（1997）。**國語文低成就學生閱讀表現之追蹤研究（II）**。行政院國家科學委員會專題研究計畫報告（報告編號：NSC 86-2413-H-017-002-F5），未出版。

邱于真（2009）。**國中英文識字困難學生之中文識字能力與中、英文識字基礎認知能力表現之相關研究**。國立台灣師範大學特殊教育學系碩士論文，未出版，台北市。

柯華葳、詹益綾、張建妤、游婷雅（2008）。**台灣四年級學生閱讀素養（PIRLS 2006 報告）**。桃園縣：國立中央大學學習與教學研究所。

洪儷瑜（2005）。**中文讀寫困難適性化補救教學——由常用字發展基本讀寫技能（I）、（II）**。行政院國家科學委員會專題研究計畫成果二年的期末總報告（報告編號：NSC-91-2413-H-003-020 & NSC-92-2413-H-003-020），未出版。

洪儷瑜、陳淑麗、王瓊珠、方金雅、陳美芳、張郁雯、柯華葳（2007）。**中文閱讀診斷工具臨床驗證性研究**。教育部委託專案報告，未出版。

徐麗球（1998）。**國語文低成就學童閱讀能力亞型探討**。國立台東師範學院國民教育研究所碩士論文，未出版，台東市。

張寶娟（2007）。**字母拼讀教學法對增進國中英語學習困難學生英語讀寫字學習成效之探討**。國立台灣師範大學特殊教育學系碩士論文，未出版，台北市。

陳美文（2002）。**國小讀寫困難學生認知能力之分析研究**。國立台灣師範大學特殊教育學系碩士論文，未出版，台北市。

陳淑麗、曾世杰（2005）。唸名速度及聲韻覺識在中文閱讀障礙亞型分類的角色。載於洪儷瑜、王瓊珠、陳長益（主編），**突破學習困難**（頁 179-213）。台北市：心理。

陳慶順（2001）。識字困難學生與普通學生識字認知成分之比較研究。**特殊教育研究學刊**，21，215-257。

粘玉芳（2008）。**不同閱讀障礙類型兒童與普通兒童口語敘事表現之比較研究**。國立台灣師範大學特殊教育學系碩士論文，未出版，台北市。

曾世杰（1999）。**聲韻覺識測驗**。未出版，台東市。

曾世杰、邱上真、林彥同（2003）。幼稚園至國小學童之各類唸名速度之研究。**師大學報──教育類**，48，261-290。

溫詩麗（1996）。**北市國小閱讀障礙資源班認知能力組型之研究**。國立台灣師範大學特殊教育學系碩士論文，未出版，台北市。

英文部分

Aaron, P. G., & Joshi, R. M. (1992). *Reading problems: Consultation and remediation*. New York: The Guilford Press.

Aaron, P. G., Joshi, R. M., & William, K. A. (1999). Not all the reading disabilities are alike. *Journal of Learning Disabilities, 32*, 120-147.

American Psychiatry Association (1994). *Diagnostic and statistical manual of mental disorders* (4th ed.). Washington, DC: The Author.

Bishop, D. V. M., & Snowling, M. J. (2004). Developmental dyslexia and specific language impairment: Same or different? *Psychological Bulletin, 130*, 858-886.

Bordor, E. (1973). Developmental dyslexia: A diagnostic approach on three atypical reading-spelling pattern. *Developmental Medicine and Child Neurology, 15*, 663-687.

Catts, H. W., & Kamhi, A. (1999). *Language and reading disabilities*. Boston, MA: Allyn & Bacon.

Catts, H. W., Adlof, S. M., Hogan, T. P., & Weismer, S. E. (2005). Are specific language impairment and dyslexia distinct disorder. *Journal of Speech, Language, and Hearing Research, 48*, 1378-1396.

Gough, P. B., & Tunmer, W. E. (1986). Decoding, reading and reading disabilities. *Remedial and Special Education, 7*, 6-10.

Hoover, W. A., & Gough, P. B. (1990). The simple view of reading. *Reading and Writing: An Interdisciplinary Journal, 2*, 127-160.

Hung, L., Chen, S., Wang, C., Fan, C., & Chen, M. (2008, June). *The subtypes of Chinese reading disabilities in Taiwan.* Paper presented at the 32nd Annual IARLD Conference, Toronto, Canada.

Hung, L. Y., & Su, Y.-F. (2009, June 12). *Applying the simple view of reading into the assessment of reading competence of secondary students.* Presented in Symposium of Quality Education, College of Education, National Taiwan Normal University, Taipei, Taiwan.

Leach, J. M., Scarborough, H., S., & Rescorla, L. (2003). Late-emerging reading disabilities. *Journal of Educational Psychology, 95*, 211-224.

Lyon, G. R. (2003). Defining dyslexia, comorbidity, teachers' knowledge of language and reading. *Annals of Dyslexia, 53*, 1-14.

McBride-Chang, C., (1995). Phonological processing, speech perception and reading disabilities: An integrative review. *Educational Psychologist, 30*(3), 109-121.

Miles, T., & Miles, E. (1996). *Dyslexia: One hundred years on* (2nd ed.). Buckingham, UK: Open University Press.

Nation, K. (2005). Why reading comprehension failed: Insights from developmental disorder. *Topics in Language Disorder, 25*, 21-32.

Richek, M. A., Caldwell, J. S., Jennings, J. H., & Lerner, J. (2002). *Reading problems, assessment and teaching strategies* (4th ed.). Boston, MA: Allyn & Bacon.

Shaywitz, S. E. (2003). *Overcoming dyslexia.* New York: Knopf Borzoi Books.

Sparks, R. L., Ganschow, L., Artzer, M., Siebenhar, D., Plageman, M., & Patton, J. (1998). Differences in native-language skills, foreign-language aptitude, and foreign-language grades among high- average-, and low-proficiency foreign-language learners: Two studies. *Language Testing, 15*, 181-216.

Spear-Swerling, L., & Sternberg, R. J. (1994). The road not taken: An integrative theoretical model of reading disabilities. *Journal of Learning Disabilities, 27*, 91-103.

Stevenson, H. W., Stigler, J. W., Lucker, G. W., Lee, S., Hsu, C., & Kitamura, S. (1982). Reading disabilities: The case of Chinese, Japanese, and English. *Child Development, 53*, 1164-1181.

Vellutino, F., Fletcher, J. M., Snowling, M. J., & Scanlon, D. M. (2004). Specific reading disability (dyslexia): What have we learned in the past four decades. *Journal of Child Psychology and Psychiatry, 45*, 2-40.

Wolf, M., & Bowers, P. (2000). The question of naming-speed deficits in developmental reading disability: An introduction to the double-deficit hypothesis. *Journal of Learning Disabilities, 33*, 322-324.

第二章

閱讀教學模式

王瓊珠

　　若要回答一般老師最普通的疑惑：「閱讀該怎樣教？」這問題背後至少包括三個次問題，即「教哪些內容（課程）」、「怎樣教最有效（教法）」以及「要教誰（對象）」，若繼續追探下去，我們勢必得面對語言發展、語文課程、教育心理學、教育哲學等議題；所以，要回答這個「普通」的問題並不簡單。

　　關於閱讀教學有很多主張：有主張技能導向，強調從認識字詞的基本功著手；有的主張從學習策略著眼，強調培養高層次的思考能力，以因應多變的文本內容和任務要求；還有以意義獲得和享受閱讀做為指導原則的教學，主張以讀者為中心，呼籲老師摒棄無意義的語文技能學習，要讓語文成為有意義的學習活動，才能達到溝通的真正目的。不同的教學主張有時就像鐘擺來回擺盪，往往造成當下的風潮，或不同教學主張間的論戰，但是不管鐘擺如何擺盪，終究得面臨實證資料的檢視，即──學生的語文能力提升了嗎？學生更喜歡、更主動閱讀了嗎？是全部還是某些特質的學生對教學受益最多？

　　本章主要介紹三種閱讀教學模式，包括：直接教學模式、認知策略教學模式，以及全語言教學模式。此三者各有不同的關注點，為使讀者了解教學模式間的差異，除介紹其理論背景外，盡可能佐以教學示例和目前國內的研究發現說明之。最後，再談及新近的閱讀教學主張似乎開始走向中庸之道。

第一節 直接教學模式

　　直接教學模式（Direct Instruction，簡稱 DI）是 1966 至 1969 年間由伊利諾州（State of Illinois）一位經驗豐富的幼稚園教師 Siegfried Engelman 發展出初步的教學模式，後來又先後跟任教於伊利諾大學（University of Illinois）的 Bereiter 教授、Becker 教授一起合作，將整套教學模式發展得更完整（林素貞，1996）。

 ### 一、理論基礎與教學理念

　　直接教學模式係根據行為主義的教學理論，強調有效教學的原則；所謂「有效教學」是能夠讓學生在最短時間內精熟並保留所學習的技能。不同於以學生為中心的發現式教學（discovery teaching）或建構式教學（constructivist teaching），發現式教學或建構式教學對學習的主張偏重做中學（learning by doing），認為直接明確告訴學生事實並不是學生真正的體悟，不容易深耕；但是直接教學模式並不以為然，他們主張學習來自於多次、正確的練習，隨機的學習探索如果沒有做好，學生反而會一頭霧水，還容易種下錯誤的概念。近年來，認知負荷（cognitive load）理論也支持直接教學模式的若干主張（Kirschner, Sweller, & Clark, 2006; Tuovinen & Sweller, 1999），由該理論所延伸的教學原則之一是「提供範例」（worked examples），範例可降低初學者的認知負荷，使其有限的工作記憶用於特定的學習目標之上，而不會被其他無關細節分散心力。

　　直接教學模式是一種以教師為中心，高度結構化的教學法，強調教學前仔細分析學生的起點行為，提供與其程度相符的課程內容，在教學過程中隨時記錄與分析其學習成果，若有錯誤便立即予以更正，不讓錯誤積累，混淆正確反應。同時，為使所有學生專心學習的時間（engaged time）增加，他們

也相當重視小組教學時班級常規的建立，包括：要求學生坐好、大聲唸、依指令回答、尊重他人等。同時要求老師的教學指令清楚、一致，讓學生很容易知道要何時反應，例如：以彈指方式請全部學生一起回答；固定說「換我（指老師）」、「跟我一起說」、「換你們（指學生）」，讓學生知道現在是只聽不說，還是聽完之後要重複老師的話，抑或是老師要學生獨立作答。由於教學口條一致，學生比較快掌握上課的規矩，故能將心力集中於學習，也省下老師上課中又要處理班級常規的時間。

再者，此教學模式不僅關注於教學施行的步驟，還注重教材或課程之研發，以求其課程內容系統化與整體化。研發過程首先要分析國家的課程綱要與學習目標，然後根據目標發展初步的教案，經由實驗確認成效後，再將原有的初步教案發展為更細的教案、更小的單元課程，以方便學生消化吸收，特別是對學習低成就的學生而言，更需要如此進行。

從直接教學模式所發展出的閱讀教學，強調學習必須循序漸進、有系統地讓學生精熟每個小技能，最後才得以搭建出堅強的閱讀實力。在教學的過程中，教師必須掌握有效教學的原則，盡其所能讓每一分每一秒用在學習之上，雖然教學步調不慢，但依然重視正確性，一旦有出錯，教案中也擬定更正方式，讓老師有所依循。在此模式下，老師得負起教學成敗之責任，由於課程和教學步驟都經過事先規劃和研究測試，學生比較沒有自由選擇的空間（Stahl, 1997）。有些老師並不喜歡直接教學模式，他們覺得照著教案走十分死板，但是「直接教學協會」（Association for Direct Instruction）並不以為然，他們認為教案對於教學，好比劇本給予演員表演指引，卻不會因此而限制其演技。何況教案中所用的指令都是經過多次試驗後，才寫出孩子比較容易懂的話語。與其讓每個老師任意發揮，導致素質參差不齊，不如照著教案走，有一定的品質保證。

 案例說明

Reading Mastery 是依據直接教學模式所發展的閱讀課程，共分為六級，分別包含 160、160、140、140、120 和 120 單元，顯見每一單元之細緻。因

此，在教學過程中，雖然老師的教學步調（pacing）是快速的，但因為每個單元所學的技能十分明確、精細，加上單元與單元之間還會複習到之前所學的，所以，可以讓學生透過多次練習達到精熟程度，也避免在一個特定技能停留過久，導致學生的注意力容易渙散掉。由於每一課程都是經過教學測試過，因此，在直接教學模式下所發展的課程都有教案（如表 2-1 所示）、教師手冊、學習單等。若只是遵循直接教學模式的教學步驟，而不包含整套系統化課程，則稱之為「直接教學法」（direction instruction，簡稱 di），以示與「直接教導模式」（DI）的區隔。

表 2-1　Reading Mastery I，第一課教案範例

> **單元目標**：介紹一個新的音：aaa
>
> **教學步驟**：
>
> 1. 指著箭頭的第一個圓點，說：「這裡有一個新的音，老師先示範，我唸的時候會指著它下面的線，直到手指到最後才會停止發音。準備好。」
>   邊唸 aaa，邊移動手指到第二個圓點的位置，停 2 秒。
> 2. 指著箭頭的第一個圓點，說：「老師先示範，準備好。」
>   邊唸 aaa，邊移動手指到第二個圓點的位置，停 2 秒。
> 3. 重複步驟 2。
> 4. 指著箭頭的第一個圓點，說：「現在換你們唸。當我指著它下面的線，你們一起唸，直到我的手指到最後才停止發音。準備好。」
>   老師移動手指到第二個圓點的位置，停 2 秒。
>   學生念 aaa。老師說：「對，aaa。」
> 5. 指著箭頭的第一個圓點，說：「再一次。準備好。」
>   移動手指到第二個圓點的位置，停 2 秒。
>   學生唸 aaa。老師說：「對，aaa。」
> 6. 重複步驟 5，直到正確無誤。
> 7. 叫不同的學生練習發 aaa 的音
> 8. 說：「唸得很棒，aaa。」
>
> **更正方式**：
>
> 　　假如學生不能正確唸 aaa，則在步驟 4 之後改成「待學生反應正確後，再接著做步驟 5」。
>
> 1. 說：「aaa。」

表 2-1　Reading Mastery I，第一課教案範例（續）

2. 指著箭頭的第一個圓點，說：「跟我一起唸。準備好。」
　　移動手指到第二個圓點的位置，停 2 秒。跟學生一起唸出「aaa」。
3. 指著箭頭的第一個圓點，說：「換你們。準備好。」
　　移動手指到第二個圓點的位置，停 2 秒。
　　學生說：「aaa。」

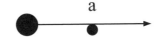

資料來源：Engleman & Bruner (2003)

 研究現況與發展

　　國內目前已有數篇以「直接教學法」（di）或「直接教學模式」（DI）的語文教學研究論文出現，例如：詹秀雯（2000）、廖凰伶（2000）、陳秋燕（2003）、薛淑芬（2003）、許巧宜（2006）、楊欣宜（2007）、陳思融（2007）、邱柏瑞（2008）、盧昱雯（2008）、宣崇慧（2008）等。其中陳秋燕、楊欣宜、盧昱雯等三篇論文是研發適用於國中輕度障礙學生的直接教學語文系列課程，其餘的研究則側重在直接教學成效之驗證。

　　至於國外關於直接教學模式的研究與發展又更具規模，主要是由奧瑞岡大學（University of Oregon）、威斯康辛大學麥迪遜校區（University of Wisconsin-Madison）等校的特殊教育系培訓相關師資（林素貞，1996），也發行了專業期刊 *Journal of Direction Instruction*；McGraw-Hill 公司也出版了「科學研究協會」（Science Research Association，簡稱 SRA）的系列教材；組織協會，例如：「直接教學協會」（Association for Direct Instruction），或成立專業機構，例如：「全國直接教學機構」（National Institute for Direct Instruction），以推廣直接教學模式。

認知策略教學模式

　　直接教學模式是先將閱讀技巧分解成數個小技能，然後由教師以按部就班、循序漸進的方式讓學生精熟所有的小技能，期望學生最後能將小技能整合運用於閱讀活動之中。認知策略教學（cognitive strategy instruction）則是強調教會讀者如何閱讀，並將策略用在真實的閱讀情境中才是最重要的。因為閱讀是一項「弱結構」的任務（less-structured tasks），不像一些事情只要運用固定的步驟便能應付（Rosenshine & Meister, 1997）；因此，即便直接教導讓學生精熟個別小技巧，他們也未必能將技能整合運用。閱讀策略教學就如同讓學生學會如何釣魚，而不是直接餵學生魚吃，之後他們才可能獨立閱讀，不必事事仰賴老師。

 ## 理論基礎與教學理念

　　根據 Alexander、Graham 和 Harris（1998）對「策略」（strategy）的剖析，策略包含幾個屬性：(1)有步驟程序（procedural）；(2)具有目的性（purposeful），即使用者會檢核目標是什麼？目標與現狀之間有多少落差？(3)使用者要有意願（willful）；(4)需要投入的時間和心力（effortful）；(5)可增進學習效果（facilitative），以及(6)對很多學科學習都是重要的（essential）方法。易言之，學習者若能依據任務性質選對策略是可以增進學習成效的，但使用與否的主動權操之在學習者手上，教學者無法強迫學生非用不可。雖然諸多研究已經指出，認知策略教學有助於提升學生識字和閱讀理解（Llyod, Forness, & Kavale, 1998; Pressley & Woloshy, 1995），但從 Durkin（1979）對課堂語文教學的觀察報告，以及 2006 年「促進國際閱讀素養研究」（The Progress in International Reading Literacy Study，簡稱 PIRLS）報告（柯華葳、詹益綾、張建妤、游婷雅，2008）得知，教師並沒有花很多時間在進行閱讀

理解教學或指導學生閱讀策略。可能的原因至少包括：不清楚有什麼策略可以用，以及不知道怎樣教。

以閱讀兩大成分──識字和理解來看，目前閱讀策略研究多為理解層次。Carlise 和 Rice（2002）將閱讀理解策略分為四大類：(1)準備策略（preparatory strategies），主要是讓讀者在閱讀時喚起先備經驗與知識，如 KWL 教學策略（What-I-Know, What-I-Want-to-Know & What-I-Learned, KWL）；(2)組織策略（organizational strategies），主要是確定文章主要概念和文章結構，如摘要與故事結構（story grammar）；(3)精緻化策略（elaborative strategies），主要是幫助學生主動喚起舊有的知識和經驗，以協助新訊息的推論，如預測下文；(4)執行策略（executive strategies）或後設認知策略（metacognition strategies），主要是幫助學生主動監控閱讀理解歷程，如自我調整策略[1]（self-regulation strategies）。另外，還有一些策略是綜合數個策略而成，例如：Palincsar 和 Brown（1984）提出的交互教學（reciprocal teaching），就同時運用到摘要（summarizing）、預測（predicting）、提問（questioning）和澄清（clarifying）等四項策略（如表 2-2 之範例所示），並且在教學過程中強調師生的角色互相輪替，從剛開始由教師示範策略，主導討論歷程，到漸漸放手給學生練習擔任教師的角色時，教師都只是在從旁協助。

筆者綜合 Bender（2002）、Rosenshine 和 Meister（1997），以及 Pressley 和 Woloshy（1995）對認知策略教學的建議，其步驟可細分為：

1. 測試：先測試學生是否擁有該項策略，若缺乏才需要教導。
2. 承諾：學習策略需要學生願意投入其中，所以要獲得學生的承諾。
3. 示範：老師口頭明示該項策略的用法，一次不要講太多策略，得跟學生說明該項策略在何時、何處適用。
4. 複述：在學生練習作答前，先複述策略進行的步驟以及為何如此做。
5. 基礎練習：用難度適宜的教材（controlled materials）練習新學得的策略，提供充分的練習機會。練習初始階段可以給予較多的提示線索，

---

1 自我調整策略與後設認知的意涵大體上是接近的，但前者較注意到動機、情緒在策略使用和監控上的影響力（Alexander et al., 1998）。

由教學者給予結果回饋。

6. 精進練習：用難度較高的教材練習學得的策略，並鼓勵學生隨時注意自己如何使用該項策略。在練習的中、後期階段，慢慢撤除教師協助或提示線索，讓學生有更多獨立作業的時間，將監控責任從教師轉移到學生身上。

7. 提升動機：重視反思過程而不求快速，降低學生的焦慮，對於他們使用策略的行為予以肯定和鼓勵。

8. 維持與類化：鼓勵學生持續地在其他適合的場合（如其他學科或課餘時間）使用該策略。

採取認知策略取向的閱讀教學，基本上是指導學生一些能促進其識字或閱讀理解的方法，但不是單靠策略就能理解；除了策略之外，學生還需要綜合文本訊息、先備知識等相關訊息（Rosenshine & Meister, 1997）。再者，教導認知策略的過程中，必須先將策略內涵程序化，教學者可先以放聲思考（thinking aloud），跟學生明白示範（explicit modeling）策略運用的步驟以及使用的理由，之後再逐步讓學生在部分協助下進行練習，終至能夠獨立作業，監控的責任也能從教學者慢慢轉移到學生身上，例如：交互教學就是先由老師擔任示範者，讓小組成員從中模仿老師運用不同策略的方法，然後再由其他小組成員輪流擔任「老師」的角色。

 案例說明

筆者試以洪醒夫先生收錄於國中國文課本的作品〈紙船印象〉為例，說明認知策略用閱讀指導的歷程，如表 2-2 所示。

表 2-2　交互教學範例

1. 讀一讀文章標題，讓學生猜測他們可以從這篇文章學到什麼？在討論之後，可以稍加摘述學生們的「預測」以及自己的看法。

　　T　：這篇文章的標題是什麼？
　　S_1：紙船印象。
　　T　：對。紙船是我們小時候用紙摺的玩具船。你們猜〈紙船印象〉這篇文章會講什麼呢？
　　S_2：教我們怎樣摺紙船。
　　S_3：和朋友比賽紙船的經驗。
　　T　：這些都是很不錯的猜測，你們猜想作者會講摺紙船的方法或與朋友比賽紙船的經驗；不過作者在文章標題中不只有「紙船」，還提到「印象」這個詞喔。什麼是「印象」呢？
　　S_4：記得事物或東西的樣子。
　　T　：類似「記憶」的意思。你可以舉個「印象」深刻的例子嗎？
　　S_4：暑假期間發生八八水災，山崩地裂的景象至今還「印象」深刻。
　　T　：嗯，說得很好。〈紙船印象〉這一篇文章要講的是關於紙船的記憶。文中會不會講到大家所預測的事情呢？我們一起來讀一讀第一段。看看我們猜對了嗎？

2. 一起唸文章的一小部分段落。

3. 對該段內容提問，邀請小組成員一起回答，或是請小組的某位成員提問問題。

　　T　：作者在這一段提到很多對記憶的描述，「過往雲煙，倏忽即逝」的記憶，表示對這件事情記得牢不牢？
　　S_5：不牢。很快就忘記。
　　T　：對，「過往雲煙」是比喻轉眼就消逝，而「倏忽」是很快的樣子，表示對這件事情轉眼就忘記，很快就忘記。童年記憶是很快忘記的嗎？
　　S_1：不是。
　　T　：作者比喻童年記憶時，他說到「似無所見，又非視而不見」，表示童年記憶是「一直很清楚的存在腦中」還是「隱隱約約的存在腦中呢？」
　　S_1：好像看不見，又好像看得見。
　　T　：所以，童年的記憶是有些模模糊糊、隱隱約約的存在腦中，但是你如果很認真的想，會怎樣呢？
　　S_3：就會想起來。

表 2-2　交互教學範例（續）

　　S₅：你（S₃）怎麼知道想得起來？

　　S₃：他說「歷歷如繪」，意思就是「清楚的像一幅畫」，當然是想得起來，才會「歷歷如繪」。

4. 摘要剛才這一段的內容大意，以及說明這樣的大意是如何摘述出來的。邀請小組成員補充老師的大意摘要。

　　T：剛才第一段作者用很多形容詞描述各種不同的記憶，然後再講到童年的記憶是很特別的，要是仔細回想的話，我們會想到很多事情。因此，這一段的大意主要在講「記憶有很多種，而童年的記憶看似模糊，但是如果認真想，它就會很清楚」。

5. 對詞義或句意不清楚的地方加以澄清。

　　T：大家對這一段還有沒有不清楚的地方？

　　S₁：作者在文中提到「夏日的小河，冬天的落葉，春花，秋草」，這些東西和童年記憶有什麼關係呢？是作者小時候常去河邊玩、撿落葉、摘花嗎？

　　T：不是。這裡作者把春夏秋冬常出現的東西拿出來說，平常你們會特別注意這些小東西嗎？

　　S₂：不會。我們每天上學就很忙了，還要補習，哪有時間注意啊！

　　T：當人家特別要你注意時，你就會發現原來身邊有這些事物。而童年的記憶也是好像很平常，所以你們會不會特別去留心呢？

　　S₁：不一定會特別留心。

　　T：對。用「夏日的小河，冬天的落葉，春花，秋草」比喻童年，不是說作者小時候常去河邊玩、撿落葉、摘花等，而是說童年記憶好像很平常，以致於不一定會特別留心。明白嗎？

　　S：明白。

　　T：這一段講到童年的記憶是很特別的，你們猜作者下一段要講什麼呢？

　　……

註：T 代表老師，S 代表學生。
資料來源：修改自 Vacca, Vacca, & Gove (2000: 245-246)

　　相較於單一認知策略的教學，像交互教學這樣融合多個策略的閱讀教學，其難度更高，因此 Pressley 和 Woloshy（1995）在書中強烈建議教學者：「一次只教一點策略即可，要示範和解釋該策略很多次，必要時，還得解釋再解

釋，一定要讓學生知道何時、何處可以用他們學到的策略」（p. 14）。

三 研究現況與發展

目前國內關於閱讀理解策略的教學研究相當多，特別是未出版的博碩士論文占最大宗，而正式發表於學術期刊上的則只有 17 篇（洪儷瑜，2009），以蘇宜芬、林清山（1992）的研究最早，多數的研究對象為低閱讀能力者、學習障礙或其他身心障礙者，一般學生則較少。同時，從研究結果也發現：策略多不一定效果比較好（王瓊珠，2001；洪儷瑜，2009），當策略單純、特定，又有充分的練習機會時，其效果往往比綜合數種認知策略的訓練效果來得好。

第三節
全語言教學模式

全語言（whole language）在台灣幼兒教育或語文教育界並不算是一個陌生的名詞，且有專書介紹，例如：《全語言的「全」，全在哪裡？》（李連珠譯，1998）、《全語言教育》（李連珠，2006）等。基本上，全語言教學的興起是對以技能為主體的語文教育之反動。1980 年代，許多英語語系學校將語文課程的目標放在語言訓練，老師會讓學生做很多語音、拼字、字彙、文法和閱讀理解的習作練習；但諷刺的是，學生真正花在閱讀和寫作的時間反而變少，甚至興趣缺缺（張玉茹、林世華，2001）。於是，開始有學者提出新的主張，希望語文教育不要被切割成細小、無意義的技能練習，如此一來只會抹煞學生的學習熱情，反而無法讓他們了解語言的全貌，或是使用語言來溝通。

 理論基礎與教學理念

　　雖然倡導全語言的學者有提出若干主張，但要對「全語言教學」下一個明確的定義卻很難。Bergeron（1990）以及 Moorman、Blanton 和 McLaughlin（1994）對諸多探討全語言的學術文章進行分析，結果都沒有得到任兩篇有完全相同的定義。僅能從研究中歸納出一些關於全語言教學的特質，例如：語言是整體、不可切割的；語言學習的目的在於理解，而不是技巧的獲得；要在有意義的脈絡情境下，進行真實的讀寫活動；教學者應尊重學生的個別差異，鼓勵他們冒險嘗試，並接受可能的錯誤（胡永崇，2003；張玉茹、林世華，2001；Stahl, 1997）。因此，有些學者認為，全語言教學不算是一種特定的教學法，而是教師從事語文教學時的一種哲學觀、信念或取向（曾世杰、簡淑真，2006；Stahl, 1997），它也是「對語言、學習、課程、教學與教師等四者的重新思考，所產生有別於傳統的態度」（李連珠譯，1998：7）。既然不是一種特定的教學法，也就無法提供具體的教學過程範例。以下僅就全語言教學的理論基礎和教學觀，以及其爭議和研究現況等面向說明之。

　　全語言教學的理論基礎包括：Dewey「進步主義」做中學（learning by doing）的觀念，主張透過實際參與語言活動的過程中學到統整的知能；Piaget 的「知識論」主張兒童乃知識的主動建構者，因此，教師應該扮演引導者而非灌輸者；而 Vygotsky 的「語言－認知互動說」及「社會建構論」也提到，兒童透過語言發展其認知，老師或父母乃是扮演鷹架的角色，協助兒童發展其語言和認知。另外，在語言學方面，Chomsky 的「語言習得理論」指出，每個人都有天生的語言學習機制，只要提供語言刺激，個體就能自然學會複雜的語言，因此，讀寫教育也要提供豐富的環境刺激，讓幼童先從整體環境中體驗讀寫的真義；而社會語言學家 Halliday 則指出，語言互動通常由幼兒發起，父母則是扮演追隨者和回應者，透過與他人的言語互動，幼兒儲存了豐富的語言資源（包括：語音、語意、語法、語用等），這些語言資源是無法從一個一個分離的技能練習累積而來。從上述全語言教學的理論基礎來看，不難推論其教學主張。曾世杰、簡淑真（2006）歸結全語言教學的主張是「*所*

有讀寫教育均須是真實而有意義的，必須與學生的興趣、生活及所在的社區緊密關聯。因此，聽、說、讀、寫都應注意溝通與使用的場合，此即全語言『全』字的真義」。

　　不過，全語言理論將口語和讀寫發展視為一體的假說，是否站得住腳呢？Liberman 和 Liberman（1992）曾為文駁斥全語言的假說，他們認為，一個人能夠閱讀和能夠說話是截然不同的兩件事，不能像全語言的主張將兩者混為一談。語言之習得可能經由浸泡在自然的語言環境中，一般的小孩便能學會說話，但閱讀是需要刻意學習，它必須藉助專門的人將這套符號如何組合的方式展示給入門者知道。在閱讀複雜的運作裡，學會解讀文字符號是一個初步且必經的歷程。因此，全世界的人類雖然都有口語，但仍有相當多的文盲存在，他們並沒有因為能說話，就自動類化到文字符號的習得上；顯見讀寫不是天生就會，而是後天習得的（Lyon, 1998）。另外，主張全語言的學者K. Goodman 提到，純熟的讀者不是一字一字的讀，而是運用豐富的語言知識進行預測內文，閱讀歷程如同一場「心理語言猜測遊戲」（psycholinguistic guessing game），強調「每個字都要唸正確，才能夠達到閱讀理解」的說法並不正確。然而，從眼動（eye movement）的研究來看，純熟的讀者幾乎是字字皆駐留（引自 Rayner & Pollatsek, 1989），只是他們閱讀速度很快，看似跳著讀，事實不然，因此，解碼技能的養成似乎不是可有可無的事情，而是學習閱讀的必經之途。

 研究現況與評論

　　在研究成果部分，Gunderson（1997）舉證國外已有許多支持全語言教學的研究，然而，其研究結果也面臨不少批評聲浪，主要是來自於大家對全語言定義的分歧，再者是研究方法多偏向個案或質性描述（McKenna, Robinson, & Miller, 1993，引自 Gunderson, 1997），較少使用實驗研究設計。Stahl、McKenna 和 Pagnucco（1994）對全語言教學研究的後設分析指出，全語言教學的效果值從 -.74 到 +.75 都有，顯見不同研究的結果差異極大，也就不容易得到一致的結論。

　　從國內全語言教學的相關研究來看，扣除介紹性的文章後，多數的研究論文係以一般幼兒或國小學童為主要對象，進行中文或英語課程之教學實驗；以身心障礙學生或低成就學生為對象的並不多，僅廖凰伶（2000）、林宜芳（2005）、陳思融（2007）等數篇。其中，林宜芳未做全語言教學與其他教學法之比較，只有探討全語言教學對智能障礙學生口語敘事能力的學習成效；廖凰伶及陳思融則是分別比較全語言教學和直接教學法對提升國中低閱讀能力學生和智能障礙學生在閱讀（或含書寫）的成效。廖凰伶並沒有發現全語言教學的成效優於直接教學法；而陳思融的研究則指出，兩種教學法間學習成效的差異，依研究對象的特質而有所差異。對於識字能力、理解能力較好的研究對象，兩種研究對象的差異不大；對於識字能力、理解能力較差的研究對象，直接教學法的學習成效較佳。曾世杰、簡淑真（2006）在對全語法爭議所做的文獻回顧中，同樣提到全語言教學的成效或許必須視學生的特質及成效指標而定，全語法可能對於弱勢、低成就學生是不利的。

第四節　三種閱讀模式之比較與評析

　　在說明了三種閱讀教學模式後，讀者可以試著回答本章一開始的提問：這些教學模式主張「教哪些內容（課程）」、「怎樣教最有效（教法）」和「要教誰（對象）」。基本上，不論是哪一種教學模式，都將識字（解碼）和理解視為閱讀的重要成分，但是各家各派如何打造學生的閱讀能力，卻有不同路徑。

一　三種閱讀模式之比較

　　「直接教學模式」從解碼開始，將熟悉字母和字音的對應原則、字詞教學，視為學會閱讀的入門磚，先學細部（指解碼），後學整體（指理解），教學模式是呼應由下而上（bottom-up）的閱讀理論。反之，「全語言教學模

式」從聽讀故事開始，先整體再細部，主張教導學生個別字母、音素的發音或是沒有文本脈絡的字詞教學，不應該被當成首要任務，教學模式是呼應由上而下（top-down）的閱讀理論。至於，「認知策略教學模式」則不是直接處理閱讀成分，而是研究學習字詞和閱讀的有效方法，此教學模式主要是讓讀者擁有問題解決能力，它是由訊息處理理論衍生而來。

在比較不同的教學模式時，Stahl（1997）提醒我們，必須區分「策略」和「技能」（skill）兩者的差異。所謂「策略」是有意識的思考歷程，需要耗掉比較多的認知資源；而「技能」則近似自動化歷程，所需的認知資源相當少。在閱讀過程中，能力好的讀者會用到很多閱讀「技能」，而不是需要很費腦力的「策略」，因為如果隨時都要斟酌每個細節如何處理，將會使閱讀變得十分吃力。從此角度觀之，「直接教學模式」主張的循序漸進教學，加上精熟學習是可以獲得支持的，唯須注意的是，在讓教學效能提高的同時，不會淪為只是失去脈絡的技能練習而已，若讓學生花很多時間寫練習單，卻沒有真正閱讀的時間，甚是可惜。至於，認知策略的教學必須讓讀者知道使用策略的「必要性」、「時機」以及「步驟」，而不是所有內容讀者都得用策略不可，也不是只有國文（語）課才能使用閱讀策略，多數的策略是可以跨學科使用的，端看策略的使用是否能達到更好的學習成效，而不是為用策略而用策略。

再者，三種教學模式雖然都關心所有學童的閱讀，但是似乎在適用對象方面各有些許不同。「直接教學模式」最初關注的對象是低成就、社經地位較弱勢的學生，因為學生家庭能提供的讀寫資源與支援十分稀少，故教師需負起較大的成敗責任，教學步驟得更加細心、嚴謹，才能將原本成就低落的學生向上提升。「認知策略教學模式」則是基於對優秀學習者的觀察，研究者希望藉由策略教學，讓生手向專家的方法看齊；就適用對象而言，認知策略教學比較適合於一般學生或輕度障礙學生，他們比較能夠彈性運用及自我監控閱讀策略，而認知能力較低的學生採用直接教學或許成效更好。至於，「全語言教學模式」的主張其一部分與幼兒讀寫萌發（emergent literacy）之研究有關，他們的觀察發現，幼兒語言發展是整體的，並非透過分割技能的練習而來，家庭和學校若能布置豐富的語文學習情境，將有助於幼兒從自然

環境中學到讀寫的基本概念。不過，在 Stahl 和 Miller（1989）的文獻回顧中發現，全語言教學對於開始學習讀寫的低年級學生，並不會比較有利，因為一般全語言教學不會特意強調有系統的解碼教學。

 三種閱讀教學模式之外

除了上述三大教學模式外，近來也有主張平衡閱讀教學（balanced reading instruction）的聲音（例如：Pressley, 1998），平衡閱讀教學係指：「融合字母拼讀法教學和全語言教學的教學取向，以學習者的需要為基礎，在全語言的哲學和豐富的學習脈絡中，融合字母拼讀法的技巧教學、閱讀理解教學的策略和全語言教學的多元活動，因應學生的個別需要而進行技巧指導」（柳雅梅、黃秀霜，2007）。易言之，平衡閱讀教學要「平衡」以技巧為導向的拼讀教學（phonics）和以意義為導向的全語言教學，但還不止於教學法的折衷，它還包括了平衡教學內容（識字正確性與流暢性、閱讀理解、自我監控）、教材（基礎讀本或文學作品）、教師角色（主導者或跟隨者）、學生角色（被動接受或主動選擇），以及評量方法（標準化測驗或非正式閱讀評量）（Pressley, 1998; Williams & Blair-Larsen, 1999，引自柳雅梅、黃秀霜，2007）；因此，平衡閱讀教學比較像是一種教學觀，而不是一套具體的教學法，至於實際運用之巧妙則各有不同。近年來，國內有數篇博碩士論文和學術研究探討平衡閱讀教學對學生語文學習或動機、態度之影響（例如：柳雅梅，2005；柳雅梅、黃秀霜，2006，2007；曹世珍，2005；傅怡君，2008；謝國村，2004），但多數研究均以英語教學為主體，用到一般學生的中文閱讀教學上的，僅有謝國村一篇，而仍尚無應用在低閱讀能力或身心障礙的學生身上，所以，其確切成效還未定。

不過，從不同閱讀主張的爭辯，到平衡閱讀教學主張的提出，似乎也反映出一個道理：不管什麼樣的閱讀教學，都沒有哪一種方法是「絕對」的好。教學者要評估的是：這樣的教學模式對誰好？好在哪些方面？在選用或設計閱讀教學時，必須以學生的能力和發展狀況做考量，才有辦法做出比較合適的教學決定，而不是呆板地套用一種固定的教學模式，卻限制了學生的讀寫

發展。本章希望經由不同教學模式基本元素和成效的探究，提供教學者未來從事閱讀教學時的參考。

 參考文獻

中文部分

王瓊珠（2001）。台灣地區讀寫障礙研究回顧與展望。**研究彙刊（C）——人文與社會科學**，11（4），331-344。

李連珠（2006）。**全語言教育**。台北市：心理。

李連珠（譯）（1998）。K. Goodman 著。**全語言的「全」，全在哪裡？**（What's whole in whole language?）。台北市：信誼。（原著出版年：1986）

林宜芳（2005）。**全語言教學對國小智能障礙學生口語敘事能力之研究**。國立台北師範學院特殊教育研究所碩士論文，未出版，台北市。

林素貞（1996）。直接教學法的故事。載於中華民國特殊教育學會（主編），**特殊學生的學習與轉銜**（頁133-142）。台北市：中華民國特殊教育學會。

邱柏瑞（2008）。**運用直接教學模式於國小學習障礙學生朗讀流暢度**。國立嘉義大學特殊教育研究所碩士論文，未出版，嘉義縣。

宣崇慧（2008）。**直接教學模式對不同認知問題識字困難學童學習成效及其相關因素之研究**。國立台灣師範大學特殊教育研究所博士論文，未出版，台北市。

柯華葳、詹益綾、張建妤、游婷雅（2008）。**台灣四年級學生閱讀素養（PIRLS 2006報告）**。桃園縣：國立中央大學學習與教學研究所。

柳雅梅（2005）。**平衡閱讀教學對國小學童英文閱讀能力及閱讀動機之影響**。國立台南大學教育經營與管理研究所博士論文，未出版，台南市。

柳雅梅、黃秀霜（2006）。平衡閱讀教學之行動研究。**國民教育研究集刊**，15，161-178。

柳雅梅、黃秀霜（2007）。平衡閱讀教學對國小學童英文閱讀能力及閱讀動機之影響。**師大學報——教育類**，52（1），133-157。

洪儷瑜（2009）。閱讀理解教學研究回顧。載於「台灣閱讀研究回顧與展望」座談會手冊（頁69-83）。桃園縣：國立中央大學學習與教學研究所。

胡永崇（2003）。全語言的理論及其在學習障礙學生之教學應用。**屏師特殊教育**，5，1-8。

張玉茹、林世華（2001）。全語言教學在國中英語課之實驗研究。**師大學報──教育類**，46（2），233-253。

曹世珍（2005）。**平衡閱讀教學對國小五年級學童英語閱讀能力與閱讀態度之影響**。國立台南大學課程與教學研究所碩士論文，未出版，台南市。

許巧宜（2006）。**直接教學法對國小中度智能障礙學生功能性詞彙識字教學學習成效之研究**。國立嘉義大學特殊教育研究所碩士論文，未出版，嘉義縣。

陳思融（2007）。**全語文教學法與直接教學法對國中智能障礙學生實用語文課程學習成效之比較研究**。國立高雄師範大學特殊教育研究所碩士論文，未出版，高雄市。

陳秋燕（2003）。**國民中學國語文直接教學課程之發展**。國立高雄師範大學特殊教育研究所碩士論文，未出版，高雄市。

傅怡君（2008）。**平衡閱讀教學對國小學童英語認字能力、閱讀理解及閱讀態度之影響**。國立屏東教育大學英語研究所碩士論文，未出版，屏東市。

曾世杰、簡淑真（2006）。全語法爭議的文獻回顧：兼論其對弱勢學生之影響。**台東大學教育學報**，17（2），1-31。

楊欣宜（2007）。**國民中學國語文直接教學基礎課程之發展**。國立高雄師範大學特殊教育研究所碩士論文，未出版，高雄市。

詹秀雯（2000）。**直接教學模式對國中身心障礙資源班學生英語科學習之成效研究**。國立台灣師範大學特殊教育研究所碩士論文，未出版，台北市。

廖凰伶（2000）。**直接教學法與全語教學對國中低閱讀能力學生閱讀理解表現之研究**。國立彰化大學特殊教育研究所碩士論文，未出版，彰化市。

盧昱雯（2008）。**國民中學國語文直接教學進階課程之發展**。國立高雄師範大學特殊教育研究所碩士論文，未出版，高雄市。

薛淑芬（2003）。**直接教學模式對國小啟智班智能障礙學生英語科學習之成效研究**。國立嘉義大學特殊教育研究所碩士論文，未出版，嘉義縣。

謝國村（2004）。**國小語文領域平衡閱讀教學實施之行動研究**。國立台南大學國民教育研究所碩士論文，未出版，台南市。

蘇宜芬、林清山（1992）。後設認知策略訓練課程對國小低閱讀能力學生的閱讀理解能力和後設認知能力之影響。**教育心理學報**，25，245-267。

英文部分

Alexander, P. A., Graham, S., & Harris, K. R. (1998). A perspectives on strategy research: Progress and prospects. *Educational Psychology Review, 10*(2), 129-154.

Bender, W. N. (2002). *Differentiating instruction for students with learning disabilities.* Thousand Oaks, CA: The Corwin Press.

Bergeron, B. S. (1990). What does the term whole language mean? Constructing a definition from the literature. *Journal of Reading Behavior, 22*, 301-330.

Carlise, J. F., & Rice, M. S. (2002). *Improving reading comprehension.* Baltimore, MD: York Press.

Durkin, D. (1979). What classroom observation reveal about reading comprehension. *Reading Research Quarterly, 14*, 544-581.

Engleman, S., & Bruner, E. C. (2003). *Reading mastery teacher's guide level I.* Columbus, OH: SRA/McGraw-Hill.

Gunderson, L. (1997). Whole-language approaches to reading and writing. In S. A. Stahl & D. A. Hayes (Eds.), *Instructional models in reading.* Mahwah, NJ: Lawrence Erlbaum Associates.

Kirschner, P. A., Sweller, J., & Clark, R. E. (2006). Why minimal guidance during instruction does not work: An analysis of the failure of constructivist, discovery, problem-based, experiential, and inquiry-based teaching. *Educational Psychologist, 41*(2), 75-86.

Liberman, I. Y., & Liberman, A. M. (1992). Whole language versus code emphasis: Underlying assumptions and their implications for reading instruction. In P. B. Gough, L. C. Ehri & Treiman (Eds.), *Reading acquisition* (pp. 343-366). Hillsdale, NJ: Lawrence Erlbaum Associates.

Llyod, J., Forness, S., & Kavale, K. (1998). Some methods are more effective than others. *Intervention in School and Clinic, 33*, 195-200.

Lyon, R. (1998). Why reading is not a natural process? *Education Leadership, 55*(6), 14-18.

Moorman, G. B., Blanton, W. E., & McLaughlin, T. (1994). The rhetoric of whole language. *Reading Research Quarterly, 29*, 309-329.

Palincsar, A. S., & Brown, A. L. (1984). Reciprocal teaching of comprehension-fostering and comprehension-monitoring activities. *Cognition and Instruction, 2*, 117-175.

Pressley, M. (1998). *Reading instruction that works: The case for balanced teaching.* New York: The Guilford Press.

Pressley, M., & Woloshy, V. (1995). *Cognitive strategy instruction that really improves children's academic performance.* Cambridge, MA: Brookline Books.

Rayner, K., & Pollatsek, A. (1989). *The psychology of reading.* Englewood Cliffs, NJ: Prentice-Hall.

Rosenshine, B., & Meister, C. (1997). Cognitive strategy instruction in reading. In S. A. Stahl & D. A. Hayes (Eds.). *Instructional models in reading.* Mahwah, NJ: Lawrence Erlbaum Associates.

Stahl, S. A. (1997). Instructional models in reading: An introduction. In S. A. Stahl & D. A. Hayes (Eds.), *Instructional models in reading.* Mahwah, NJ: Lawrence Erlbaum Associates.

Stahl, S. A., & Miller, P. D. (1989). Whole language and language experience approaches for beginning reading: A quantitative research synthesis. *Review of Educational Research, 59*(1), 87-116.

Stahl, S. A., McKenna, M. C., & Pagnucco, J. (1994). The effects of whole language instruction: An update and reappraisal. *Educational Psychologist, 29*, 175-186.

Tuovinen, J. E., & Sweller, J. (1999). A comparison of cognitive load associated with discovery learning and worked examples. *Journal of Educational Psychology, 91*, 334-341.

Vacca, J. L., Vacca, R. T., & Gove, M. K. (2000). *Reading and learning to read* (4th ed.) (pp. 245-246). New York: Longman.

第三章

有效的閱讀補救教學

陳淑麗、洪儷瑜

　　閱讀是所有學科學習的基礎，一旦閱讀有困難，常會連帶影響其他學科的學習，更甚者，也可能影響日常生活的獨立性。閱讀很重要，但閱讀並不是一個天生的能力，閱讀需要後天刻意的學習（Lyon, 1998; Wren, 2002），一旦閱讀發生困難，也不會自然而然消失，需要閱讀補救。近數十年的研究指出，預防及解決兒童閱讀困難都是可以做到的，美國 1965 年的 Head Start 方案，在幼兒 3 至 5 歲階段，對弱勢幼兒提供早期服務方案，他們的長期追蹤研究發現，和對照組學生比較起來，實驗組兒童從 5 至 21 歲，其閱讀能力的表現，一路領先對照組學生（Campbell, Ramey, Pungello, Sparlin, & Johnson, 2002）；另外，對於已經出現閱讀困難的兒童，透過補救教學，也有機會讓他們的閱讀能力回到同儕兒童的水準（陳淑麗，2008a；陳淑麗、曾世杰、洪儷瑜，2006；Vellutino et al., 1996）。但這些成效，都必須先基於適當的課程與教學支援的執行系統，其中，有效的閱讀教學則是不可或缺的元素。本章希望從多元的角度，包括課程、教學支援的執行系統和有效的閱讀教學原則等面向，討論如何促成有效的閱讀教學。

　　另外，本書所指的「閱讀」教學，其範疇不只是「篇章的閱讀理解」而已，閱讀教學涵蓋了各種語文成分的教學，包括：口語、注音、識字、詞彙及閱讀理解等五種，本書第二部分──教學篇，將會從這五種成分討論教學的做法。

第一節
不同閱讀教育需求的課程類型

從普通教育到特殊教育，在這條連續線上，會出現各種不同教育需求的學生，因著需求的差異，他們需要的閱讀課程也會有所不同。McCormick（1995）就根據不同群體學生的教育需求，將培育閱讀的課程分為四種類型，分別是：發展性（developmental）、矯治性（corrective）、補救性（remedial），以及臨床性（clinical）或稱治療性的課程。這四種課程，不僅閱讀教學的目標不同，執行的系統與方式也不同，以下簡單說明McCormick的閱讀課程概念。

 ## 發展性閱讀課程

發展性閱讀課程是提供給一般學童的課程，由一般學校的普通班執行。這類課程強調依據學童發展和教育目標，培養學童應有的閱讀能力，因此，其學習內容強調多元化與均衡性，包括閱讀故事、資訊和識字的技能等目標，其目的在促進早期的讀寫能力、發展識字技巧的自動化、發展識字的策略、擴大詞彙、增加理解能力、朗讀能力、促進適當的閱讀速度，以及發展讀書技巧和學科內容的閱讀技巧。

 ## 矯治性閱讀課程

矯治性閱讀課程主要在普通班執行，這類課程主要是針對在普通班的閱讀課程裡，學童學不會的部分，由普通班老師針對未達目標的內容或技能，給予較多的補救或重新練習，或者針對比較難的概念再教一次。這類課程也多是利用課堂或利用課後做補救。

 ## 三 補救性閱讀課程

　　補救性閱讀課程通常由受過特殊訓練的閱讀教師來執行，在美國有專業的閱讀專家教師（reading specialist）（McCormick, 1995），他們會診斷學生的閱讀困難，根據學生的困難提供補救課程。此課程主要是在服務中重度的閱讀困難學生，教師需針對學生的困難，給予特殊性的補救教學，經常是另組小組教學或個別教學，類似有些縣市的學習困難資源班，或是紐西蘭、澳洲所進行的閱讀復甦方案（Reading Recovery）。

 ## 四 治療性閱讀課程

　　治療性閱讀課程主要是針對嚴重的閱讀障礙者，也必須由受過特殊訓練的教師執行，教師需以診療教學（clinical teaching）的精神，個別化的提供學生密集和特定的補救。這類課程多數都屬於特殊教育的課程，包括治療性或功能性目的，多為小組或個別教學，且以密集的方式實施。

　　國內的閱讀補救教學研究，如果從上述的分類來看，多數是補救性教學課程（例如：洪儷瑜、黃冠穎，2006；陳淑麗，2008a；曾世杰、陳淑麗，2007；黃秀霜，1999），少數的研究對象，比較接近治療性課程的服務對象（例如：王瓊珠，2004；古美娟，2008；呂美娟，2000；陳秀芬，1999）。而 Torgesen（2000）綜合 1990 年代後期有關早期閱讀介入的研究，發現每一個研究均有約三分之一的學生，接受補救教學後並沒有顯著成效；國內過去的研究（例如：呂美娟，2000；陳秀芬，1999；陳淑麗等，2006）也發現，有對補救教學反應不佳的個案。這些研究發現共同反映了一個現象——閱讀困難的程度不同，對閱讀教學的課程需求是不同的。多層次課程概念的設計如何照顧所有學生的需求，以及如何進一步將課程概念轉化為學校教育的運作，都挑戰著是否能真正落實「帶好每一個學生」或「不讓任何孩子落後」的教育目標。因此，以下要從學校運作的角度，談不同教育需求學生的有效

閱讀教學之執行方式；最後再從教學的層級，談有效閱讀教學的原則與做法。

第二節
學校層級——多層次的學習支援系統

一 初級——普通教室有效的教學

　　許多研究發現，學生的學習表現與教師的教學效能有關，愈有效能的老師，班上低成就的比率愈低（Chard, 2004; Ding & Sherman, 2006），即普通教室裡若能執行有效的閱讀教學，兒童發生學習困難的機率應該就會較低。因此，在普通教室這個層級，設計上就是要照顧校內絕大多數的學童，透過提供有品質的教學，幫助學童習得應有的技能，減少學童發生學習失敗的比率。這個層級由普通班教師執行，普通班內的所有學童都包括在內。美國德州大學奧斯汀分校的閱讀中心（Vaughn Gross Center for Reading and Language Arts, University of Texas at Austin, 2008）將這個層級稱為「初級介入」（primary intervention），他們認為初級介入必須包含三個主要的元素：

1. 核心的閱讀課程：學校應該採用有科學證據支持的有效閱讀教學，每一個教師都要教導閱讀的關鍵元素，包括：音素覺識、語音法、流暢性、詞彙和理解等。這五個閱讀教學元素，是由「美國國家閱讀小組」（National Reading Panel）根據研究結果所建議的，也是重要的閱讀成分（NCLB, 2002）。在這五個元素中，「音素覺識」和「語音法」適用在拼音文字系統，在中文文字系統上，聲韻覺識的重要性也受到肯定（李俊仁、柯華葳，2007；陳慶順，2001；曾世杰，1999），國內的國語文教學，在入學前 10 週做注音符號教學，就是從聲韻系統開始的；10 週後正式進入中文系統的學習，教學部分看重識字、詞彙和閱讀理解等成分，注音符號轉換為輔助性的角色。美國近幾年相當看重的元素——流暢性，在國內普通班的教學中，則尚未受到重視。從訊

息處理理論的觀點來看，人類的認知資源是有限的，閱讀時若花費太多認知資源在識字上，那麼，可以分配在閱讀理解的認知資源自然就較少，閱讀理解的效率也會受到影響。Chall（1996）的閱讀發展理論也指出，解碼自動化是讓讀者能夠從「學習閱讀」過渡到「透過閱讀學習」的關鍵，因此，流暢性確實有其重要性。基於此，筆者建議國內的語文教學，除了注音、識字、詞彙、閱讀理解外，也應將流暢性列為教學的元素之一。

2. 進展的監控：德州大學閱讀中心認為，有效的閱讀教學要持續性地監控學生學習的進展，他們建議每年至少進行三次學力測驗：秋天、冬天和春天，亦即學年初、第一學期末、第二學期中後期，並根據測驗評估的結果，決定學生的閱讀教學需求。對未通過測驗的學生，班級教師再施以後續的進展監控測驗，所有蒐集的資料，均用來幫助老師提供適切的教學。

3. 持續的在職進修：培養老師具備足夠的教學能力，以確保學生可以得到有品質的閱讀教學。老師進修的主要學習目標有二：

⑴如何實施進展監控，以及老師如何運用這些資料來做教學的決策。

⑵了解閱讀教學重要的元素與其教學方法，包括：口語發展、聲韻覺識、字母原理、詞彙、拼字、流暢性、聽覺理解、閱讀理解和書寫表達等。這裡談的閱讀教學元素，範圍比較大，涵蓋了語言的各種面向──聽、說、讀、寫，其教學內容其實不只是「讀」而已，「閱讀」教學的概念相當於我國的「國語文」教學。但前述談到的「美國國家閱讀小組」提出的五個核心閱讀教學元素，則比較接近國內語文課程裡的「閱讀課程」。另外，有效教學的特質還包括要適當的能力分組、精熟教學和提供學習鷹架。

 ## 次級──小組補救教學

德州大學閱讀中心的次級介入系統，主要是提供小組的補救教學。單一閱讀教學方案不太可能符合所有學生的需要，因此，學校必須提供次級的方

案來幫助在核心閱讀教學課程中，學習成效不佳的學童。次級介入的目的，在於以較密集的介入，以避免這些學生繼續原地踏步，使得學習沒有進展。次級介入方案是由補救教師提供額外的、小組的密集閱讀教學。每小組有 4 至 5 人，每天約有 30 分鐘的指導。教學的內容為閱讀的重要成分，依學生進展監控的資料而訂出學習目標。學生若進步到該年級的水準，就可以離開次級介入，回到初級介入去監控其進展。但若在次級介入之後仍無法進展，則轉入第三級的介入。

對於已經發生學習落後的低成就學生，國內在政府的層級上，主要有「攜手計畫—課後扶助方案」，這個方案原來的目標也是希望對弱勢家庭的低成就學生，提供額外的、小組的補救教學服務；但在教育現場的執行上，最後卻多以進行作業指導為主（陳淑麗，2008b，2009），但這對於已經發生學習落後的低成就學生，只提供矯治型的重複學習是不夠的，除非他們成就低下的問題很輕微，否則他們需要的是密集系統的補救教學。在國內真正對弱勢低成就學生提供系統補救服務的，反而是由私人企業設置的基金會做得較有系統，例如：永齡教育基金會、博幼基金會等。以永齡教育基金會設置的永齡希望小學為例，他們小二的國語文補救教學系統十分密集，每週有六節，採小班教學，每班人數以 6 人為原則，有系統的補救教材與教學策略，所有的補救教材都先經教學實驗證實其可行性與有效性；為了確保教學品質，所有的國語文補救師資，在介入前都必須先接受培訓課程，介入期間，再由專家教師提供定期的個別及團體督導。所有參與的學生都要定期接受教學評量，以監控學生的學習進展，包括學期初和學期末各一次的語文能力測驗，以及學期期間定期的學習成就檢測。學生若進步到該年級的水準，就可以離開補救教學系統，但若無法進步，則轉介進行特殊教育鑑定（陳淑麗等，2009）。

三　三級——特殊教育的教學

經過有品質保證的補救教學，學生如果還是無法回到同儕水準，則這些孩子極有可能是生理因素所致或嚴重發展遲緩的障礙兒童，需要進一步進行特殊教育的協助。因此，對第二層級由普通教育系統實施的補救教學反應無

效的學生，必須正式轉介進行特殊教育鑑定，同時彙整前兩個層級的教學與評量資料，以幫助特殊教育鑑定的判別。經過鑑定，若確定是特殊學生，則應進一步提供更特定或治療性的特殊教育服務；但經特殊教育的判定後，若不是身心障礙學生，則必須再進一步找出與解決其他影響學習的因素，並回到第二層級，繼續提供補救教學服務。惟，美國部分學者認為，普通教育的補救教學應該進行到第三層次——密集、小組的補救教學，第三層次無效的學生才轉介至特殊教育的鑑定（Lerner & Johns, 2009）。

　　以上三層次的學習支援系統（如圖 3-1 所示），是基於滿足所有學生的一種適性服務的思考，尊重不同學生的學習需求，也強調對不同需求學生，提供不同介入服務的做法，兼顧了預防及補救、品質及績效。三級學習支援系統若能全面實施，將可以有效的減少閱讀落後的學生。根據Fletcher（2004）之估計，如果學校只實施初級閱讀介入，將有 5%至 7%閱讀困難的學生；如果實施次級閱讀介入，閱讀困難的學生可以減少到 2%至 6%；如果實施初級和次級的閱讀介入，將會使閱讀落後學生降到 2%，所以第三級只需要針對2%的學生；各階段的人數，愈到後面，人數愈少，這樣就能避免教育資源的浪費，收到投資效益。Fletcher認為，多層次的閱讀學習支援系統，也是將普通教育和特殊教育整合為一的模式。

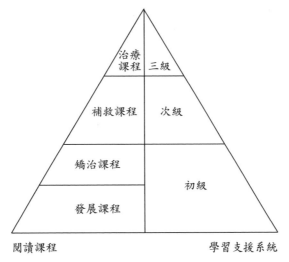

圖 3-1　不同層級課程與多層次的學習支援系統

第三節
教學層級——有效的閱讀教學原則

如何有效地預防及解決閱讀落後的問題呢？除了從學校的層級提供多元的支援系統，來滿足不同學習需求的學生，我們還可以從教學的層級，透過掌握有效的教學原則，來確保教學的品質。

國外有許多統合性的研究發現，一般有效的教學應符合以下九個原則：(1)早期介入；(2)長時密集；(3)考慮作業難度，讓學生有高成功率的機會（指學童容易達成教學目標）；(4)經常性評量；(5)明示（explicit）；(6)適當的教學表徵；(7)結構化系統；(8)教導策略，以及(9)看重教學流暢度，讓學習最大化（Foorman & Torgesen, 2001; Torgesen, 2000; Vaughn, Gersten, & Chard, 2000）。這些原則適用在各類學生身上，但對低成就學生特別重要。低成就學生有兩個學習特徵：第一是落後一般同儕：針對這個特性，「早期介入」、「長時密集」、「高成功率」與「看重教學流暢度，讓學習最大化」是避免讓學生學習無助與「馬太效應」（Matthew Effect）的關鍵（Stanovich, 1986），「經常性評量」則是讓低成就學生得到具體學習回饋的重要方式；第二是比較不容易自己發現學習教材中隱含的結構或規則（Gaskins, Ehri, Cress, O'Hara, & Donnelly, 1997）：針對這個特徵，低成就學生需要比較明示、適當的教學表徵、結構化的教學，也需要刻意地教導學習策略。以下進一步討論這些有效的教學原則。

 早期介入

許多研究發現，閱讀有困難的學生，他們和一般兒童的差距，會隨著年齡逐漸加大（王瓊珠、洪儷瑜、陳秀芬，2007），這種類似「貧者愈貧，富者愈富」的情況，就是著名的馬太效應現象（Stanovich, 1986）。更不幸的是，隨著差距擴大，學生累積的學習挫折往往就會愈來愈多，最後，習得無

助感一旦形成，就很容易抗拒學習。在臨床上，筆者確實觀察到一個現象——低成就學生在課堂上，很常說「我不要」或「我不會」等字眼，且容易出現不專心、鬧脾氣或退縮、不願意嘗試等不利於學習的行為。筆者近年的研究也發現，學校老師進行課輔時，最常遇到的困難之一，就是學生缺乏學習動機（陳淑麗，2008b，2009）、干擾上課行為（洪儷瑜，2005）等。因此，如何避免這些補救上的阻力，早期介入似乎是不二法門。

早期介入確實能帶來多重的效益，早一點給予協助，不僅能避免馬太效應，同時，介入的時機愈早，成效也會愈好。有研究指出，對閱讀困難學生提供補救教學服務，在小學一、二年級提供介入最有效，若三年級以後才提供介入，就要更密集、更長時的介入，才能幫助學生達到同儕水準（King & Torgesen, 2006）；也有研究指出，在小學結束以後才進行補救教學，成效不大，通常只能避免惡化（Wasik & Slavin, 1993）。這些研究顯示，早期介入在解決閱讀困難上確實有其重要性，如果我們希望獲得較佳的補救成效，及早的介入是重要的途徑。

早期介入還有經濟上的效益，可以節省教育成本，也可以降低社會福利成本。有研究發現，早期的閱讀補救教學，可以讓大多數的閱讀困難學生（67.1%），回到同儕兒童水準（Vellutino et al., 1996）；也有研究指出，對閱讀障礙學童提供早期的介入，可以讓40%的學生回歸到普通教育系統，不必長期依賴特殊教育之服務（Torgesen et al., 2001）。因此，不管是降低閱讀困難比率，或是減少特殊教育人口，這些成效都能直接節省後續的教育成本。再從降低社會成本來看，國外有研究指出，補救教學可以帶來很高的社會成本效益，例如：「沛里學前教育方案」（Perry Preschool Project）追蹤曾經接受他們方案的學生直到成人，結果發現學生在藥物、酒精濫用以及犯罪、未婚懷孕等都明顯的降低（Shanahan & Barr, 1995）。另有學者估計，在學前階段的啟蒙教育每花 1 美元，將會在未來的留級、犯罪或社會福利等工作上省下 7 美元（Berk, 1996）。這些資料均顯示，早期的教育投資，有很高的效益。

二 長時密集

　　閱讀補救教學除了要夠早，夠長時、夠密集也是很重要的原則（Foorman, Francis, Fletcher, Schatschneider, & Mehta, 1998; Torgesen et al., 2001）。但「長時」的定義為何？有研究認為，若要預防閱讀失敗和幫助低成就學生，提供1～2年的介入時間是有必要的，有一些學生則必須提供持續性的支援（Barbara, Anthony, Keith, & Dennis, 2003; Pikulski, 1994），通常愈困難的學生，介入的時間要愈長（Torgesen, Rashotte, Alexander, Alexander, & MacPhee, 2003）。國內的閱讀補救教學，主要是依賴教育部的「攜手計畫—課後扶助」方案提供支援，這個方案目前對學校而言，都是外加式的計畫，每學期的經費資源是不確定的。因此，難以讓補救教學成為學校常規的工作，也無法提供學生長期持續性的支援，最後只能有經費就做，沒有經費就不做，學生得到的補救服務，經常是不足或斷斷續續的，例如：一個學期5個月，只提供11週或12週的服務，這並不符合有效的教學原則，就會使得成效受到影響。

　　「密集」對低成就學生則是特別重要的，在教育現場筆者觀察到，有些學校為了配合全校學生的放學時間，將一週四節的補救教學時數，集中安排在一天下午，也就是說，學生一個禮拜只得到一次的補救教學，這樣對低成就學生的學習是不利的，太長的間距會讓學生很容易忘了前一次上課學習的內容，學習內容很難保留下來。因此，對低成就學生的教學介入，頻率應該高，次數密集，間隔不宜太長，他們需要更多的重複練習機會，來幫助學習內容的鞏固，並彌補與同儕之間的落差（Foorman & Torgesen, 2001）。

三 明示（明確）的教學

　　許多研究發現，對低成就學生的閱讀補救教學愈明示，教學成效愈好（Foorman et al., 1998; Reutzel, Oda, & Moore, 1989 ; Torgesen, 2000）。什麼是明示（explicit）的教學呢？例如：一個大家熟悉的故事——「白雪公主」，這個故事講的是白雪公主因為吃了皇后的毒蘋果後昏迷，白馬王子親了白雪

公主後，白雪公主就醒來了。這是一個典型因果關係類型的故事，裡面有故事裡最核心的「問題、解決和結果」等要素。對一般讀者而言，類似結構的文章累積多了，很容易發現這類故事有個相同的結構——都有問題、解決和結果。能夠抓到這個結構，不僅能幫助對故事內容的理解，也有助於文章重點的掌握。但是許多閱讀困難的學生，無法自行發現教材裡隱含的結構或規則（Gaskins et al., 1997），因此，他們在閱讀時，自然就無法善用這個架構來幫助閱讀；在這種情況下，教學者如果「明白的」把文章隱含的結構教出來，就能有助於他們的學習。

　　類似的概念，也可以用在「生字」教學上。集中識字法就很容易幫助學生發現中文字的結構，例如：「青、清、情、請、晴」這組字一起教，可以明白的讓學生知道——中文字大多是合體字，有些部件有固定的位置，如「青」部件，大多出現在字的右邊；部首部件通常表義，有些部件則表音，像這樣就是明示的教學。

　　國外有相當多的研究支持明示教學的成效，例如：Foorman 等人（1998）對 285 位經濟不利的閱讀困難高危險群，提供不同明示程度的教學介入，研究結果發現，最明示的教學，其學習成效最佳；Reutzel 等人（1989）對 132 位幼稚園兒童提供文字知識的教學，研究結果也有類似的發現，明示教學組的兒童，其文字概念（concept of print）發展的最好。此外，許多統合性的研究也指出，明示的教學是影響學習成果的關鍵，Torgesen（2000）分析五個預防閱讀困難的早期介入研究，五個研究結果均顯示，明示的聲韻教學學習成效最佳。

考慮作業難度，讓學生有高成功率的機會

　　失敗是低成就學生常有的學習經驗，長期挫折後，很容易再衍生出學習動機的問題；如何讓失去動機的學生，燃起學習的興趣呢？許多學者強調，要讓學生有成功的學習經驗，適當難度的作業是重要的教學原則（王瓊珠，2003b；Vaughn et al., 2000）。McCormick（1995）建議，一篇文章中，如果認得的字在 90% 至 95% 之間，最適合做為教學的教材，而正確率低於 90% 以

下的文章，不宜做為教材，易讓學生產生挫折；正確率高於 95% 的文章，則可以讓學生獨立學習。王瓊珠（2001）的研究則發現，學生在運用閱讀策略時，會隨著作業難度而調整，當作業難度落在 90% 至 94% 時，閱讀障礙學生較能自我更正朗讀失誤，也比較不會只依賴某種特定的策略（引自王瓊珠，2003a）。

作業難度的考慮，還可以從「教學」的層面來調整。有效能的老師善於做教學細部化的處理，來幫助學生得到較高的成功率（Englert, 1984）。成功的教學者對學生的程度有敏銳的覺察力，會根據學生的程度，適時的「提供」或「褪除」學習鷹架。舉例來說，「白雪公主」這個故事，如果老師想要用故事結構法帶出故事的大意，當老師用「問題、解決、結果」來提問，學生回答不出來時，老師就可以多給一點鷹架、多給一點引導，找到適當的難度，例如：

難度 A：把問題問得具體一點，例如：白雪公主遇到了什麼問題？

難度 B：縮小範圍，回到文字找答案，例如：白雪公主遇到了皇后後發生了什麼事情？

難度 C：提供答案的選項，例如：白雪公主遇到的問題是什麼？吃了皇后的毒蘋果昏倒？還是喝了毒果汁昏倒？

難度 D：回到圖像找答案，例如：看故事中的圖片，皇后手上拿著什麼要給白雪公主吃？

最後一種做法是最具體、鷹架最多的引導方式。反過來說，適當的褪除鷹架也是必要的，例如：讓學生故事重述，在教學初期，學生也許必須看著答案的提示，才能重述故事，但是在學生的能力慢慢建立後，要適當的褪除提示，讓學生試著在沒有答案提示的情況下重述故事。

五　使用適當的教學表徵

低成就學生通常比較不擅長處理抽象的符號或事物，因此良好的教學設計裡，應該要能使用適當的教學表徵，來幫助兒童學習抽象的事物。人類的

認知表徵發展，依序是動作、圖像，最後才進入符號表徵（Bruner, 1973, 引自施方良，1996），因此把新的學習材料，回到動作或圖像的層次設計教學，促成新材料和先備知識相結合，就能夠減輕認知的負荷。曾世杰、陳淑麗（2007）的注音補救教學設計，運用圖像和動作表徵，為37個抽象的注音符號設計了記憶術，例如：「ㄐ」的口訣是：「ㄐ什麼ㄐ，肌肉的ㄐ」（如圖3-2所示）。這個記憶術的設計，強調同時產生形和音的連結，ㄐ的字形是動作的樣子，ㄐ的音則與肌肉的「肌」同音。陳淑麗等人（2006）的補救教學設計，識字採部件教學法，其中「部件演進卡」的設計，也是回到圖像的層次幫助兒童學習（例如：「手」，從早期象形文字「手的形狀」，漸漸演進到「手的字形」）。

圖 3-2　注音符號「ㄐ」的記憶術
資料來源：曾世杰主編（2005）

此外，有效能的老師在運用教學表徵時，也會善用學習者的先備經驗，並促成多元的連結，以收最大的學習效果，例如：高年級一篇記人的文章——〈史懷哲〉，假如學生都不認識史懷哲，教學者問：「有關史懷哲你們知道些什麼？」這可能就不是一個好的提問；如果從學生的經驗出發——引發學生被人幫助的經驗與感受，從這裡來了解史懷哲「犧牲奉獻」了不起的地方，同時再舉一些相關的正例、反例或應用的情境，來豐富人物的學習；這樣才不會讓新的概念與材料，孤伶伶的儲存在大腦中，很快就會遺忘的。

 結構化的教學

結構化的教學指的是——教學的步驟清楚、有固定的教學程序，例如：「直接教學模式」（Direct Instruction），強調具體的教學目標、系統的教學流程與內容，以及頻繁的問答互動，是典型結構取向的教學法。國內學者曾世杰、簡淑真（2006）從系統的文獻回顧中發現，弱勢低成就學生在結構化的教學中較能受益，為什麼呢？低成就學生經常出現注意力的問題，也容易搞不清楚老師在教些什麼，但在結構化的情境下，學生較可以清楚的知道「自己在哪裡」，也可以預期等一下會發生什麼事，就比較能善用有限的注意力。

但也有學者擔心，結構化的教材會妨礙老師的創意，會讓學習無趣。美國學者 Apple（1982, 1986）指出：

> 選用基礎讀本不但限制了老師的自由，更讓老師自廢武功（de-skill），這樣老師就向教室外的威權投降了。

但 Pressley（2006）在《有效的閱讀教學》（*Reading Instruction that Works*）一書中回顧了教學文獻，他發現用再結構化的教材，老師在執行上，仍都非常有創意，在選擇教材和修正教材的表現上，都沒有看到自廢武功的現象（p. 41-42），也就是說，Apple 的論點和現場老師的觀點並不相符。教學的創意，在結構化的教學裡是可能的；結構化的教學會讓學習索然無味，應是一種迷思。至少在筆者長期進行的一些實驗教學教室中，我們都看到參與補救教學的學生，在課堂上經常踴躍的參與，而且期待前來上課的行為，尤其是他們可以預知老師下一個可能會問的問題，享受提早找到答案的成就感（洪儷瑜，2005；洪儷瑜、陳秀芬、吳怡慧、古美娟，2009；陳淑麗等，2006），「這種表情是在原班看不到的」，這是一位參與補救教學的國小教師在督導會議上的分享（洪儷瑜等，2009）。

七　教導策略

　　教導策略是讓學生獲得學習方法的重要途徑，許多研究支持教導策略的重要性，教導策略不僅讓學童能夠獨立學習（Ellis & Worthington, 1994），同時也是獲得較佳學習成效的關鍵（Vaughn et al., 2000）。許多低成就學生「缺少」學習策略，或者不會在適當的時機「運用」學習策略，有效的閱讀補救教學，就要在學科的脈絡中，教導學生學習的策略與技巧。以下列舉一些常用的學習策略：

- 讀故事書時，遇到不認識的字怎麼辦？

  閱讀策略：可以看圖畫、看注音、運用上下文猜字、看字形猜字音，有好多種方法。

- 讀完一篇故事，抓不到故事的重點怎麼辦？

  學習策略：可以用故事的四個主要秘密——「主角、問題、解決、結果」，來說故事啊！

- 考試常常寫不完怎麼辦？

  考試策略：可以先做最拿手的，不要一直停在同一個題目上，這樣，會做的題目，才能都做到。

- 有的東西記不起來怎麼辦？例如：八國聯軍是哪八國，好難記。

  記憶策略：可以用記憶術，做一點聯想，八國聯軍是俄、德、法、美、日、奧、義、英，可以記成「餓的話每日熬一鷹」。

- 考試造句或寫作時，遇到不會寫的字怎麼辦？

  考試檢索的策略：先寫注音提醒自己，想想看有沒有線索可以猜，想看看還有沒有其他自己會寫的詞可以替換。

八　看重教學流暢性，讓學習時間最大化

　　研究發現，有效能老師的教學節奏通常比較清楚、流暢（Englert, 1984），會善用學生的每一分鐘，讓學生的學習最大化。清楚即是明白的指出每個步

驟、活動的目標，流暢即是教學活動緊湊，儘量減少空檔時間（idle time）。在補救教學的實作上，如何提升教學的流暢性呢？老師必須注意教學的細節，在許多小地方上思考如何執行最有效率，建議可從「物理環境」和「教學活動」兩種面向來思考。物理環境可包括：學生座位的安排、教具的操作、黑板空間的運用、講桌和學生座位空間的安排等；教學活動可包括：讓不同程度的學生有不同的學習任務，以減少他們因為等待出現空檔，而出亂子；教師需要較多個別指導時，要讓全體同學有事情做；學生出場活動的順序事先說好再行動；教學因故中斷時要有備份的安排；建立和學生間的默契，以減少組織學生行為的時間……等，都是可以注意的面向。舉例來說，一個右利（指用右手寫字）的老師，若黑板增強系統的位置設計在左上角，每一次做增強的劃記，就得花一點點的時間走到黑板左邊，如果做點調整，把位置改到右邊，老師一轉身就能立刻做增強劃記，速度就會變快，便可以節省一點非教學的時間。又如教師使用生字教具時，如果在課前先把教具的順序安排好，並善用貼教具或撤教具的時機，順便做認讀，就可以減少學生等待的空檔，增加教學的流暢性。

避免學習空檔的部分還有很多方式，例如：學生寫學習單的速度不一，先寫完的學生，可以安排他們進行自學活動；或者設定不同的目標，給不同難度的學習單，讓大家完成的速度接近。總之，教學時如果能避免學生因程度不一，而造成的學習空檔或教學中斷，就有利於教學流暢性的提高。

國內教師間很少進行教學觀摩，筆者在很多學校內看到很多教學非常流暢的教師，可惜的是同一所學校內卻也看到很多教學非常鬆散的教師，很多老師都是經過督導之後，才知道自己教學不流暢的問題，如果他們在教師生涯有機會觀摩同校其他教師，也許他們早就有機會學到如何經營自己的一節課。

 九　經常性評量

持續性的評量和回饋（continuous monitor）在美國的統合分析研究中，被認為是有效的教學之一（Lloyd, Forness, & Kavale, 1998），在郭生玉（2004）所提到的教學評量之四種類型中，經常性的評量亦即是形成性評量

（formative assessment），老師利用形成性評量了解學生的精熟、進展和問題，就能不斷地對教師和學生的教與學提供回饋。有研究發現，「有沒有做評量」本身，就是一項能區辨教學成效的好指標，有經常性做評量的，教學成效較佳。為什麼經常性評量這麼重要呢？先舉個大學課程的例子，台東大學的教師曾世杰和研究者，曾經在大學開了一門「英文補救教學」課程，這個課設訂了兩個目標：一方面要提升大學生的英文能力；另一方面要讓大學生知道怎麼做英文補救教學。在提升英文能力部分，每週上三次英文課，每次上課都要小考。期中時，老師問大學生：「你參與補救教學，英文有沒有進步？」學生答案都很類似：「當然有進步啊，每次都要考試，我每天都讀一、兩個小時，當然會進步。」從大學生的反應裡我們發現，他們強調的是一套學習與教學的管理回饋系統，透過這個回饋系統，可以隨時知道自己的學習進展。

　　良好的教學應該與評量相互結合（郭生玉，2004），教學計畫中就應設計持續的進展監控系統。在美國，語文課程最常用的進展監控就是閱讀流暢性（每分鐘閱讀多少字），進展一停滯，老師就要檢討自己的教材與教法。國內永齡教育基金會的國語文補救教學，除了重視方案成效的評估，也看重歷程性的學習進展監控，例如：課文每課都做教學評量、流暢性；設計閱讀火箭筒和國字銀行活動（如圖 3-3 所示），以累積學生的閱讀字數和生字量；在教學裡，隨時透過提問，檢驗孩子是不是學會了。這些設計，都可以幫助學生清清楚楚地知道自己的學習進展與表現。

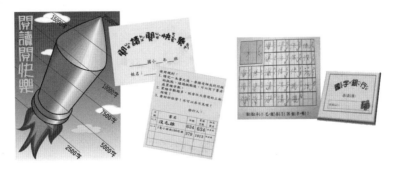

圖 3-3　永齡教育基金會國語文補救教學之閱讀火箭筒和國字銀行紀錄系統
資料來源：陳淑麗等（2009）

以上九個有效教學的原則，前兩個原則——「早期介入」和「長時密集」
能不能做到，和學校行政資源的配置比較有關；後面七個原則都是教學的層
次，是教師個人就可以努力的，這些原則如果都能夠掌握，就容易見到教學
的效果，真的帶起每一個落後的孩子。

第四節　結論與省思

接受學童差異性是一個文明社會的指標，愈是文明的國家，他們就愈重
視可能落後的學生，國家會設法去預防這個問題，例如：北歐的芬蘭〔請參
閱陳之華（2008）的《沒有資優班》一書〕、挪威〔請參閱吳祥輝（2009）
的《驚喜挪威》一書〕，或英國〔請參閱洪儷瑜（2001）的《英國融合教育》
一書〕，他們的學校教育能夠接納有 20%至 30%的學生成就低下之事實，也
責無旁貸的提供有效補救教學，所以補救教學是學校常設的單位和活動，而
非階段性、政策性的活動。芬蘭教育部部長在接受國內媒體訪問時提到，因
為他們地小、人少、資源少，所以每個學生都是他們的資源，政府都會重視
他們的成長，有問題要提早補救，幫助他們趕上學習（陳之華，2008）。世
界各國在面臨全球化的競爭之際，有的國家看重學校教育要追求卓越，有的
國家希望學校教育致力於滿足每個學童的差異性，有的國家卻要求教育要統
一教材、統一進度，最好也統一步伐，任何一種追求，各有其背景和統治者
的想法。但如果一直漠視本來就存在的閱讀困難之問題，長久下來，大家就
會驚訝學校教育成效出現雙峰現象，卻忽略了雙峰現象是政策下必然的結果。

　　本章由學校和教學兩個層級介紹有效的執行閱讀補救方案，應該不僅是
針對班級內少數低成就的學生，而是適用於所有學習閱讀上曾經有困難的學
生。筆者希望借鏡國內外有實證研究結果支持的發現，努力提升國內閱讀補
救教學的品質，讓所有學生皆受益。

 **參考文獻**

中文部分

王瓊珠（2003a）。**國小一年級疑似閱讀障礙兒童之觀察研究**。台北市：心理。

王瓊珠（2003b）。**讀寫能力合一補救教學系列研究（Ⅰ）**。國科會專題研究計畫成果報告（報告編號：NSC 91 -2413 -H -133 -014），未出版。

王瓊珠（2004）。故事結構教學加分享閱讀對增進國小閱讀障礙學童讀寫能力與故事結構概念之研究。**台北市立師範學院學報——教育類**，35（2），1-22。

王瓊珠、洪儷瑜、陳秀芬（2007）。低識字能力學生識字量發展之研究——馬太效應之可能表現。**特殊教育研究學刊**，32（3），1-16。

古美娟（2008）。**國中特教班前閱讀期綜合性語文教學實驗成效研究**。國立台灣師範大學特殊教育學系碩士論文，未出版，台北市。

吳祥輝（2009）。**驚喜挪威**。台北市：遠流。

呂美娟（2000）。基本字帶字識字教學對國小識字困難學生識字成效之探討。**特殊教育研究學刊**，18，207-236。

李俊仁、柯華葳（2007）。中文閱讀弱讀者的認知功能缺陷——視覺處理或是聲韻處理。**特殊教育研究學刊**，32（4），1-18。

施方良（1996）。**學習理論**。高雄市：麗文文化。

洪儷瑜（2001）。**英國融合教育**。台北市：學富文化。

洪儷瑜（2005）。**中文讀寫困難適性化補救教學——由常用字發展基本讀寫技能**。行政院國家科學委員會專題研究計畫成果二年的期末總報告（報告編號：NSC-91-2413-H-003-020、NSC-92-2413-H-003-020），未出版。

洪儷瑜、陳秀芬、吳怡慧、古美娟（2009）。**永齡希望小學中高年級語文科補救教材研發實驗報告**，未出版。

洪儷瑜、黃冠穎（2006）。兩種取向的部件識字教學法對國小低年級語文低成就學生之成效比較。**特殊教育研究學刊**，31，43-71。

郭生玉（2004）。**教育測驗與評量**。台北市：精華書局。

陳之華（2008）。**沒有資優班——認識每個孩子的芬蘭教育**。台北縣：木馬。

陳秀芬（1999）。中文一般字彙知識教學法在增進國小識字困難學生識字學習成效之探討。**特殊教育研究學刊**，17，225-251。

陳淑麗（2008a）。二年級國語文補救教學研究——一個長時密集的介入方案。**特殊教育研究學刊**，33（2），27-48。

陳淑麗（2008b）。國小學生弱勢學生課輔現況調查研究。**台東大學教育學報**，19（1），1-32。

陳淑麗（2009）。**弱勢學童讀寫希望工程——課輔現場的了解改造**。台北市：心理。

陳淑麗、曾世杰、洪儷瑜（2006）。原住民國語文低成就學童文化與經驗本位補救教學成效之研究。**師大學報——教育類**，51（2），147-171。

陳淑麗、曾世杰、葉蟬甄、賴玎瑛、曾惠婷、蔡佩津（2009）。**永齡希望小學國語文補救教學手冊**，未出版。

陳慶順（2001）。識字困難學生與普通學生識字認知成分之比較研究。**特殊教育研究學刊**，21，215-237。

曾世杰（1999年1月）。**國語文低成就學童之工作記憶、聲韻處理能力與唸名速度之研究**。發表於國立中正大學主辦之「學童閱讀困難的鑑定與診斷研討會」，嘉義縣。

曾世杰（主編）（2005）。**ㄅㄆㄇ注音王國**。台北市：彩虹愛家生命教育協會。

曾世杰、陳淑麗（2007）。注音補救教學對一年級低成就學童的教學成效實驗研究。**教育與心理研究**，30（3），53-77。

曾世杰、簡淑真（2006）。全語法爭議的文獻回顧——兼論對弱勢學生之影響。**當台東大學教育學報**，17（2），1-31。

黃秀霜（1999）。不同教學方式對學習障礙兒童國字學習效率之研究。**課程與教學季刊**，2（1），68-92。

英文部分

Apple, M. W. (1982). *Education and power*. New York: Ark Paperbacks.

Apple, M. W. (1986). *Teachers and texts: A political economy of class and gender relations in education*. New York: Routledge.

Barbara, G., Anthony, B., Keith, S., & Dennis, A. (2003). The efficacy of supplemental instruction in decoding skills for Hispanic and Non-Hispanic students in early elementary school. *Journal of Special Education, 34*(2), 90-103.

Berk, L. E. (1996). *Infants, children, and adolescents*. Needham Heights, MA: Allyn & Bacon.

Campbell, F. A., Ramey, C. T., Pungello, E., Sparlin, H., & Johnson, S. M. (2002). Early childhood education: Young adult outcomes for the abecedarian project. *Applied Developmental Science, 6* (1), 42-57. Retrieved October 21, 2009, from http://www.cds.unc.edu/CCHD/F2004/09-27/Campbell.et.al.pdf

Chall, J. S. (1996). *Qualitative assessment of text difficulty: A practical guide for teachers and writers*. Cambridge, MA: Brookline Books.

Chard, D. (2004). Toward a science of professional development in early reading. *Exceptionality, 12*(3), 175-191.

Ding, C., & Sherman, H. (2006). Teaching effectiveness and student achievement: Examining the relationship. *Educational Research Quarterly, 29*(4), 39-49.

Ellis, E. S., & Worthington, L.A. (1994). *Executive summary of research synthesis on effective teaching principles and design of quality tools for Educators* (Oregon of University To improve the tools of Educators Technical Report No. 5). Retrieved January 15, 2001, from http://idea.uoregon.edu/cite/documents/techrep/tech05.pdf

Englert, C. S. (1984). Effective direct instruction practices in special education settings. *Remedial and Special Education, 5*(2), 38-47.

Fletcher, J. (2004, November). *Three-tier reading model*. Paper presented at the 55th annual conference of International Dyslexia Association, Philadelphia, PA.

Foorman, B. R., & Torgesen, J. (2001). Critical elements of classroom and small-group instruction promote reading success in all children. *Learning Disabilities Research and Practice, 16*(4), 203-212.

Foorman, B. R., Francis, D. J., Fletcher, J. M., Schatschneider, C., & Mehta, P. (1998). The role of instruction in learning to read: Preventing reading failure in at-risk children. *Journal of Educational Psychology, 90*(1), 37-55.

Gaskins, I. W., Ehri, L. C., Cress, C., O'Hara, C., & Donnelly, K. (1997). Analyzing words and making discoveries about the alphabetic system: Activities for beginning readers. *Language Arts, 74*(3), 172-184.

King, R., & Torgesen, J. K. (2006). *Improving the effectiveness of reading instruction in one elementary school: A description of the process*.? Retrieved November 2, 2009, from http://www.fcrr.org/publications/publicationspdffiles/Hartsfield_chapter.pdf

Lerner, J. L., & Johns, B. (2009). *Learning disabilities and related mild disabilities* (11th ed.). Boston, MA: Houghton Mifflin Harcourt Co.

Lloyd, J., Forness, S., & Kavale, K. (1998). Some methods are more effective than others. *Intervention in School and Clinic, 33*, 195-200.

Lyon, R. (1998). Why reading is not a natural process. *Educational Leadership, 55*(6) , 14-18.

McCormick, S. (1995). *Instructing students who has literacy problem*. Englewood Cliff, NJ: Prentice-Hall.

No Child Left Behind Act of 2001, 115 State §1425 (2002).

Pikulski, J. J. (1994). Preventing reading failure: A review of five effective program. *The Reading Teacher, 48*(1), 30-39.

Pressley, M. (2006). *Reading instruction that works: The case for balanced teaching* (3rd ed.). New York: The Guildford Press.

Reutzel, D. R., Oda, L. K., & Moore, B. H. (1989). Developing print awareness: The effects of three instructional approaches on kindergarteners' print awareness, reading readiness, and word reading. *Journal of Reading Behavior, 21*(3), 197-217.

Shanahan, T., & Barr, R. (1995). Reading recovery: An independent evaluation of the effects of an early instructional intervention for at risk learners. *Reading Research Quarterly, 30*, 958-996.

Stanovich, K. E. (1986). Matthew effects in reading: Some consequences of individual differences in the acquisition of literacy. *Reading Research Quarterly, 21*, 360-407.

Torgesen, J. K. (2000). Individual differences in response to early interventions in reading: The lingering problems of treatment resisters. *Learning Disabilities Research and*

Practices, 15(1), 55-64。

Torgesen, J. K., Alexander, A., Wagner, R., Rashotte, C., Voeller, K., & Conway, T. (2001). Intensive remedial instruction for children with severe reading disabilities: Immediate and longterm outcomes from two instructional approaches. *Journal of Learning Disabilities, 34*(1), 33-58.

Torgesen, J., Rashotte, C., Alexander, A., Alexander, J., & MacPhee, K. (2003). Progress toward understanding the instructional conditions necessary for remediating reading difficulties in older children. In B. R. Foorman (Ed.), *Preventing and remediation reading difficulties: Bringing science to scale* (pp. 275-298). Baltimore, MD: York Press.

Vaughn Gross Center for Reading and Language Arts, University of Texas at Austin (2008). *Preventing reading difficulties: A three-tiered intervention model* [Announcement]. Austin, TX: The Author. Retrieved September 29, 2008, from http://www.texasreading.org/3tier/levels.asp

Vaughn, S., Gersten, R., & Chard, D. J. (2000). The underlying message in LD intervention research: Findings from research syntheses. *Exceptional Children, 67*(1), 99-114.

Vellutino, F. R., Scanlon, D. M., Sipay, E. R., Small, S. G., Pratt, A., Chen, R., & Denckla, M. B. (1996). Cognitive profiles of difficult-to-remediate and readily remediated poor readers: Early intervention as a vehicle for distinguishing between cognitive and experiential deficits as basic causes of special reading disability. *Journal of Educational Psychology, 88*(4), 601-638.

Wasik, B. A., & Slavin, R. R. (1993). Preventing early reading failure with one-to-one tutoring: A review of five programs. *Reading Research Quarterly, 28*(2), 179-200.

Wren, S. (2002). Ten myths of reading instruction. *SEDL Letter, 14*(3), 3-8.

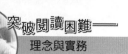

Part II

教學篇

第四章
讀寫萌發──從口語到書面語

陳俞君

　　「讀寫萌發」（emergent literacy）或稱為「早期讀寫」（early literacy）是指，在接受正式教育前，幼兒表現的讀寫行為與概念（Justice & Kaderavek, 2002）。雖然學前階段幼兒的讀寫行為尚未成熟，也未具備社會的讀寫成規概念，但這個階段也會展現讀寫行為的雛形。換言之，讀寫萌發是指，幼兒在學會社會約定俗成的閱讀和書寫方式前，所表現出的讀寫相關技巧、知識及概念（Whitehurst & Lonigan, 1998）。讀寫萌發是自然發展的過程，隨著幼兒年齡增長逐漸發展出來（Bennett, Weigel, & Martin, 2002），不是傳統觀念中讀寫準備度（reading readiness）──全有或全無（all-or-none phenomenon），或是進入小學後才開始發展的概念（Lonigan, 2006）。事實上，在進入正式學校教育前，幼兒早已從日常生活中接受多元的語言和文字刺激，主動建構及驗證有關文字的讀寫知識和概念（Sulzby & Teale, 1991）。這些發展來自於幼兒與環境的互動，從互動中，幼兒逐漸了解如何使用表情、動作、口語，甚至符號及文字來了解世界，與他人溝通。

　　讀寫萌發的理念強調早期幼兒與環境互動的非正式讀寫經驗，尤其是幼兒生活中重要成人的影響（Neuman, Copple, & Bredekamp, 2000; Sulzby & Teale, 1991），例如：父母親或老師所提供的讀寫經驗，有助於幼兒早期讀寫能力的獲得；相對地，在缺乏語文刺激環境下成長的幼兒，日後比較容易發生閱讀的問題（Good, Simmons, & Smith, 1998; Schulte, Osborne, & Erchul, 1998）。Stanovich（1986）在談論到幼兒獲得語文能力的個別差異時，曾以「馬太效

應」（Matthew Effect, the rich get richer and the poor get poorer）的概念，來說明幼兒早期讀寫的重要性（引自 Torgesen, 1998）。近期讀寫相關的研究結果也支持「馬太效應」的說法，例如：低閱讀能力的小一學生，未來無可避免地會成為低閱讀者（Juel, 1988; Torgesen & Burgess, 1998）。王瓊珠、洪儷瑜、張郁雯、陳秀芬（2008）探討一到九年級學生識字量的發展，她們的研究結果也發現，隨著成長，尤其從國小三年級開始，學童間識字能力的差距愈來愈大；也就是說，程度好的學童隨著成長識字量愈來愈多，相反地，程度不好的學童隨著年齡增加，其識字量與一般學生愈差愈多。由此可見，幼兒早期讀寫的重要性。許多研究結果也支持學前讀寫發展的重要性，認為幼兒早期讀寫能力的發展，與其未來閱讀與書寫能力的發展有密切相關（Morrow, 1989; Scarborough & Dobrich, 1994; Snow, 1991; Sulzby & Teale, 1991; Whitehurst, 1996）。

　　本章探討幼兒讀寫萌發的過程、促進讀寫萌發的教學策略，以及國內外相關的研究，最後以一位個案討論讀寫萌發教學策略運用在實際教學的情形。

第一節
讀寫萌發的過程

　　「幼兒如何學會讀與寫？」Whitehurst 和 Lonigan（1998）指出，早期讀寫的發展可以分為兩個相互依賴的技巧或過程：一個是由下而上（bottom-up）（或從內而外的過程，inside-out）的技巧；另一個是由上而下（top-down）（或從外而內的過程，outside-in）的技巧（如圖 4-1 所示）；幼兒必須具備這兩種技巧才能閱讀。所謂「由下而上」的技巧，是指幼兒在讀寫的發展過程中，必須解碼文字（decode the word），例如：辨識文字、將文字說出來（聲韻）、了解文字和字音的關係。但是，幼兒如果只學會解碼的「由下而上」之技能，雖然看得懂文字，也能讀出來，卻可能還是無法了解閱讀的內容，因為幼兒尚未具備語意、概念和故事的能力。所以，「由上而下」的技巧，指的是理解所閱讀或書寫內容的能力，包括：具備詞彙、對世界的知識，以及對敘述架構及故事內容的理解（Lonigan, 2006）。

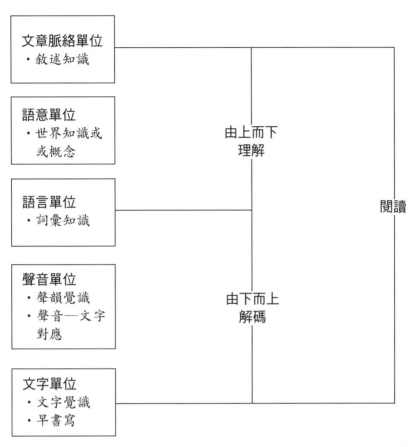

圖 4-1　讀寫萌發過程

資料來源：修改自 Whitehurst & Lonigan (1998: 855)

　　從 Whitehurst 和 Lonigan（1998）的分析，我們可以了解學前幼兒讀寫萌發所含括的要素，包括：文字覺識（print awareness）、聲韻覺識（phonological awareness）、聲音—符號對應知識（sound-symbol knowledge）、詞彙知識（vocabulary knowledge）、世界知識或概念（knowledge of world or concept）、敘述知識（narrative knowledge）（Baker, Serpell, & Sonnenschein, 1995; Snow, Burns, & Griffin, 1998; van Kleeck, 1990）。Chall（1983）提出的閱讀發展階段也指出，學前階段是幼兒發展口語能力、聲韻及文字覺識的重要階段。此外，「美國國家早期讀寫調查小組」（National Early Literacy Panel,

2004）針對 234 篇研究報告進行後設分析，結果發現了幾個在讀寫萌發階段，對未來閱讀成就有重要影響的預測因子。這些重要的預測因子可分為解碼相關的讀寫技巧（如聲韻覺識、文字覺識、字母知識、書寫萌發）及口說語言（oral language）技巧（如推論語言和詞彙知識）。由上述的研究可知，學前階段幼兒的讀寫萌發能力至少包括：⑴了解文字的書寫形式與功能，如分辨中文字與圖畫的不同，了解中文由右到左或由左到右，及由上到下的書寫方向；⑵能對語音不同部分敏覺其特性，如辨識及組合聲符和韻母；⑶具備連結聲音與文字的知識；⑷具備詞彙的知識，以及⑸依循時間順序或因果關係將內容組織及陳述的能力。這些知識、概念及技巧的發展沒有先後，而是同時發展出來的（Whitehurst & Lonigan, 1998），也是未來閱讀和書寫學習的基石。

　　綜而言之，讀寫萌發理論認為，學前階段幼兒的讀寫發展有以下特色：⑴是自然、逐漸發展的過程，起始於學前階段；⑵讀與寫的發展是統整的學習過程，口說語言與書面語言的發展同時並行，相輔相成；⑶讀寫能力的發展起始於幼兒與環境的互動，口說與文字的學習都要依賴社會互動。讀寫萌發階段的幼兒雖然稱不上「開始閱讀」，也還不會解碼，但是他／她們已經會根據環境的視覺線索閱讀；只是同樣的字如果出現在其他缺乏視覺線索的情境中，幼兒就無法辨識。所以這個階段的讀寫教學，應該著重在協助幼兒建立對口語和文字的基本概念，以及了解兩者間的連結關係（Cabell, Justice, Kaderavek, Turnbull, & Breit-Smith, 2009）。

第二節　促進讀寫萌發之教學策略

　　對於「應該如何教導幼兒學習閱讀和寫字？」的疑問，大家一直有不同的見解（林佩蓉譯，2003；曾世杰、簡淑真，2006）。支持讀寫發展是由下而上過程的學者（如 Gough & Hillinger, 1980）認為，幼兒的讀寫能力不是天生的，而是需要透過後天有系統的教導。支持讀寫發展是由上而下過程的學者則認為，語言的學習是源自於個人的溝通需求，並不是單純由技能教導而

來，而是在社會互動情境中發生的（Goodman, 1989）。

「國際閱讀協會」（International Reading Association，簡稱 IRA）與「全美幼兒教育協會」（National Association for The Education of Young Children，簡稱 NAEYC）曾於 1998 年時，聯合發表關於讀寫萌發階段的有效教學建議。在這個聯合聲明中，明確指出對於學前幼兒的讀寫教學，應該同時重視解碼與閱讀理解教學，包括：⑴每天聆聽或獨立閱讀有意義的故事或知識性的內容；⑵教學應平衡地包含系統性解碼教學和有意義的讀寫活動；⑶教師應支持各種書寫活動，讓幼兒了解各種書寫的功能；⑷允許多元形式的書寫經驗；⑸安排小組形式，針對幼兒讀寫學習需求的教學活動，鼓勵幼兒與其他幼兒合作；⑹設計益智性和挑戰性課程，以擴展幼兒的世界和詞彙知識；⑺針對讀寫發展不如預期的幼兒，教師應該調整教學策略或增加個別教學活動（International Reading Association & National Association for the Education of Young Children, 1998: 209）。由上述的聯合聲明可以知道，學前階段讀寫萌發的教學可以發生在任何場所及情境，可以是當家長與幼兒走在路上，幼兒指著商店招牌時，或是當幼兒在家裡看到父母親拿筆寫下購物清單時，或是發生在與幼兒共讀時；這種學習也可以發生在較有結構性的教學情境中。鄧慧茹（2006）的研究也發現，學前教師會在不同的教學情境中，安排讀寫萌發教學活動；舉例而言，在讀故事書時，學前教師會與幼兒討論故事內容，以增進幼兒的閱讀理解和世界知識，也會讓幼兒聽唱或唸讀押韻詩歌或短文，以促進幼兒的聲韻覺識能力，或是製作姓名卡片，讓幼兒認識自己的名字。以下介紹家長和老師可以運用的有效讀寫教學策略，包括：共讀策略（shared read）、聲韻覺識教學，以及豐富的讀寫環境及遊戲等，茲分述如下。

 一　共讀策略

讀寫萌發相關的研究指出，家長及教師在支持學前幼兒讀寫的學習上扮演極重要的角色，其中以成人—幼兒共讀的研究最受重視。Bus、van Ijzendoorn 和 Pellegrini（1995）的後設分析結果指出，共讀的頻率對幼兒的語文和語言發展有中等的效果量（effect size = .59）。共讀被認為是促進幼兒讀寫萌發的

重要媒介，不只是因為共讀提供成人和幼兒一個很好的語文互動情境，也因為成人介入時，幼兒的注意力較不容易分散（Hockenberger, Goldstein, & Haas, 1999; Tomasello & Farrar, 1986），而且共讀時成人所使用的語言，比在其他互動情境時來得豐富複雜，這些都有助於幼兒讀寫的發展（Snow & Ninio, 1986; Sorsby & Martlew, 1991）。共讀時成人扮演中介（adult mediation）的角色，提供幼兒讀寫萌發的鷹架。共讀時成人藉著詢問幼兒故事中的相關問題，或對故事內容做評論，便可以支持幼兒敘述故事的能力，增進幼兒的敘述知識（Justice, 2007），並且可以增加幼兒對故事架構的敏覺度（van Kleeck, 1990）。此外，Cochran（1986）指出，閱讀時成人會示範如何使用不同的資訊（例如：對世界的一般知識、語文成規的知識、文章結構的知識、做為聽眾的知識等），以了解閱讀內容，進而引導幼兒理解閱讀的內容。分析相關的研究，可以歸納出成人與幼兒共讀時有用的策略，包括以下三種。

（一）改變成人與幼兒的對話方式

研究發現，成人與幼兒共讀時，說話的量以及對話內容的抽象程度（包括：命名、背誦，描述特質，推論、評斷、回想，或是預測故事情節、解釋等）與幼兒讀寫能力的發展有關係，例如：對話式閱讀（dialogic reading）（Whitehurst & Lonigan, 1998）、特定性談論（specific commenting）（Hockenberger et al., 1999），以及去脈絡化語言（decontextualized language）（Dickinson & Sprague, 2001）。這些研究指出，成人在與幼兒共讀時，應該改變傳統中由成人說故事、幼兒聽故事的角色，改變為傾聽、問問題、增加訊息的角色。成人可以在讀故事的過程中，依據幼兒的發展程度，以開放性問題詢問幼兒，例如：對於 2 至 3 歲的幼兒，成人可以針對繪本內容提問：「這是什麼？小象遇到什麼了？」對於 4 至 5 歲的幼兒，問題可以提高層次到整個故事內容。此外，在幼兒問問題時，進一步提問，可以增加幼兒的知識。也可以問幼兒問題，讓幼兒能將故事內容與其生活經驗加以連結，例如：讀《皮皮放屁屁》這本繪本時，可以問幼兒：「你有沒有放屁的經驗？感覺是什麼呢？」陳盈伶（2002）在幼稚園進行「預測策略教學」和「交互教學」的行動研究後，其研究結果也支持預測、提問、澄清和摘要策略，對幼兒閱

讀繪本的理解能力之重要性。

（二）重複閱讀或閱讀熟悉的讀本

研究指出，重複閱讀或閱讀熟悉的讀本與幼兒的讀寫發展有關（Sonnen-schein & Munsterman, 2002）。成人在重複閱讀或讀熟悉的讀本時，比較會提到書寫及故事架構，也比較會詢問幼兒相關故事內容的預測及推論（Morrow, 1988; Phillips & McNaughton, 1990）。

（三）運用文字參照（print referencing）策略

Justice 和 Ezell（2004）指出，文字參照為成人運用非口語及口語暗示，引導幼兒注意書面語言的形式、特徵和功能；所謂「暗示」則是成人隱晦或明顯導引幼兒注意書面語言的行為，其共有五種方式，包括：非語言行為，含指著文字，或是邊讀邊用手指著閱讀的內容等二種，以及語言行為，含詢問幼兒文字相關的問題、談論文字、要求幼兒回應文字相關的問題等三種。舉例而言，閱讀繪本題目時，成人指著書名說：「皮皮放屁屁。」在共讀的過程中，也可以問幼兒：「皮皮在哪裡？」當幼兒指著圖畫中的皮皮時，可以指著「皮皮」兩個字，讓幼兒知道還有一種符號可以表示「皮皮」。

 聲韻覺識教學

Ayres（1998）認為，聲韻覺識教學應該讓幼兒參與聲音系統，幫助幼兒察覺聲音及音節，例如：藉由聽很多故事、重複成語、探索相似的聲音型態、操弄聲音，以促進聲韻覺識的能力。Chapman（2003）指出，聲韻覺識是學習口語──書面語言相關性的重要能力之一，應該是學前讀寫課程的一部分。一般而言，幼兒可以在閱讀和書寫的情境中學習聲韻覺識（Weaver, 1998）；但是部分幼兒必須藉由明示的教學方法（explicit instruction）學習聲韻覺識。然而，明示的教學方法並不等同於「直接教學模式」（Direct Instruction），例如：強調聲符、韻母和文字結構的語言遊戲，或是在閱讀時示範利用注音符號閱讀，都是聲韻覺識明示教學的情形；換言之，聲韻覺識的教學不是注

音符號的重複練習與背誦。Yopp 和 Yopp（2000）指出，聲韻覺識教學的三個原則，包括：(1)教學應該是適合幼兒的發展情形，「有趣」能引起幼兒參與；(2)教學應該是刻意、有目的的；(3)聲韻覺識教學應該是讀寫課程的一部分。統整聲韻覺識的教學策略，包括：邊讀故事書邊用手指著文字、標示教室內物品的名稱、聲音遊戲或活動的安排（如聲符、韻母的組合和分割）、尋找目標音的活動等。

 豐富的讀寫環境和遊戲

　　讀寫萌發的理論強調，語文環境應該與幼兒熟悉、有意義的生活脈絡相連結，重視互動情境的安排與規劃，尤其是鼓勵幼兒參與讀寫活動的遊戲。Neuman 和 Roskos（1990）進一步指出，遊戲可以提供幼兒發展讀寫萌發的環境，她們的研究也指出，幼兒在讀寫豐富的環境中遊戲，能獨立或與其他同儕一起使用語文探索環境，甚至會運用語文表達自己。豐富的讀寫遊戲環境，包含教室物理環境的規劃，以及放置在各角落促進幼兒讀寫萌發的物品，例如：在娃娃家的廚房放置食譜、標示調味料的容器，在圖書角擺放借書紀錄卡、索引卡、各種繪本、紙張和書寫工具等。

第三節　讀寫萌發教學策略之研究

　　統整讀寫萌發教學相關研究結果（如表 4-1 所示），可以發現讀寫萌發教學策略對學前幼兒（含一般發展幼兒、高危險幼兒和特殊幼兒）的讀寫萌發學習有幫助，但教學成效多為立即性、特定的效果。研究方法主要為準實驗或單一受試研究法，其中部分研究主要對象為幼兒的家長或老師，間接探討教學方案對幼兒讀寫萌發的影響。此外，從表 4-1 可以發現，目前國內對於學前幼兒讀寫萌發教學的研究較少，有待進一步發展。此外，將國外讀寫萌發的研究結果移植到中文教學的適切性，需要更多的研究資料加以支持。

表 4-1　讀寫萌發教學研究摘要

作者	年代	對象	研究設計	研究結果
共讀策略研究				
林月仙、吳裕益、蘇純瑩	2005	21 位領有身心障礙手冊，年齡介於 5 歲 7 個月至 7 歲 3 個月的幼兒	準實驗研究	1. 對話式閱讀介入後，實驗組幼兒的詞彙成長率顯著高於對照組幼兒，且具有 3 個月的保留效果。 2. 實驗組幼兒的詞彙成長率與其認知能力有關，認知能力較低之幼兒在接受介入後，詞彙成長率較其他認知能力較高的幼兒表現偏低之成長情形。 3. 多數實驗組幼兒在介入後，表現主動閱讀童書的情形。
Hockenberger et al.	1999	7 名參加啟蒙方案的幼兒（其中 3 名幼兒有輕至中度發展問題）與其母親	單一受試多基線研究	1. 所有母親在接受共讀技巧課程後，使用特定談論（specific comments）的頻率增加。 2. 母親接受共讀技巧課程後，4 位幼兒在文字概念測驗的表現上，有增加的情形。
Lonigan, Anthony, Bloomfield, Dyer, & Samwel	1999	95 名平均 3.5 歲的幼兒（隨機分為控制組、對話式閱讀組及共讀組）	準實驗研究	1. 介入後，對話式閱讀組和共讀組幼兒在辨識音首的表現上，顯著優於控制組。 2. 對話式閱讀組和共讀組幼兒在各項聲韻覺識、畢保德圖畫詞彙測驗、口語表達和聽覺理解的表現上，皆無顯著差異。 3. 三組幼兒在辨識韻母、組合和刪除的表現上，皆無顯著差異。
Whitehurst et al.	1994	167 名參加啟蒙方案的 4 歲幼兒	準實驗研究	接受讀寫萌發介入（對話式閱讀和聲音課程）的幼兒，在書寫概念、文字概念、辨識字母及起始音的表現上，顯著優於控制組幼兒。

表 4-1　讀寫萌發教學研究摘要（續）

作者	年代	對象	研究設計	研究結果
Whitehurst et al.	1999	153 名參加啟蒙方案的幼兒，以及 127 位參與過 Whitehurst 等人（1994）研究的幼兒	準實驗研究	1. 接受讀寫萌發介入（對話式閱讀和聲音課程）第一年結束時，實驗組幼兒在書寫和文字概念的表現上，顯著優於控制組幼兒。 2. 實驗組和控制組幼兒在聲韻覺識的表現上，沒有顯著差異。 3. 兩組幼兒在國小一年級和二年級追蹤的閱讀成績並無顯著差異。
Justice & Ezell	2000	28 名平均 4.5 歲的幼兒	準實驗研究	1. 參加文字參照課程的實驗組幼兒，其介入後的文字概念、詞彙覺識和聲韻分割的整體表現，顯著優於控制組幼兒。 2. 兩組幼兒在字母知識和環境文字概念測驗的後測表現，沒有顯著差異。
Justice & Ezell	2002	30 名參加啟蒙方案，平均年齡 53 個月的幼兒	準實驗研究	1. 參加文字參照課程的實驗組幼兒，其介入後的文字覺識之整體表現，顯著優於控制組幼兒。 2. 兩組幼兒在文字概念、字母分辨和詞彙測驗的後測表現，沒有顯著差異。
聲韻覺識教學研究				
Byrne & Fielding-Barnsley	1991, 1993, 1995	126 名學前幼兒	準實驗研究	1. 接受聲韻覺識課程的幼兒在後測聲韻覺識測驗的分數，明顯優於控制組幼兒。 2. 1、2 和 3 年後的追蹤發現，兩組幼兒在各項聲韻覺識及讀寫測驗上，僅在辨認假字測驗上，呈現顯著差異。 3. 3 年後的追蹤發現，兩組幼兒在閱讀理解的測驗上，呈現顯著差異。

表 4-1　讀寫萌發教學研究摘要（續）

作者	年代	對象	研究設計	研究結果
O'Connor, Notari-Syverson, & Vadasy	1996	107 名就讀幼稚園的幼兒（含 31 名特殊幼兒、57 名一般幼兒、19 名重讀生）	準實驗研究	1. 聲韻覺識活動的介入，對幼兒的聲音組合、斷音節及閱讀和書寫能力的表現，比控制組（參與一般學前教育課程）的幼兒來得好。 2. 聲韻覺識活動介入的成效依序為一般幼兒、重讀生和特殊幼兒。 3. 介入組特殊幼兒的聲韻和讀寫表現比控制組特殊幼兒好，但是進步情形比一般幼兒組來得小。
Torgesen et al.	1999	180 位幼稚園幼兒（聲韻覺識能力表現在最後 12%）	實驗研究	1. 實驗介入後，四組（含聲韻覺識明示教學法、融入式語音教學法、一般課堂閱讀教學、控制組）幼兒在音素解碼、認字和閱讀理解的測驗中，以聲韻覺識明示教學法的分數最高；但只有音素解碼和認字表現，呈現組別的顯著差異。 2. 聲韻覺識明示教學法對幼兒文字解碼相關測驗的表現影響最大。
蘇姿云	2004	36 名幼兒園小班的幼兒	準實驗研究	1. 幼兒在未參與童謠課程前，其聲韻覺識能力表現（子音分類、同韻判斷和聲調覺識）尚未有明顯發展。 2. 童謠課程對幼兒的同韻判斷和聲調覺識有明顯的效果。
陳怡安	2006	66 名幼稚園大班的幼兒	準實驗研究	1. 幼兒接受聲韻覺識讀寫分享教學與否，對後測聲韻覺識整體表現有顯著差異。 2. 測驗的題目愈難，兩組幼兒後測聲韻覺識的差異愈明顯（刪音測驗＞音素分割＞尾音辨識＞首音辨識）。

表 4-1　讀寫萌發教學研究摘要（續）

作者	年代	對象	研究設計	研究結果
豐富的讀寫環境和遊戲相關研究				
Neuman & Roskos	1992	91 名就讀二個托兒中心的 3 至 5 歲幼兒	準實驗研究	1. 實驗組（讀寫環境及遊戲）幼兒的讀寫行為顯著高於控制組幼兒。 2. 實驗組幼兒在三個觀察時段的讀寫相關遊戲的時間和複雜度，都顯著高於控制組。 3. 實驗組幼兒在遊戲中使用讀寫相關物品的情形，比控制組幼兒來得多元化及具有功能性。
Neuman & Roskos	1993	177 位分別在八個啟蒙方案班級就讀的幼兒（分為控制組、遊戲情境組、遊戲情境—成人互動組）	準實驗研究	1. 5 個月後，兩組遊戲情境組的幼兒對環境文字及功能性印刷物品的功能概念，顯著優於控制組。 2. 遊戲情境—成人互動組在環境文字概念的表現優於遊戲情境組。
Vukelich	1994	56 名就讀幼稚園的幼兒（分為控制組、豐富讀寫環境組、豐富讀寫環境—成人互動組）	準實驗研究	1. 不管是在情境內（in-context）或情境外（out-of-context）的認字評估，豐富讀寫環境—成人互動組的幼兒顯著優於豐富讀寫環境組的幼兒，豐富讀寫環境組的幼兒又顯著優於控制組的幼兒。 2. 單純使讀寫環境豐富能有效促進幼兒認字，尤其是認讀環境中的文字（in-context）。 3. 成人能協助幼兒將文字與意義做連結，對幼兒認字能力的助益比純粹豐富的讀寫環境來得大。

表 4-1　讀寫萌發教學研究摘要（續）

作者	年代	對象	研究設計	研究結果
統整性讀寫教學研究				
吳凱瓴	2009	5 名就讀國小學前特教班的幼兒	單一受試研究	1. 在讀寫教學方案介入後，5 位幼兒在「修訂畢保德圖畫詞彙測驗」的詞彙理解百分等級，以及「學前幼兒讀寫發展能力評定量表」中的閱讀能力、圖書及文字概念、書寫能力百分比等，皆有增加的情形。 2. 介入後，有 4 位幼兒通過子音分類及同韻判斷的 50%通過標準；僅 1 位通過聲調覺識的 58%通過標準，聲調覺識進步情形較不明顯。 3. 5 位幼兒的閱讀行為在介入後呈現增加的趨勢，有立即的成效，但是僅有 1 位幼兒的閱讀行為持續到追蹤期。

　　從國外已經出版的讀寫萌發報告中，對話式閱讀被廣泛證明為有效的教學策略（Whitehurst & Lonigan, 2003）。相關研究結果指出，成人（如學前教師、家長或社區志工）在不同情境（如學校或家庭）運用對話式閱讀策略，對低收入家庭幼兒 6 個月後的語言發展，以及 1 年後的語言發展和讀寫萌發技巧（書寫和文字概念）有顯著成效。介入成效量約為三分之一到二分之一個標準差，可以維持到幼兒幼稚園結束，但是兩組幼兒在國小二年級的閱讀成績卻沒有顯著差異。國內林月仙等人（2005）的研究結果支持國外的研究發現，對話式閱讀能增進學前特殊幼兒的詞彙能力及主動閱讀，而且有 3 個月的維持效果。此外，研究也發現，單純增加成人與幼兒的共讀頻率，或是在共讀時加入簡單的特定談論（如每本繪本提問六個特定問題），就有顯著的立即成效（Whitehurst & Lonigan, 1998）。改變幼兒的學習環境雖然能促進讀寫萌發的發展，但是如果有成人的鷹架成效則更顯著，例如：Neuman 和

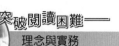

Roskos（1993）以及 Vukelich（1994）探討成人中介因素的影響力，結果發現，在成人中介的語文豐富遊戲情境中，幼兒的讀寫相關行為發生之頻率較高，幼兒在語言及文字覺察的表現也比控制組幼兒來得好。可見，單純改變幼兒的語文環境，雖可以增加幼兒的讀寫相關行為，但如果有成人的鷹架或中介成效則會更顯著。在 Justice 和 Ezell（2000, 2002）進行的一系列準實驗研究後，其研究結果也指出，成人在共讀強調文字參照的教學策略，能有效增進一般及低收入家庭幼兒的文字覺識能力。

聲韻覺識教學相關的研究結果顯示，聲韻覺識教學對於學前幼兒及特殊幼兒的讀寫萌發有顯著成效，這些成效大約能夠持續到國小低年級，例如：參與聲韻覺識課程的幼兒在語音混合、斷音節及讀寫能力的表現，比控制組（參與一般學前教育課程）的幼兒來得好（O'Connor et al., 1996）。Byrne 和 Fielding-Barnsley（1991, 1993, 1995）追蹤學前幼兒接受聲韻覺識介入後的成效，結果發現組別差異可以追蹤到小學二年級的辨認假字及閱讀理解測驗上，他們認為，參與聲韻覺識課程的幼兒比對照組幼兒，在介入後 3 年，較易成為「解碼者」。此外，Torgesen（1999）比較聲韻覺識明示教學法、融入式語音教學法、一般課堂閱讀教學，其結果指出，聲韻覺識明示教學法優於其他的教學方法。「國際閱讀討論小組」（National Reading Panel, 2000）後設分析結果指出，聲韻覺識介入效果量約在 .49 至 .60 之間（真字解碼 .60；假字解碼 .52；標準測驗 .49）。在中文的研究上，探討聲韻覺識教學對學前幼兒聲韻覺識能力影響的研究，支持西方的研究結果，認為聲韻覺識教學對學前幼兒聲韻覺識的表現有短期成效（吳凱瓴，2009；陳怡安，2006；蘇姿云，2004）。陳怡安（2006）的研究也發現，聲韻覺識教學的成效，在比較難的聲韻覺識測驗上表現愈明顯。

除上述針對幼兒單一領域的讀寫課程外，吳凱瓴（2009）以實證結果為課程設計依據，參考 Hemmeter、McCollum 和 Hsieh（2005）所設計的課程內容，設計針對學前特殊幼兒的讀寫教學方案，該方案包括：(1)運用三個主要讀寫教學策略（包含促進閱讀理解、聲韻覺識、文字概念教學策略）於共讀教學中（如表 4-2 所示）；(2)改變教室內的讀寫環境；(3)將讀寫活動融入常規作息的策略，以及(4)運用網絡圖於共讀教學，以協助幼兒結合視覺訊息，

表 4-2　教導策略及幼兒相關的發展結果

教導策略	幼兒學習成果
策略一：促進理解（詞彙及敘述知識）	
1. 介紹故事書內容。 2. 談論故事書的物理特徵。 3. 維持興趣（提供時間讓幼兒回答問題、鼓勵和讚美）。 4. 詢問思考性的問題（問開放性問題）。 5. 提出說明以增加幼兒的資訊（在幼兒回答後，繼續問問題，擴展幼兒的答案，在幼兒無法回答時替幼兒說出答案）。 6. 讓幼兒參與閱讀／靠近故事書。 7. 在日常生活中（角落中）增加與故事書內容相關的經驗。	• 增加閱讀故事書的樂趣。 • 了解如何讀故事書。 • 了解書中的主要意義及故事發展主軸。 • 擴展知識及詞彙。 • 故事架構的敘述。 • 連結生活經驗（故事書可以告訴我們有關生活上的事情）。
策略二：促進聲韻覺識及聲音文字對應原則	
1. 在符合幼兒發展的原則下，強調所看到字彙的聲音特性。 2. 示範及強調字彙的聲音特性： 　• 分辨聲音的高低、輕重、速度、韻律、節奏。 　• 字音聲符、韻母的異同。 　• 字音聲調的異同。 　• 一字一音的原則。 3. 要求孩子指出字彙的聲音特性： 　• 聽辨字音聲符、韻母的異同。 　• 聽辨字音聲調的異同。 4. 要求幼兒示範字音的特徵： 　• 仿說注音符號的讀音。 　• 仿說字音的聲調。 　• 聲韻結合。 　• 字與聲音相對應。	• 對字音產生好奇興趣。 • 了解字彙是由不同部分的聲音組成。 • 了解聲音可以組合成字彙。 • 了解聲音可以發生在字彙的不同地方（開頭、中間和結尾）。 • 了解字彙可以依據開頭及結尾的聲音分類。 • 開始認得注音符號。
策略三：促進文字覺識及書寫概念	
1. 詢問幼兒有關書寫文字的問題。 2. 讓幼兒了解文字可以表達想法的概念： 　• 讓幼兒了解字與圖不一樣。 　• 讓幼兒了解字的功能，體會字是思考、概念的表徵。	• 了解書寫文字和意義。 • 對書寫產生興趣。 • 了解文字的目的。

表 4-2　教導策略及幼兒相關的發展結果（續）

教導策略	幼兒學習成果
3. 指出圖形／物體和書寫文字的關聯性： 　‧邊讀故事書邊用手指著文字。 　‧讓幼兒了解字與語音的對應。 　‧指出字、注音符號與標點符號。 4. 鼓勵幼兒在日常生活中書寫： 　‧畫符號。 　‧寫下自己的故事。 5. 指出生活中書寫的常規： 　‧故事書從左唸到右。 　‧從上到下。 6. 示範和解釋如何使用書寫工具。	‧了解書寫文字和意義。 ‧對書寫產生興趣。 ‧了解文字的目的。 ‧了解書寫的不同功能。 ‧了解書寫的基本概念（左／右、上／下）。 ‧使用書寫工具。

統整故事的結構。研究者以 5 位就讀國小學前特教班的幼兒為對象，進行每週 3 個半天，為期 10 週的讀寫教學方案實驗教學。研究者使用多元評量工具，包括：「學前幼兒讀寫發展能力評定量表」（宣崇慧、林寶貴，2002）、「修訂畢保德圖畫詞彙測驗」（陸莉、劉鴻香，1994）、「聲韻覺識測驗」（江政如，1999）、「閱讀行為觀察表」（修改自 Valencia, 1997），以及書面紀錄和作品（含教師教學與觀察日誌、幼兒書寫作品及網絡圖），評估幼兒在參與讀寫教學方案前後，讀寫萌發各向度的發展情形。雖然缺乏對照組，但幼兒在參與讀寫教學方案後，其「修訂畢保德圖畫詞彙測驗」的詞彙理解百分等級，以及「學前幼兒讀寫發展能力評定量表」中的閱讀能力、圖書及文字概念、書寫能力百分比，皆有增加的情形。幼兒的聲韻覺識在介入後，各有 4 位幼兒通過子音分類及同韻判斷的 50%通過標準；但僅 1 位通過聲調覺識的 58%通過標準，進步情形較不明顯。最後，研究者以單一受試研究設計，評估幼兒在基線期、介入期和維持期閱讀行為的變化情形，其結果顯示，雖然只有 1 位幼兒能在介入結束後，維持其增加的閱讀行為，但 5 位幼兒在參與方案時的閱讀行為，皆有增加的趨勢。

　　從上述學前幼兒讀寫萌發教學的相關研究可以發現，國內以學前幼兒為對象的讀寫教學研究顯然偏少，而且以碩士論文為主。推論原因之一可能是

研究工具不足所致，例如：蘇姿云（2004）指出，聲韻覺識測驗工具容易產生猜測得分的情形，造成評估教學介入成效的困難性。此外，評估其它讀寫萌發重要發展要素（如文字覺識、詞彙知識、閱讀理解及敘述知識等）的工具較少，目前只有宣崇慧、林寶貴（2002）所發展的「學前幼兒讀寫發展能力評定量表」可以使用，亟需發展適合評估學前幼兒讀寫萌發的工具。此外，Whitehurst 和 Lonigan（1998）的文章指出，包含「理解」和「技巧」的教學方案，能同時對幼兒的讀寫表現和態度產生正向的成效（p. 862）。但是，結合「由上而下」和「由下而上」的教學研究仍較缺乏。

第四節
個案討論

　　小偉（化名）是就讀幼稚園中班的學生，被診斷為自閉症，固著性高，只對車子有興趣，經常情緒不穩。角落時間喜歡在語文角，翻閱與車子相關的書籍，閱讀時只看著圖，很少注意到文字。有時候小偉會要求老師讀故事書給他聽，但是他的理解能力弱，只能說出故事背景和主題。老師要如何幫助小偉的讀寫萌發發展呢？

　　小偉由於固著性高，雖然喜歡在語文角讀繪本，但以觀看車子的圖片居多，尚無法將圖和文字做連結。在閱讀理解能力方面，小偉能回答與故事內容直接相關的問題，但無法回答預測或因果相關的去脈絡化問題，因此，老師在回應小偉要求，與小偉一起讀故事書時，可以在一開始介紹故事書內容時，請幼兒猜猜看這本書是要說一個什麼樣的故事？如果幼兒沒有回答，老師可以進一步提問故事書封面圖片的問題，以增加幼兒對故事內容的預測能力及好奇心。老師也可以在說故事的時候，一邊以手指著文字讀故事書，以增加幼兒對符號—聲音對應的能力。當小偉指著圖片說「卡車」時，老師也可以指著文字，回應說「對，卡車」，讓小偉了解圖片和文字都可以表示卡車。老師在讀故事的過程中，可以運用對話式共讀方法提問問題，讓幼兒思

考因果關係等較抽象的問題，以增加幼兒的閱讀理解能力。也可以在讀故事時或是在回顧故事內容時，利用故事結構圖（如圖 4-2 所示）設計提問的問題，促進幼兒的故事理解能力。

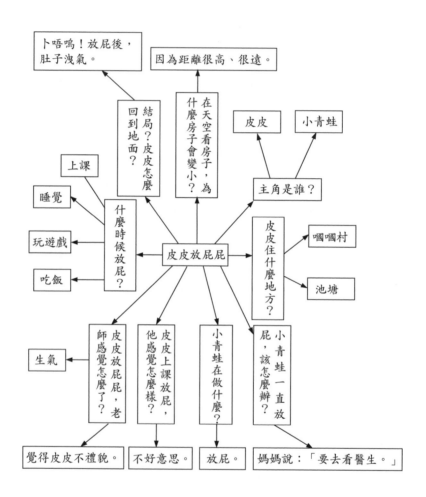

圖 4-2 「皮皮放屁屁」故事架構圖

資料來源：吳凱瓴（2009）

筆者最後以故事書《皮皮放屁屁》為例子（如表 4-3 所示），說明老師在讀故事時可使用的教學策略。透過上述案例可知，老師可以透過共讀的機

表 4-3　學前特殊幼兒的讀寫教學策略示例（節錄）

《皮皮放屁屁》	
教學實錄	讀寫教學策略
閱讀前 T：對呀！我們說故事之前要先看封面。 （老師指著書名唸「皮皮放屁屁」） T：文／圖：碧利特・米勒。 T：小青蛙在哪裡放屁？ S4：在水裡放屁。 T：在哪裡的水？ S4：池塘裡！ S3：池塘！ （T指出中文字「皮」、「皮」兩個字一樣，「屁」、「屁」兩個字一樣） （T打開書和小朋友一起看書討論） T：「我們來看皮皮為什麼會放屁屁？有放過屁的請舉手。」 （S3舉手說我會） T：「屁屁怎麼放？」 S3：「嗯！嗯！嗯！」 T：「嗯！嗯！是什麼？嗯！嗯！是便便。」 （S2學放屁聲） T：「請S2做一次。」 （S2模仿噗～噗～的聲音） T：「ㄆㄨ～」 （小朋友全部發出ㄆㄨ～的音） T：「你放的屁是長的？還是短的？」 S3：「短的！」 S5：「我是學爸爸的。」 S2：「我的肚子裡有種屁？」 T：「為什麼會從屁股放屁出來？」	策略一：促進理解（詞彙及敘述知識） 1. 談論故事書的物理特徵： ・書的封面／封底。 ・作者／繪圖者。 ・故事的題目。 4. 詢問思考性的問題： ・請孩子根據主題所傳達的觀念，從日常生活中舉出類似的情形。 5. 提出說明以增加幼兒的資訊： ・提供新的資訊。 ・強調新認識的字彙。 3. 維持興趣： ・臉部表情正向、表情豐富、誇張。 ・聲音高低起伏。 ・姿勢／動作（模仿故事主角的動作）。 ・詢問孩子書中圖片的人事物。 ・要求孩子演出故事中的動作。 ・移動故事書，以便讓所有的孩子都看得到。 策略二：聲韻覺識、聲音文字對應原則 2.示範及強調字彙的聲音特性： ・聲音的高低、輕重、快慢、韻律。

表 4-3 學前特殊幼兒的讀寫教學策略示例（節錄）（續）

教學實錄	讀寫教學策略
閱讀中 T：「一個穿裙子，一個穿褲子。」 （指著圖片） S2：「是爸爸和媽媽。」 T：「還有姊姊，小青蛙。小青蛙坐在馬桶蹲。」 S4：「要嗯嗯。」 T：「小青蛙皮皮，肚子發出了一種吵人的聲音，已經有好幾天了，他整天都在放屁。ㄆㄨ～～～～～～～，一直放屁。」 T：「小青蛙在做什麼？」 S：「放屁！」 （全部小朋友不斷的學ㄆㄨ～～～～～～～） T：「吃東西的時候會卜唔嗚！」「玩遊戲的時候會卜唔嗚！」「連睡覺的時候也會卜唔嗚，真是討厭！」 T：「皮皮什麼時候放屁？」 （老師寫在白板） S5：「玩遊戲、吃東西。」 （老師寫在白板） T：「還有睡覺」 老師請S1回答：「皮皮什麼時候放屁？」 S1：「吃東西。」 T：「玩……」 S1：「玩遊戲。」 …… T：「他在奶奶的面前放一個卜唔嗚！媽媽說，皮皮，你趕快去睡覺，看能不能夠不放屁。」 T：「皮皮回到房間，睡覺忍著不要放屁，可是忍愈久，肚子愈難受。」 （T模仿肚子膨脹） S3：「你看我的肚子膨脹了。」 T：「過了不久，肚子大的連衣服也穿不下去了。」 T提問：「為什麼衣服穿不下了？」 （老師寫在白板）	策略一：促進理解（詞彙及敘述知識） 2. 介紹故事書內容： ・介紹／回顧故事書的故事內容。 4. 詢問思考性的問題： ・詢問記憶性的問題。 策略一：促進理解（詞彙及敘述知識） 4. 詢問思考性的問題： ・詢問與故事內容事實相關的問題。 7. 連結在日常生活中與故事

表 4-3　學前特殊幼兒的讀寫教學策略示例（節錄）（續）

教學實錄	讀寫教學策略
S4：「因為肚子太大了。」 （老師寫在白板） T：「第二天早上，皮皮覺得很奇怪，他不餓，也不渴，他的肚子變的好大好大，他勉強擠出大門。房子外面的風，把皮皮吹起來了，使他像熱氣球飛到天空。」 T 提問：「什麼東西也會飛到天空？」 （老師寫在白板） S4：「氣球、熱氣球。」 S5：「飛機。」 S4：「熱氣球有氣球的『球』。」	書內容相關的經驗或活動。

資料來源：吳凱瓴（2009）

會，讓小偉注意到文字（「皮」、「皮」兩個字一樣，「屁」、「屁」兩個字一樣），藉由老師示範寫下討論的故事架構，讓小偉了解到文字的記錄功能；此外，老師透過不同層次的提問和回顧，幫助小偉了解故事中主角的行為和感覺，以及事件發生的順序和結果。

參考文獻

 中文部分

王瓊珠、洪儷瑜、張郁雯、陳秀芬（2008）。一到九年級學生國字識字量發展。**教育心理學報**，39（4），555-568。

江政如（1999）。**聲韻覺識與中文認字能力的相關性研究**。國立台東師範學院國民教育研究所碩士論文，未出版，台東市。

吳凱瓴（2009）。**讀寫教學方案對學前特殊幼兒早期讀寫發展之影響**。私立樹德科技大學幼兒保育系碩士論文，未出版，高雄縣。

林月仙、吳裕益、蘇純瑩（2005）。對話式閱讀對學前身心障礙兒童詞彙能力之影響。**特殊教育研究學刊**，29，49-72。

林佩蓉（譯）（2003）。R. J. Marzano & D. E. Paynter 著。**讀寫新法——幫助學生學習讀寫技巧**（New approaches to literacy: Helping students develop reading and writing skills）。台北市：高等教育。（原著出版年：1994）

宣崇慧、林寶貴（2002）。學前聽障及聽常兒童讀寫萌發情形與口語發展能力之探究。**特殊教育與復建學報**，10，35-57。

陳怡安（2006）。**讀寫分享教學對提升幼兒中文音韻覺識成效之研究**。私立台南女子技術學院生活應用科學研究所碩士論文，未出版，台南縣。

陳盈伶（2002）。**幼兒閱讀理解之教學研究**。台北市立師範學院國民教育研究所碩士論文，未出版，台北市。

陸 莉、劉鴻香（1994）。**修訂畢保德圖畫詞彙測驗**。台北市：心理。

曾世杰、簡淑真（2006）。全語法爭議的文獻回顧——兼論其對弱勢學生之影響。**台東大學教育學報**，17（2），1-31。

鄧慧茹（2006）。**學前教師閱讀教學及其相關因素之研究**。國立政治大學幼兒教育研究所碩士論文，未出版，台北市。

蘇姿云（2004）。**童謠教學對幼兒聲韻覺識影響之研究**。私立樹德科技大學幼兒保育系碩士論文，未出版，高雄縣。

英文部分

Ayres, L. (1998). Phonological awareness training of kindergarten children: Three treatments and their effects. In C. Weaver (Ed.), *Reconsidering a balanced approach to reading* (pp. 209-258). Urbana, IL: National Council of Teachers of English.

Baker, L., Serpell, R., & Sonnenschein, S. (1995). Opportunities for literacy-related learning in the homes of urban preschoolers. In L. Morrow (Ed.), *Family literacy: Multiple perspectives to enhance literacy development* (pp. 236-252). Newark, DE: International Reading Association.

Bennett, K. K., Weigel, D. J., & Martin, S. S. (2002). Children's acquisition of early literacy skills: Examining family contributions. *Early Childhood Research Quarterly, 17*, 295-317.

Bus, A. G., van Ijzendoorn, M. H., & Pellegrini, A. D. (1995). Joint book reading makes for success in learning to read: A meta-analysis on intergenerational transmission of literacy. *Review of Educational Research, 65*, 1-21.

Byrne, B., & Fielding-Barnsley, R. (1991). Evaluation of a program to teach phonemic awareness to young children. *Journal of Educational Psychology, 83*, 451-455.

Byrne, B., & Fielding-Barnsley, R. (1993). Evaluation of a program to teach phonemic awareness to young children: A 1-year follow-up. *Journal of Educational Psychology, 85*, 104-111.

Byrne, B., & Fielding-Barnsley, R. (1995). Evaluation of a program to teach phonemic awareness to young children: A 2- and 3-year follow-up and a new preschool trial. *Journal of Educational Psychology, 87*, 488-503.

Cabell, S. Q., Justice, L. M., Kaderavek, J. N., Turnbull, K. P., & Breit-Smith, A. (2009). *Emergent literacy: Lessons for success.* San Diego, CA: Plural.

Chall, J. S. (1983). *Stages of reading development.* New York: McGraw-Hill.

Chapman, M. L. (2003). Phonemic awareness: Clarifying what we know. *Literacy Teaching and Learning, 7*, 91-114.

Cochran, S. M. (1986). Reading to children: A model for understanding texts. In B. B.

Schieffelin & P. Gilmore (Eds.), *The acquisition of literacy: Ethnographic perspectives* (Vol. XXI) (pp. 35-54). Norwood, NJ: Ablex Publishing Co.

Dickinson, D. K., & Sprague, K. E. (2001). The nature and impact of early childhood care environments on the language and early literacy development of children from low-income families. In S. B. Neuman & D. K. Dickinson (Eds.), *Handbook of early literacy research* (pp. 263-280). New York: The Guilford Press.

Good, R. H., Simmons, D. C., & Smith, S. B. (1998). Social psychology in the United States and effective academic interventions: Evaluation and enhancing the acquisition of early reading skills. *School Psychology Review, 27*, 45-56.

Goodman, K. S. (1989). Whole-language research: Foundations and development. *The Elementary School Journal, 90*(2), 207-221.

Gough, P. B., & Hillinger, M. L. (1980). Learning to read: An unnatural act. *Bulletin of the Orton Society, 20*, 179-196.

Hemmeter, M. L., McCollum, J. A., & Hsieh, W. Y. (2005). Practical strategies for supporting emergent literacy in the preschool classroom. In E. M. Horn & H. Jones (Eds.), *Children supporting early literacy development in young children* (Young Exceptional Monograph Series No. 7) (pp. 59-74). Missoula, MT: DEC.

Hockenberger, E. H., Goldstein, H., & Haas, L. S. (1999). Effects of commenting during joint book reading by mothers with low SES. *Topics in Early Childhood Special Education, 19*, 15-27.

International Reading Association & National Association for the Education of Young Children (1998). Learning to read and write: Developmentally appropriate practices for young children: A joint position statement of the International Reading Association (IRA) and the National Association for the Education of Young Children (NAEYC). *The Reading Teacher, 52*(2), 193-216.

Juel, C. (1988). Learning to read and write: A longitudinal study of 54 children from first through fourth grades. *Journal of Educational Psychology, 80*, 437-447.

Justice, L. M. (2007, March). *Language learning strategies in early reading: Storybooks as an educational tool.* Paper presented at the International Conference on Children's

Reading and Language Development, Taipei, Taiwan.

Justice, L. M., & Ezell, H. K. (2000). Stimulating children's emergent literacy skills through home-based parent intervention. *American Journal of Speech-Language Pathology, 9*, 257-268.

Justice, L. M., & Ezell, H. K. (2002). Use of storybook reading to increase print awareness in at-risk children. *American Journal of Speech-Language Pathology, 11*, 17-29.

Justice, L. M., & Ezell, H. K. (2004). Print referencing: An emergent literacy enhancement strategy and its clinical applications. *Language, Speech & Hearing Services in Schools, 35*(2), 185-193.

Justice, L. M., & Kaderavek, J. (2002). Using shared storybook reading to promote emergent literacy. *Teaching Exceptional Children,* 191-196.

Lonigan, C. J. (2006). Conceptualizing phonological processing skills in prereaders. In D. K. Dickinson & S. B. Neuman (Eds.), *Handbook of early literacy research* (Vol. 2) (pp. 77-89). New York: The Guilford Press.

Lonigan, C. J., Anthony, J. L., Bloomfield, B. G., Dyer, S. M., & Samwel, C. S. (1999). Effects of two preschool shared reading interventions on the emergent literacy skills of children from low-income families. *Journal of Early Intervention, 22,* 306-322.

Morrow, L. M. (1988). Young children's responses to one-to-one story reading in school settings. *Reading Research Quarterly, 23*, 89-107.

Morrow, L. M. (1989). The effect of small group story reading on children questions and comments. *National Reading Conference Yearbook,* 77-86.

National Early Literacy Panel (2004). *Report on a synthesis of early predictors of reading.* Louisville, KY: The Author.

National Reading Panel (2000). *Teaching children to read: An evidence-based assessment of the scientific research literature on reading and its implications for reading instruction: Reports of the subgroups.* Rockville, MD: The Author. (National Institute of Health Pub. No. 00-4754)

Neuman, S. B., & Roskos, K. (1990). Play, print, and purpose: Enriching play environments for literacy development. *The Reading Teacher, 44*, 214-221.

Neuman, S. B., & Roskos, K. (1992). Literacy objects as cultural tools: Effects on children's literacy behaviors in play. *Reading research quarterly, 27*, 203-225.

Neuman, S. B., & Roskos, K. (1993). Access to print for children of poverty: Differential effects of adult mediation and literacy-enriched play settings on environmental and functional print tasks. *American Educational Research Journal, 30*, 95-122.

Neuman, S. B., Copple, C., & Bradekamp, S. (2000). *Learning to read and write: Developmentally appropriate practices for young children*. Washington, DC: National Association for the Education of Young Children.

O'Connor, R. E., Notari-Syverson, A., & Vadasy, P. (1996). Ladders to literacy: The effects of teacher-led phonological activities for kindergarten children with and without disabilities. *Exceptional Children, 63*, 117-130.

Phillips, G., & McNaughton, S. (1990). The practice of storybook reading to preschool children in mainstream New Zealand families. *Reading Research Quarterly, 25*, 196-212.

Scarborough, H. S., & Dobrich, W. (1994). On the efficiency of reading to preschoolers. *Developmental Review, 14*, 245-302.

Schulte, A. C., Osborne, S. S., & Erchul, W. P. (1998). Effective special education: A United States dilemma. *School Psychology Review, 27*, 66-67.

Snow, C. E. (1991). The theoretical basis of the home-school study of language and literacy development. *Journal of Research in Childhood Education, 6*, 1-8.

Snow, C. E., & Ninio, A. (1986). The contracts of literacy: What children learn from learning to read books. In W. H. Teale & E. Sulzby (Eds.), *Emergent literacy: Reading and writing* (pp. 116-138). Norwood, NJ: Ablex.

Snow, C. E., Burns, S. M., & Griffin, P. (Eds.) (1998). *Preventing reading difficulties in young children*. Washington, DC: National Academy Press.

Sonnenschein, S., & Munsterman, K. (2002). The influence of home-based reading interactions on 5-year-olds' reading motivations and early literacy development. *Early Childhood Quarterly, 17*, 318-337.

Sorsby, A. J., & Martlew, M. (1991). Representational demands in mothers' talk to preschool children in two contexts: Picture book reading and a modeling task. *Journal of Child Language, 18*, 373-395.

Stanovich, K. E. (1986). Matthew effects in reading: Some consequences of individual differences in the acquisition of literacy. *Reading Research Quarterly, 21*, 360-406.

Sulzby, E., & Teale, W. (1991). Emergent literacy. In R. Barr, M. L. Kamil, P. Mosenthal & P. D. Pearson (Eds.), *Handbook of reading research* (Vol. II) (pp. 727-758). New York: Longman.

Tomasello, M., & Farrar, M. J. (1986). Joint attention and early language. *Child Development, 57*, 1454-1463.

Torgesen, J. K. (1998). Catch them before they fall. *American Educator,* 32-39.

Torgesen, J. K. (1999). Phonologically based reading disabilities: Toward a coherent theory of one kind of learning disability. In R. J. Sternberg & L. Spear-Swerling (Eds.), *Perspectives on learning disabilities* (pp. 231-262). Boulder. CO: Westview Press.

Torgesen, J. K., & Burgess, S. R. (1998). Consistency of reading-related phonological processes throughout early childhood: Evidence from longitudinal-correlational and instructional studies. In J. Metsala & L. Ehri (Eds.), *Word recognition in beginning reading.* Hillsdale, NJ: Lawrence Erlbaum Associates.

Torgesen, J. K., Wagner, R. K., Rashotte, C. A., Rose, E., Lindamood, P., Conway, T., & Garvin, C. (1999). Preventing reading failure in young children with phonological processing disabilities: Group and individual responses to instruction. *Journal of Educational Psychology, 91*, 579-593.

Valencia, S. W. (1997). Authentic classroom assessment of early reading: Alternatives to standardized tests. *Preventing School Failure, 41*, 63-70.

van Kleeck, A. (1990). Emergent literacy: Learning about print before learning to read. *Topics in Language Disorders, 10*(2), 25-45.

Vukelich, C. (1994). Effects of play interventions on young children's reading of environmental print. *Early Childhood Research Quarterly, 9*, 153-170.

Weaver, C. (1998). Toward a balanced approach to reading. In C. Weaver (Ed.), *Reconsidering a balanced approach to reading* (pp. 321-371). Urbana, IL: National Council of Teachers of English.

Whitehurst, G. J. (1996). Language processes in context: Language learning in children reared in poverty. In L. B. Adamson & M. A. Romski (Eds.), *Research on communication and language disorders: Contribution to theories of language development*. Baltimore, MD: Paul H Brookes.

Whitehurst, G. J., & Lonigan, C. J. (1998). Child development and emergent literacy. *Child Development, 69*, 848-872.

Whitehurst, G. J., & Lonigan, C. J. (2003). Emergent literacy: Development from prereaders to readers. In S. B. Neuman & D. K. Dickinson (Eds.), *Handbook of early literacy research* (Vol. 1) (pp. 11-29). New York: The Guilford Press.

Whitehurst, G. J., Epstein, J. N., Angell, A. C., Payne, A. C., Crone, D. A., & Fischel, J. E. (1994). Outcomes of an emergent literacy intervention in Head Start. *Journal of Educational Psychology, 86*, 542-555.

Whitehurst, G. J., Zevenbergen, A. A., Crone, D. A., Schultz, M. D., Velting, O. N., & Fischel, J. E. (1999). Outcomes of an emergent literacy intervention from Head Start through second grade. *Journal of Educational Psychology, 91*, 261-272.

Yopp, H., & Yopp, R. (2000). Supporting phonemic awareness development in the classroom. *The Reading Teacher, 54*(2), 130-131.

第五章

注音與聲韻覺識教學

曾世杰

　　台灣正式的閱讀教育，是從拼音文字——注音符號開始的。注音的組字原則和漢字大相逕庭，為什麼不直接讓兒童學漢字，而要先學注音呢？

　　早期的中文閱讀啟蒙教育是從三字經、百家姓、千字文等識字教育開始的，幼兒在學習閱讀之前，首先要記背一兩千個漢字及其讀音。這樣的啟蒙教育，最小的語音單位是音節（syllable），學習者不必細究小於音節的語音單位，例如：首尾音（onset and rime）、音素（phoneme）與聲調（tone）。但這樣的閱讀教學設計，在推廣上有其明顯的缺憾，學習者要花很長的一段時間（也許1年或2年），記了上千個漢字之後，才能進入閱讀的狀態，這對兒童學習閱讀的動機，或失學成人識字教育之推廣，極為不利。

　　為了改善這個狀況，目前台灣的國語文教育是從注音符號教學開始的，幼兒入學後的前10週，國語課本首冊都在教兒童如何讀寫注音；10週以後，一般兒童就能學會注音符號拼讀，透過課本、繪本、各種讀物上注音的輔助開始閱讀。我們可以說，注音符號的學習使兒童能跨過識字的困難門檻，及早進入閱讀的世界。對兒童閱讀動機的提升，注音符號的發明與推廣可說有莫大的貢獻。

　　國民小學的識字教學是採分散識字教學，生字分散在國語的各冊教材中。根據王瓊珠、洪儷瑜、陳秀芬（2007）的研究，我國國小二年級兒童平均的估計識字量為1,297個，但直到小二下學期為止，國語課本出現的生字總量不過600多個；換言之，有許多生字是課本沒教，兒童自己學會的。為什麼

沒有教，兒童自己學得會呢？在此，注音符號可能扮演了一個重要的角色，也就是協助兒童可以正確讀出並學會他不認識的漢字。現行的「九年一貫課程暫行綱要」也提到，注音有輔助識字、擴充閱讀的功能。注音符號學習的指標還有欣賞語文、記錄訊息、表達意見、檢索資料等，除此之外，注音輸入法也是當今主要的電腦輸入法之一；因此，注音符號的學習絕不容忽視。

中文古時的注音，有譬況法、讀若法、直音法、反切法等，但這些方法，都沒有如拼音文字般，用一套字母，表徵口語中的語音。直到清末民初，為求普及教育，學者相繼研發各式注音字母，1930 年國民政府訓令行政院等，改定注音字母為「注音符號」，此即現行台灣小學生初入學時學習的注音符號，表徵的是國語（即北京的方言，大陸稱普通話）。注音符號有 37 個，其中聲符 21 個，韻符 16 個，另有聲調陰（一聲）、陽（二聲）、上（三聲）、去（四聲）。

在現行的國語課本中，仍然有許多北京話的習慣用法。在國語課本首冊的教學目標中，國音與說話仍是教學重點，所以在小一的班級中，經常聽到老師捲起舌頭說台式北京話。但受到閩南語的影響，在現代台灣日常漢語裡，已少有人使用ㄦ化韻（例如：一會兒）與輕聲（例如：喇叭ㄅㄚ‧）；翹舌音（ㄓ、ㄔ、ㄕ、ㄖ）被弱化，把ㄥ唸成ㄣ（把「腥味」唸成「欣慰」）等情形極為普遍。語言是會隨著人類的遷移及時間而演化的，筆者在本章中，並不將這些台灣的日常漢語發音，視為需要糾正的錯誤。本章的目標僅關注於注音符號、拼音的學習困難與教學，重點在「讀寫」。「說」的部分等國音構音的議題，就不在本章中討論。

第一節
聲韻覺識與注音符號學習的關聯性

許多學者認為，「聲韻覺識」（phonological awareness）是拼音文字的必要條件，聲韻覺識可簡單定義成「個體對聲韻規則的後設認知」。以下先說明什麼是「聲韻規則」（phonological rules）。

　　受到 Chomsky（1965）的「語言習得機制」（Language Acquisition Device，簡稱 LAD）概念的影響，大部分的語言學家把語言視為人類特有的（specie-specific）的行為，動物的溝通方式和人類的語言不只是在傳遞的訊息「量」上有差別，在「質」上也有根本的差異。根據一群心理語言學家（例如：Liberman, Shankweiler, & Liberman, 1989）的見解，動物溝通時，只能以一個訊號（如視、聽、嗅不拘）表示一個特定的意義，例如：白尾鹿舉起尾巴，只能傳遞一種意義──「危險」，牠們沒辦法把幾個訊號排列組合，傳遞複雜程度不等的訊息。這種溝通方式，使動物能夠產生、使用的意義非常有限，新的訊號／意義連結的學習也相對困難。然而，人類的溝通卻不是這樣；人類的發聲器官可以以極快的速率發出數目有限的「語音成分」，而神經系統中有一個管理者，依循著「某些原則」管理這些「有限的」語音成分，使這些「有限的」成分可以排列組合成「無限多個」可能的詞彙（words）。這個對語音成分「排列組合」的潛能，就是人類的「聲韻規則」。

　　根據Liberman等人（1989）的說法，聲韻規則在認知過程中的運作完全自動化，說話的人毫不費力就可以進行。神經系統正常的幼兒只要暴露在足夠的語言環境下，聲韻規則就可以自然發展出來，並不需要刻意去學。換句話說，每一個人只要會說話，就已具備其母語的聲韻規則。但這並不表示每一位能說話的人都可以「覺察到」自己具有這種規則，也就是不一定能掌握每一個語音的內在聲韻結構。就一個以國語為母語的孩子來說，他聽得懂、也能在正確時機說出「家」這個單音節的詞，但他不一定可以把這個單音節分割成／ㄐ／、／一ㄚ／兩個首音（onset）和尾韻（rime），要把「家」分割成／ㄐ／、／一／和／ㄚ／三個音素（phonemes）就更難了。不具聲韻覺識能力的人，在聽到一個詞（如「家」）時，事實上只聽到「一個」音，而不是「三個」音。換句話說，具有「聲韻能力」者，在說、聽「家」這個詞時，是不會有困難的，大腦裡的聲韻系統早就在說話、聽話時，不自覺把語音成分混合而成／ㄐ一ㄚ／。而唯有具有「聲韻覺識」者，才有辦法將「家」這個音節的內在聲韻結構分析出來，因此，我們也可以說「聲韻覺識」即「個體監控自己聲韻系統內在規則的能力」，是一種後設語言（metalinguistic）的能力。在拼音文字的實證研究中，聲韻覺識則經常被操作定義為「將語音

分解為音素及操弄音素的能力」。

「聲韻覺識」是近30年來，拼音文字閱讀歷程研究者所發現之最佳閱讀能力預測變項，它和閱讀能力不但息息相關，透過實驗教學研究，更有許多研究者認為，聲韻覺識乃一般兒童閱讀能力的先備條件。在閱讀障礙的研究中，聲韻覺識的困難，也被認為是發展性讀寫障礙兒童的主要認知致因（回顧文獻請參考 Liberman et al., 1989; Vellutino, Fletcher, Snowling, & Scanlon, 2004），因此，聲韻覺識的教學研究，一直是一個閱讀研究的熱門議題，其研究成果已經廣泛影響到拼音文字國家的語文教育政策及語文補救教學。

過去有些研究，為了單純的探討早期聲韻覺識訓練的效果對學童後來閱讀能力之提升效果，其實驗設計中沒有教導文字符號；但是從教學的角度來看，不用文字符號，純粹只教聲韻覺識，其學習的效果可能較差，例如：最經典的Bradley和Bryant（1983）的聲韻實驗教學研究，就指出「聲韻覺識＋字母知識」的教學效果優於「只有聲韻覺識」。自2002年以來，美國教育部網站上的「早期閱讀優先計畫」（Early Reading First），就把聲韻覺識和字母知識（alphabetic knowledge）並列為閱讀教學目標（Department of Education, 2009）。Gathercole和Baddeley（1993）主張，在拼音文字中，閱讀和聲韻覺識這兩者之間有相生相因（reciprocal）的關係，幼兒學會表徵語音的字母知識，將有助於幼兒的聲韻覺識發展，而聲韻覺識能力的成熟，又會反過來有助於掌握字母知識與閱讀。

筆者因此認為，在教學的層次，沒有必要把「聲韻覺識」和「拼音的文字符號」分開。由於注音符號就是一種拼音文字，注音符號又是課綱裡的教學目標，不論從理論的角度或應用的角度，筆者都建議應該主教注音，注音學會了，國語的聲韻覺識也就學會了，注音和聲韻覺識實在沒有刻意分開來教的必要，兩者一起放入教學的元素中，可以產生相輔相成的效果。

第二節
注音及聲韻覺識教學的實證研究

　　台灣強調注音或聲韻覺識的實證教學研究不多，除了筆者參與過的研究外，再查詢台灣的「期刊論文索引」與「全國博碩士論文資訊網」，以「注音符號」、「注音符號教學」和「聲韻覺識」等關鍵詞搜尋，結果截至 2009 年 11 月 1 日止，僅查到 13 篇學術性文章（包含：方金雅、蘇姿云，2005；王川銘，2004；包龍驥，2004；吳佩芬，2002；李慧娥，2002；林秀玲，1993；胡永崇，2001；常雅珍，1997；陳淑麗、曾世杰，2005；曾世杰、陳淑麗，2007；游惠美、孟瑛如，1998；簡淑真，2010；鐘素鵑，2003）。這 13 篇注音教學研究，大多以國小一、二年級的學生為研究對象，僅有 3 個研究以幼稚園兒童為對象（方金雅、蘇姿云，2005；常雅珍，1997；簡淑真，2010）。

　　與注音有關的教學可分為兩種取向：一種是根據拼音系統上層的聲韻覺識理論，以聲韻的操弄類型和元素設計注音教學，在上述的研究中，僅有方金雅、蘇姿云（2005）、陳淑麗、曾世杰（2005）、鐘素鵑（2003），以及簡淑真（2010）等研究為這個取向；另一種不強調聲韻理論，直接就注音符號系統，透過調整教學策略來設計教學，在 9 個研究中，有的研究強調提供連結形—音關係的記憶策略（例如：胡永崇，2001；常雅珍，1997）；有的強調融入電腦輔助設計（例如：游惠美、孟瑛如，1998）；有的強調遊戲化教學（例如：吳佩芬，2002）；有的強調提供注音符號鍵盤輸入策略（例如：包龍驥，2004）。

　　在 13 個研究中，有 11 個研究聲稱其注音教學能有效提升參與學童的注音能力，但這些研究在教學或研究的設計上，仍然有些限制。以第二類的研究為例，大多缺乏理論基礎，例如：吳佩芬（2002）、包龍驥（2004），以及游惠美、孟瑛如（1998）的研究。胡永崇（2001）的研究雖以認知心理學的心像理論為基礎，但這個理論僅解決了 37 個注音符號形—音連結的學習，

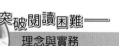
未觸及核心的拼音規則之學習。再者，有的研究教學時間很短，只有 10 或 8
小時（例如：胡永崇，2001；常雅珍，1997；游惠美、孟瑛如，1998），短
時間的補救教學僅能處理很少的學習內容，如注音符號或少量的音節拼音學
習，有效的證據大多只有在個別注音符號的層級，未達到拼音能力的掌握。
在研究設計的部分，13 個研究中有 4 個研究為小樣本，參與兒童人數低於 4
人（例如：包龍驤，2004；李慧娥，2002；林秀玲，1993；陳淑麗、曾世杰，
2005）。吳佩芬（2002）的行動研究樣本人數雖較多（34 人），但報告之撰
寫有大量研究者的主觀詮釋，客觀證據並不清楚。因此無論從樣本數或研究
設計來看，這些研究的研究結果之可推論性都較有限，研究者雖然都強調其
教學具有成效，但其成效仍有待較嚴謹的研究設計進一步檢驗。

　　曾世杰、陳淑麗（2007）以及簡淑真（2010）的研究，採用了內在效度
較佳的準實驗設計，有實驗組及對照組，樣本較大，教學時間也較長，教學
設計較嚴謹，在回答「教學是不是有效？」的問題時，有較清楚的證據。兩
篇研究用的教材與教學方法都有相同的設計及內容，只是前者的對象為小二
學生，後者對教材教法更細部化後，使用在國小附設幼稚園的大班幼兒。這
些教材及教學方法顧及理論上有效的成分，研究發現，不管從客觀的測驗資
料，或者從主觀的導師及補救教師之觀察報告，都顯示出教學的成效良好。
從該研究執行的過程及研究的結果，讓筆者累積了許多實務經驗，此即本章
以下分享的重點。

第三節　有效的注音符號教學

　　以下筆者將以曾世杰、陳淑麗（2007）發展的注音補救教學課程為例，
說明注音教學的流程及其主要教學成分。該研究完全遵守本書第三章第三節
的「有效的閱讀教學原則」，例如：長時、密集、高成功率、明示教學、教
導策略等原則，本章就不再討論這些原則。本章的目標也不在於對「如何教
注音」做全面性的介紹，讀者可以參考許多傑出的學者專家在教學與教材細

節方面的說明（例如：胡永崇，2004；陳正治，1993；陳弘昌，1992）。胡永崇（2004）的文章中鉅細靡遺地列出了注音教學的各種應注意事項，在設計教學時是非常好的參考。本章除了基本的教材介紹（設計、架構與成分）外，將聚焦在「聲韻／拼音的核心教學成分」的說明上，這些成分是特別為低成就及學習發生困難的兒童設計的。

 # 教材與教學設計

（一）教材設計

　　該教材共設計了九課注音短文，每課平均字數約 50 個字，為顧及文章意義及趣味性，教材內容強調音節與句型的重複，並儘量以兒童感興趣的動物和熟悉的生活經驗為題材。注音符號學習的順序，依學習目標的難度安排，從發展時間早、響度高、使用頻次高的注音符號開始，到發展時間晚、響度低、使用頻次低者。為讓兒童可以較容易地記起每一個符號的音名注音符號，亦為每一個注音符號設計了同時顧及「形」及「音」的記憶術。

（二）教學設計

　　注音教學成分包括：文字覺識、注音符號識符、語音的切割與表徵、拼音、聲調的察覺與表徵，以及自動化的訓練。教學方法的設計與執行，根據有效的教學原則，強調明確的教學、學習策略、流暢性訓練和經常性評量。注音符號識符主要是運用強調形音連結的記憶術（例如：ㄑ什麼ㄑ，旗子的ㄑ），來幫助兒童記得符號；語音的分割運用「慢慢唸」的方法，讓兒童發現音節可以切割，再運用替換音首、音尾等各種方法，操弄語音的切割；拼音則運用「快快唸」的方法，讓兒童發現音素是可以結合的；在注音符號、音節、詞彙及課文等各層次均強調自動化訓練，每個課程亦皆實施形成性評量，以了解學生的學習成效。表 5-1 說明了該教材中注音教學的主要教學成分與設計；圖 5-1 則依據教學的順序，把整個注音教學過程分為左欄的「文字覺識教學」（print awareness）及右欄的「聲韻與注音教學」，注音教學的

最後目標在於「聽寫」，即聽到音節，可以寫出對應的注音符號來，以下分別討論之。

表 5-1　注音教學的教學成分與教學設計

成分	教學目標	教學方法	形成性評量
文字覺識	1. 提高動機 2. 理解內容 3. 文字覺識	選擇適當教材、連繫舊經驗、說故事、範讀課文、朗讀、領讀、文字覺識。	
識符	1. 認識符號 2. 自動化	從文章→句子→記憶術、符號閃示卡流暢訓練。	流暢性評量 正確率評量
拼音	正拼：能拼讀出注音寫成的音節	大聲公、快快藥、閃示卡、直接教學、讀注音字詞、流暢訓練。	注音字詞流暢性、正確率評量
斷音	反拼：能口頭說出所聽到的音節中有幾個注音	慢慢藥	注音字詞流暢性、正確率評量
聲調	1. 能分辨四聲的聲調 2. 能用聲調符號	烏鴉的故事；肢體表徵聲調的遊戲	
書寫	1. 寫注音符號 2. 說出音節中的音素 3. 以注音寫出聽到的音節	筆順、書寫練習	聽寫、看圖寫注音

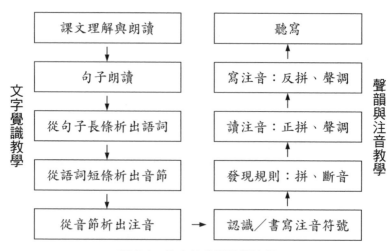

圖 5-1　注音的典型教學流程

 # 二 注音教學的重要成分

（一）文字覺識的教學

「文字覺識教學」是為尚無任何閱讀經驗的幼兒設計的；文字覺識（print awareness）指的是，對書面文字的功能和特質的理解。文字覺識訓練的教學目標在於讓幼童知道「文字（注音）是表徵口語的」、「每個方塊字只能唸一個音節，而且有固定的唸法」、「方塊字旁邊的符號，就是注音符號」，以及「文字的排列方式」等對文字符號的基本認識。待兒童已經具備文字覺識的能力，這個成分的學習所占的時間就可以大幅減少。

在這個成分的學習中，兒童只需要用到「跟讀」、「一字一音的指讀」，以及「找出形狀相同的文字符號」等簡單的認知能力。只要能維持兒童的注意力，這是極能誘發兒童學習興趣的熱身活動。從意義最清楚的課文理解與朗讀開始，再來是句子朗讀領讀，再從句子裡分析出語詞，再從語詞裡分析出音節，再從音節中析辨出注音符號來。文字覺識的教學步驟可再細分如下：

1. 告知教學目標：指著貼於一旁的注音符號表，告知：「**我們要來學注音符號了。學會注音符號，小朋友就可以讀很多故事書囉。**」
2. 先藉由情境圖引發兒童的學習動機及相關的先備經驗。
3. 朗讀課文，並做課文內容說明。
4. 逐字指著課文朗讀：
   (1)先由老師逐字指著黑板上的課文範讀。
   (2)由小朋友指著黑板上的課文，跟讀。
   (3)由小朋友指著課本中的課文，跟著老師讀。
5. 貼出句子直書長牌，老師先全句逐字範讀→再由小朋友逐字指，跟老師讀。
6. 貼出直書短牌，如：ㄅㄚˋ ㄅㄨˋ、ㄑㄧㄥ ㄨㄚ、ㄏㄚ ㄏㄚ，老師範讀，請兒童找出字形完全相同的「雙胞胎」貼在長牌的旁邊，如右圖所示：

7. 留下語詞短牌，如：┌ㄏㄚ ㄏㄚ┐，老師範讀後，取出注音音節短牌，再請兒童上台，找出字形完全相同的注音符號，貼在音節的旁邊。

8. 留下注音音節短牌，請兒童手持注音符號短牌，上台找出字形完全相同的注音符號，貼在該注音符號的旁邊。如：ㄏ ㄏ、ㄚ ㄚ。

老師在教學過程中，要不斷用到「注音符號」的字眼，以讓兒童明白「注音符號」是什麼。

（二）注音符號的識符

「識符」的教學目標是「看到注音符號，能自動化的讀出其名稱」。對幼兒來說，注音符號的字形和名稱都是沒有意義的，要快速地學會這些符號的字形與名稱的連結，記憶術是常見的教學策略——把無意義的符號字形、名稱和兒童的先備經驗連結起來。

表 5-2 整理出常見的三種注音記憶術，這些記憶術的設計有好有壞，表的最右欄也給了評價。只顧「字音」或只顧「字形」的記憶術設計，在理論上，幼兒的學習效果都會不如「形音義兼顧」的設計。曾世杰、陳淑麗（2007）的研究設計了一套兼顧形音義的記憶術，如表 5-2 舉ㄐ、ㄑ、ㄓ三個符號為例。教學時採分散教學法，一節課只教 5 個以內的注音符號，記憶圖卡與口訣並用，圖卡及口語提問的提示漸漸褪除，一直到兒童能直接唸出注音字卡的名稱為止。

為了讓兒童的注音識符自動化，每堂課均可將無記憶術的注音符號短牌橫列呈現，如：ㄅ、ㄉ、ㄑ、ㄨ、ㄚ，請兒童從左到右，或從右到左大聲朗誦，以碼表測量唸讀時間，愈快愈好。為避免記憶，每次唸都可以調換短牌的順序。這個流暢性練習的活動極具吸引力，兒童下課都不肯離去，持碼表互相量測。隨著課程的進展，短牌可以增加或更新，直到所有的注音符號都精熟為止。

（三）拼音的教學

注音符號中分為 21 個「聲母」（如ㄅ、ㄆ、ㄇ、ㄈ…ㄗ、ㄘ、ㄙ），和 16 個「韻母」（如ㄚ、ㄛ…ㄜ、ㄝ）兩大類。聲母又稱為子音，韻母又稱為

表 5-2　三種注音符號記憶術的例子及評價

種類	記憶術口訣的例子	評價
只顧字音 （不好的記憶術）	ㄅ什麼ㄅ？玻璃門的玻（台語） ㄆ什麼ㄆ？肥皂泡的泡（台語） ㄐ什麼ㄐ？三八姬的姬（台語）	只記得口訣，卻無法將音與字形連結，兒童見到符號時，仍難聯想其名稱。
只顧字形 （次好的記憶術）	ㄚ什麼ㄚ？彈弓的ㄚ ㄓ什麼ㄓ？叉子的ㄓ ㄍ什麼ㄍ？兩腿彎彎的ㄍ	看到符號，可聯想到記憶術的具體名詞，再唸出注音。但名詞和注音的發音無關。
形音義兼顧 （較好的記憶術）	ㄐ什麼ㄐ？肌肉的ㄐ ㄓ什麼ㄓ？樹枝的ㄓ ㄑ什麼ㄑ？旗子的ㄑ	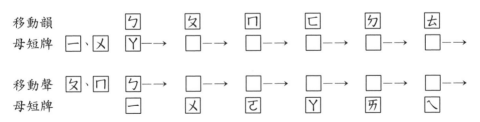

母音。對大多數兒童來說，只要老師把聲母和韻母放在一起，示範唸出音節來（例如：把ㄅ、ㄚ唸成巴），在系統性的練習之後，兒童就能理解什麼是拼音。圖 5-2 是注音教學裡，最常用的兩種系統性拼音練習活動，老師只要移動韻母或聲母的短牌，直接唸出對應的音節（以圖 5-2 的上半部為例，直接唸出「巴」、「趴」、「媽」、「發」、「搭」、「他」），兒童很快就能領會，並學會拼音，圖 5-2 的教法被稱為「直拼法」。

移動韻
母短牌　ㄧ、ㄨ　　ㄅ　　　　ㄆ　　　　ㄇ　　　　ㄈ　　　　ㄉ　　　　ㄊ
　　　　　　ㄚ→　□→　　□→　　□→　　□→　　□→

移動聲
母短牌　ㄆ、ㄇ　　ㄅ　　　　　　　　　　　　　　　　　　　　　
　　　　　ㄧ→　　□→　ㄨ→　　ㄛ→　　ㄚ→　　ㄞ→　　ㄟ→

圖 5-2　小一課堂中常用的兩種直拼法教學活動

　　但是，直拼法只是直接「示範拼音」，而未教導「如何拼音」。對許多具有學障或智障的兒童來說，這樣的練習經常不足以讓他們發現怎麼拼音，他們需要更直接、明示的教學。問題的源頭經常出在兒童誤以為「聲符的名稱＝注音符號表徵的語音」，例如：ㄅ和ㄆ其實表徵的是 /b/ 和 /p/ 這兩個音

素，但是它們的名稱卻多了一個「ㄜ」，分別唸做「ㄅㄜ」和「ㄆㄜ」。這造成了這些有困難的學生在學習拼音時，把「ㄜ」都拼進去了，例如：ㄅㄚ，他們會唸成「ㄅㄜㄚ」，難怪會拼不出來了。為了克服這個困難，筆者設計了「小氣鬼」遊戲，以幫助兒童發現聲母注音符號所表徵的音素，此階段教學成功之後，再加上「快快藥」遊戲，就能讓兒童發現如何「拼音」，這就是正拼，即「看到注音符號，唸出音節」的教學程序。

最後，可以用「慢慢藥」的遊戲，讓學生學會將口語音節中的音素分析出來，把音素與相對應的注音符號加以連結、寫出來、加上正確的聲調，這樣就是成功的「反拼」教學程序，即「寫出所聽到（或想到）音節」的歷程（如表 5-3 及專欄：核心遊戲一、二、三所示）。

表 5-3　注音符號拼讀、拼寫與教學核心遊戲

遊戲名稱	功用	教具	教法
小氣鬼	發現聲母注音符號表徵的音素。	藍字聲母注音短牌 紅字韻母注音短牌	看到藍色符號（聲母），以小氣鬼方式唸，例如：ㄅ唸做 /b/，ㄆ唸做 /p/；看到紅色（韻母）則以平常的音量唸。
快快藥	發現拼音（phoneme blending）的原理。	同上	把聲、韻母符號快快唸幾次，例如：ㄅㄟ要唸成 /b/ /ei/、/ b/ /ei/、/ b/ /ei/；快快唸後，拼出音節來。
慢慢藥	發現音節的音素切割（phoneme segmentation）。	同上	把音節用極慢的速度唸出來，例如：唸「夏」時，唸成「ㄒ～ㄧ～ㄚˋ」。

專欄：核心遊戲一──小氣鬼遊戲

教學目標：讓兒童發現聲母符號表徵的音素。

教具：幾個兒童已經認識的注音符號短牌，如 ㄅ ㄆ ㄇ ㄨ ㄚ ㄧ，聲母放上面一行，韻母放下一行。

教學程序：

1. 遊戲說明：讓我們來玩一個小氣鬼的遊戲。

    有一個人哪，是個小氣鬼，每次講話都很小、很小聲，別人都快聽不到了。

    人家說：「你好嗎？」小氣鬼就說：「你好嗎？」（老師小聲地說）

    人家說：「老師早！」小氣鬼就說：「老師早！」（老師小聲地說）

    人家說「ㄅㄆㄇㄈ」，你們猜小氣鬼會怎麼說？（讓兒童回答）

    對了，小氣鬼會說成「/b/、/p/、/m/、/f/」，都快聽不到了。

2. 示範與練習：好，我們先來唸一下黑板上的注音符號。（老師帶領，以平常聲音指讀符號）

    這次以後，我們看到放在最上面藍色的注音符號，就要學小氣鬼的方式來唸。（老師帶領，指讀符號，兒童都成功唸出「/b/、/p/、/m/」時，再讓聲母和韻母符號交替出現，教導兒童只有聲母用小氣鬼的方式唸，直到兒童熟悉小氣鬼的唸法為止。）

專欄：核心遊戲二 —— 快快藥遊戲

教學目標：幫助兒童發現聲母和韻母可以拼成音節。

教具：老師以短牌呈現ㄏ、ㄚ、ㄨ、一於黑板。

教學程序：

1. 遊戲說明：接下來，老師要讓你們吃下一種藥，叫做「快快藥」，快快藥可以幫助小朋友學會拼音。吃了快快藥之後，你們說話的速度就會變得愈來愈快、愈來愈快。本來你們說「老─師─好」，現在變成「老師好」（快唸），本來說「ㄅ─ㄆ─ㄇ」，現在變成「ㄅㄆㄇ」（快唸）。

2. 老師示範：我本來說「小─朋─友─好」，但我現在吃了一顆快快藥（做吃藥狀），我講話變快了，變成「小朋友好」（快唸）；現在讓我們來看，黑板上的注音符號要怎麼唸？ㄏ─ㄚ，現在吃了快快藥要怎麼唸？記得上面的注音要唸成小氣鬼哦，/h/─ㄚ─/h/、ㄚ、/h/ㄚ（老師示範，子音以小氣鬼發音，母音以大聲公發音）。小朋友有沒有聽到？ㄏ和ㄚ，用快快藥的方式唸，就變成「ㄏㄚ」了。

3. 兒童練習：現在要給你們吃快快藥了，要張嘴來接哦（做灑藥狀）。現在黑板上的「ㄏ─ㄚ」吃了快快藥怎麼唸？（讓學生快快唸）對了，變成「ㄏㄚ」了。

4. 兒童試拼新的音節（依以上程序再練習ㄨㄚ、ㄏㄨ、一ㄚ和ㄏㄨㄚ，直到熟練）。

專欄：核心遊戲三 —— 慢慢藥遊戲

教學目標：幫助兒童發現音節內的音素，為聽寫的教學做準備。

教具：取 ㄏ、ㄅ、ㄚ、ㄨ 四個注音符號短牌，貼在黑板上，ㄏ、ㄅ一
　　　對，ㄚ、ㄨ一對。

教學程序：

1.遊戲說明：現在老師要給你們吃一種慢慢藥，會使你說話變的很
　一慢一很一慢一。吃了慢慢藥後，「笑哈哈」就會變成「笑一哈
　一哈一」了。

2.示範：我現在吃了一顆慢慢藥（做吃藥狀），我現在要說出「笑
　哈哈」的「哈」，吃了慢慢藥後，「笑哈哈」的那個「哈」，就
　會變成「/h/一ㄚ一一」。

3.兒童練習：現在要給你們吃慢慢藥了，要張嘴來接哦（做灑藥
　狀）。現在「笑哈哈」的「哈」要怎麼唸？要唸的很慢很慢哦。
　對了，是「/h/一ㄚ一一」。

4.區辨音素示範：小朋友請注意聽，我唸「/h/一ㄚ一一」時，你可
　以從裡面聽到幾個音？（老師唸時，刻意讓/h/和ㄚ間的距離清楚
　一點；可重複幾次）對了，有兩個音。是哪兩個音？對了，是/h/
　和ㄚ。

5.找出對應的注音符號：

5.1 指著 ㄏ、ㄅ 問小朋友，「/h/一ㄚ一一」的「/h/」，是哪一個注
　　音符號？（協助學生判斷），對了，是 ㄏ。取出 ㄏ 短牌，放在
　　黑板他處。

5.2 再指著 ㄚ、ㄨ 問小朋友，「/h/一ㄚ一一」的「ㄚ」，是哪一個
　　注音符號？（協助學生判斷），對了，是 ㄚ。取出 ㄚ 短牌，放
　　在 ㄏ 的下方。

6.練習將「大、肚、蛙、滴」的音節用慢慢藥方式說出，並討論其
　音素組成。

（四）聲調的教學

漢語是一種聲調語言，相同的音節可以有不同的聲調。母語是漢語的人，口語中的聲調可以自然的發展出來，不必刻意去學。但是要區辨出不同的聲調，並用符號表徵出不同的聲調，是個相當困難的任務。聲調學習包括「聲調區辨」、「連結聲調與符號」兩個任務。以下分別介紹之：

1. 聲調區辨：原住民及母語為外國語的學生，口語上會有聲調的錯誤，這時老師必須給予額外的說話指導。除非有語言障礙或聽覺障礙，台灣絕大多數學注音的兒童，都已經能聽、說正確的國語，也都能說出帶正確音調的口語。他們一定能聽出「媽、麻、馬、罵、嘛」的差別，困難通常不出在「聽知覺」。由於第一聲及第四聲的聲調較為明確，較易學習，教學時應先由一聲及四聲教起；第二、三聲的混淆是相當普遍的情形，為利於區辨，老師在唸第三聲的音節時，務必表現出其聲音的轉折，並以手勢和動作特別強調。

2. 連結聲調與符號：這是聲調學習最困難的部分──聽出不同聲調之後，要稱呼該聲調為幾聲？要配合上什麼樣的符號？因為我們以一聲、二聲、三聲、四聲、輕聲來稱呼不同的聲調，兒童必須先記住各聲調的順序，後面的溝通、學習才有可能。剛開始教聲調時，「依順序的練習」絕對必要，不能單獨只教某一個聲調，必須多做「衣、姨、蟻、意」、「滴、笛、底、弟」、「哥、隔、葛、各」之類的口頭朗誦，一邊朗誦一邊示範扳手指頭記數，這可以幫助兒童將口語中的聲調與「第幾聲」連結起來。黑板上的符號提示，其寫法請見「專欄：核心遊戲四」。反拼時，聽到音節，要寫出聲調時，也可使用扳手指頭的策略，去推算該音節是第幾聲，再參考黑板上的提示，則較容易寫出正確的聲調（如專欄所示）。

專欄：核心遊戲四 —— 聲調故事

教學目標：學習不同聲調的發音。以「烏鴉的故事」將聲調以趣味的方
　　　　　式帶入故事中，將不同的聲調結合不同的肢體動作，讓學生
　　　　　能藉由故事情節和動作來記憶聲調及其書寫方式。

故事（配合板書）：

　　有一天，烏鴉媽媽的五隻烏鴉寶寶要練習飛。

　　第一隻烏鴉只能平平的飛（黑板寫--），還會發出「ㄚ」的叫聲。

　　第二隻烏鴉他只會往上飛（加手勢），所以他叫的聲音是「ㄚˊ」。

　　第三隻烏鴉飛的不穩，他會先往下飛，再往上飛（加手勢，邊說邊
寫ˇ），所以他的聲音就變成「ㄚˇ」（黑板寫ㄚˇ）。

　　第四隻烏鴉還不會飛，所以只會往下掉（加手勢，黑板上寫ˋ），
猜猜看他會怎麼叫？沒錯，他就「ㄚˋ」的一聲往下掉（黑板寫ㄚˋ）。

　　第五隻烏鴉他不敢飛，所以他只能輕輕（黑板寫「輕」）在樹枝上
面跳一下（黑板寫•←寫偏高的位置），他就發出「˙ㄚ」的一聲（黑板
寫˙ㄚ）。

　　大家一起來把這五隻烏鴉的聲音學一次喔！「ㄚ、ㄚˊ、ㄚˇ、
ㄚˋ、˙ㄚ」

※板書呈現：

1 　--　ㄚ

2 　ˊ　ㄚˊ

3 　ˇ　ㄚˇ

4 　ˋ　ㄚˋ

輕　•　˙ㄚ

（五）例外及考試規則的學習

有時候，兒童其實已經掌握了聲韻及注音的規則，但因為一些例外及強制性的規定，讓兒童在考試時失分。這些規定是注音符號系統設計上的限制，沒什麼道理，只有死背例句，以避免下一次的犯錯。以下先以「連調變化」的例子做說明，再舉出其他兒童常覺得困難的例外。

1. 連調變化

許多人都知道國語有一個被稱為「連調變化」的發音規則——「當兩個三聲的音節一起出現時，前一個音節應該唸成第二聲」，例如：「老鼠」的「老」，應該唸做「ㄌㄠˊ」，但是在寫注音或以注音輸入法時，仍然必須用「ㄌㄠˇ」。其實，再深究下去，這個規則並不適用於所有的情況，例如：

	葛	小	寶	想	洗	冷	水	澡
聲調讀法	3	2	3	2	3	2	2	2
聲調寫法	3	3	3	3	3	3	3	3

在這個例子裡，該不該改唸成第二聲，還要考慮「詞界限」在哪裡。因此，上述連調變化的規則，還必須加上「詞界限」的參數。但這些聲韻學的討論超乎本章的目的，也超乎兒童的理解能力，筆者建議，在小學教學只將「當兩個三聲的音節一起出現時，前一個音節應該唸成第二聲」定為教學目標即可。

這個規則的教學看起來很難，但幸運的是，只要有正常的口語發展，兒童在說話時，自然就能出現正確的連調變化，兒童的連調變化是不必刻意去教，他們自然就會的。比較難的反而是，我們在書寫注音符號和口語連調變化的規則時不一致的地方，例如：明明說出來或聽到「老鼠」的「老」，唸做「ㄌㄠˊ」，但是在寫注音或以注音輸入法時，仍然必須用「ㄌㄠˇ」。

兒童以注音做文字表達，或在寫「看國字、寫注音」的試題時，都容易出現這個混淆的現象。為了建立兒童的信心，建議老師碰到這種「不能算錯」或「錯的有道理」的反應時，先不要扣分，只要糾正即可，直到兒童對規律

的拼音完全掌握之後，再引進以下的規則，並以例子說明規則的使用。

2. 常混淆的注音拼寫及注意原則

規則一：寫注音的時候，要寫出國字原來的聲調

◎「小」的注音是「ㄒㄧㄠˇ」，「狗」的注音是「ㄍㄡˇ」。看到「小狗」時，雖然唸成「ㄒㄧㄠˊㄍㄡˇ」，但是還是要寫原來的「ㄒㄧㄠˇ」。

◎其他的練習：老虎、老鼠、總統、忍者。

規則二：聽寫音節時，ㄍ、ㄎ、ㄏ要加韻母

◎聽到「哥、刻、喝」要寫「ㄍㄜ、ㄎㄜ、ㄏㄜ」不能寫「ㄍ、ㄎ、ㄏ」。

規則三：ㄐ、ㄑ、ㄒ要加介符（ㄧ、ㄨ或ㄩ）

◎聽到「雞、七、西」要寫「ㄐㄧ、ㄑㄧ、ㄒㄧ」不能寫「ㄐ、ㄑ、ㄒ」。

◎聽到「敲、香、家」要寫「ㄑㄧㄠ、ㄒㄧㄤ、ㄐㄧㄚ」，不能寫成「ㄑㄠ、ㄒㄤ、ㄐㄚ」。

規則四：兩個怪字「一」和「不」

「一」和「不」和其它的音合在一起，聽起來聲音會變，寫法也會跟著改變。這是和「規則一」不一致的例外，只有強記起來。建議老師帶著學生把底下幾個語詞多唸幾次。

◎一隻　一毛　一起　一次　一個
　41　　42　　43　　24　　2輕

◎不知　不覺　不理　不見　不散
　41　　42　　43　　24　　24

規則五：ㄅ、ㄆ、ㄇ、ㄈ加上ㄛ時，不能加介符ㄨ

◎聽到博（ㄅㄨㄛˊ）士，寫做「ㄅㄛˊ士」；聽到潑（ㄆㄨㄛ）水，寫做「ㄆㄛ水」等等。

第四節

聲韻／注音的補救教學研究──
尚待解決的議題

一　教學技巧的成效檢驗

　　曾世杰、陳淑麗（2007）雖然以 16 週的介入支持了其注音補救教學的有效性，但那是對「整個教學」的檢驗，許多教學中用到的小技巧，多為依照學理推論或依據教學經驗而來，並未接受過實證研究的檢驗，例如：「小氣鬼」＋「快快藥」，是否比傳統的「直拼法」更有助於兒童發現符號表徵的音表素，並完成正拼的學習？雖然美國 McGraw-Hill 公司出版的「Reading Master」閱讀補救教學教材中，也有快快唸（read it fast）的遊戲。但這個教學技巧，在台灣也應該被重新檢驗，若能找到對傳統教學無良好反應的兒童數名，以跨個案的多基線單一受試設計，就應能解決這樣的問題。

二　RTI 議題──兒童對聲韻／注音教學的反應

　　由於我國的閱讀教育是從注音開始的，注音學習一旦發生困難，就會受到家長及老師的關注。注音學習困難的學生又可分為兩大類：「低成就」或「學習障礙」。「低成就」是出自於學校教學、學生動機、家庭環境的相關不利因素，而「學習障礙」則有其神經心理功能的缺陷。但兩者在臨床的表現上經常十分類似，難以利用心理計量的方式來做區辨，因此，利用 RTI 來做學習障礙鑑定的想法便因應而生。

　　RTI 意指「對教學的反應」（response to intervention）。現行法令已經把 RTI 的想法納入特教鑑定的流程中，例如：教育部（2002）把「一般教育所提供之教學輔導無顯著成效」列為學習障礙鑑定的必要條件，教育部另有行

政命令說明，教學輔導的長度為一學年。所以，兒童若出現注音學習困難，理論上應該先得到一般教育體系提供一年的「有效注音學習輔導」，若有顯著成效，個案應為低成就兒童，即可回歸原班；若教了一年，仍無顯著成效，個案則須再轉介至特教鑑定，若確定為學習障礙，才能取得特教服務。這個理論上簡單的方式，在現實上卻一點都不簡單。

Tzeng（2007）指出，因為缺乏配套的操作性定義，沒有人知道所謂的「教學輔導」到底要教什麼？怎麼教？一個星期多少小時？每學期幾星期？也沒人知道，到底孩子有什麼表現，才能被認定為「有顯著成效」或「無顯著成效」？

易言之，我國 RTI 教學輔導的執行模式完全還沒有個頭緒，從篩選、師資、教學、編班、排課、進展監控，以及有效與否的判準，還需要更多的實證研究以做為各級教育決策的基礎。

 聲韻／注音能力與中文閱讀的關係

由於中文組字規則與拼音文字大相逕庭，因此許多學者對中文和拼音文字習得歷程的比較，有莫大的興趣。就本章的主題來說，最引人討論的是「聲韻覺識」與「中文閱讀習得」兩者間的關係。這個議題已經有相關性研究（例如：陳淑麗、曾世杰，1999）、個案研究（例如：曾世杰、王素卿，2003）、縱貫式迴歸研究（例如：曾世杰、簡淑真、張媛婷、周蘭芳、連芸伶，2005）等，有興趣的讀者可參考曾世杰（2009）的《聲韻覺識、唸名速度與中文閱讀障礙》一書。在邏輯上，只有教學實驗才可能建立變項間的因果關係，因此早期的注音／聲韻教學對後來的中文閱讀能力的影響，就是一個重要的研究方向。

曾世杰、陳淑麗（2007）的研究發現，實驗組的注音能力進步幅度高於對照組，在後測以及追蹤測驗中，實驗組的注音能力仍然顯著優於對照組。有趣的是，實驗組注音能力的優勢並未遷移到識字與閱讀能力，這個研究發現與鐘素鵑（2003）的研究發現一致，該研究指出，注音訓練僅對聲韻能力有明顯的成效，但參與兒童的識字能力未有顯著進步。

　　既然注音符號是為了讓兒童在尚未累積足夠識字量時,能透過注音符號認識新字,甚至進行文章的閱讀,但為什麼注音訓練卻不能提升兒童的識字能力呢?筆者有兩個猜測:第一,也許是國字的範圍太大,兒童在實驗結束半年後接受追蹤時(小二上學期),所習得的國字量仍然有限,因此,無法從標準化的能力測驗中看出差異來,鐘素鵑(2003)的研究也有相同的問題,也許再晚一些,才可能見到注音學習遷移到國字學習的效果;第二,兒童雖然學會了注音,但是仍然沒有學會怎樣利用注音來學習國字,尤其這群兒童的家庭背景相當不利,先備經驗薄弱,其學習如何閱讀(learning to read)的能力也許無法自動產生,還需要進一步的教導,我們還需要更多的縱貫研究來回答這兩個假設。

四　學習注音的起始年齡為幾歲?

　　早期教育、早期發現、早期介入是學習障礙及學習困難兒童最重要的介入原則,注音可以多早教?是重要的研究議題。依教育部的規定,幼稚園是不可以教注音的。林佩蓉(2009)在幫教育部寫的幼教宣傳手冊裡,就主張「幼稚園本來就不該學注音」,又說「先學注音無關日後的學習成就」。但這些主張有實證研究的支持嗎?

　　注音和英文一樣,是一種拼音文字。從美國的研究和教育政策來看,3至5歲的學前幼兒就可以學字母知識和聲韻覺識,例如:從2002年開始,美國教育部的「早期閱讀優先計畫」(Early Reading First),就把字母知識和聲韻覺識列為學前教育(preschool,3至5歲)的學習目標。最近美國的「國家早期讀寫委員會」(National Early Literacy Panel)的文獻回顧,也指出學前的字母知識和聲韻覺識的教學對未來的解碼與閱讀有重要的影響(National Institute for Literacy, 2009)。

　　簡淑真(2010)是國內唯一對5歲幼兒做聲韻／注音教學實驗的研究,每天1小時,教了30週後,弱勢幼兒不但能學會注音,小一時其注音表現顯著優於同樣弱勢的對照組;而且在小一上學期結束時,他們的國語文能力和優勢背景的同儕比較起來不相上下。簡言之,這個研究也支持了5歲就能學

注音的論點。但這個研究仍未回答三個重要問題：⑴該研究只追蹤到小一上學期結束，也許到了小一下學期，注音組的優勢就不存在了，若是如此，又何必急著教？⑵該研究未控制或描述小一的教學，所以小一的注音及國語文能力，有可能受到「小一老師教學品質」的影響，而不是「幼稚園注音教學」的影響；⑶未能呈現到底有多少百分比的幼兒是學不會、也沒有學習困難幼兒的質性描述。這些議題有待更長期、有隨機分派，並且有質性描述的研究去回答。

第五節　結語

注音符號有幫助兒童認讀漢字及提早閱讀的功能，且為台灣中文電腦輸入的最主要方式。注音符號教學也是國語文教育的最初階，理論上，讀寫困難的兒童在注音符號的學習上就應該會被篩選出來。為了讓兒童能順利學會注音符號系統，也為了能篩選出真正有注音學習困難的兒童，有效的注音教學便是個必要條件。本章說明了聲韻覺識、注音符號與閱讀的關係，回顧了現有的注音教學文獻，最後把重點放在幾個有效注音補救教學的核心成分上，理論及執行細節都有詳細的說明。文末提出了尚待解決的注音教學議題，並對未來的研究提出建議。

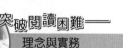

參考文獻

中文部分

方金雅、蘇姿云（2005）。童謠教學對幼兒聲韻覺識影響之研究。**高雄師大學報——教育與社會科學類**，19，1-19。

王川銘（2004）。**國民小學義工老師進行轉介前輔導模式之行動研究——以一年級注音符號補救教學為例**。國立屏東師範學院特殊教育學系碩士論文，未出版，屏東市。

王瓊珠、洪儷瑜、陳秀芬（2007）。低識字能力學生識字量發展之研究——馬太效應之可能表現。**特殊教育研究學刊**，32（3），1-16。

包龍驤（2004）。**注音符號鍵盤輸入策略對國小資源班一年級學童注音符號補救教學成效之研究**。國立台東大學教育研究所碩士論文，未出版，台東市。

吳佩芬（2002）。**注音符號遊戲教學之行動研究**。國立嘉義大學國民教育研究所碩士論文，未出版，嘉義市。

李慧娥（2002）。**拼音困難兒童注音符號教學之行動研究多元智能取向**。國立台北師範學院特殊教育學系所碩士論文，未出版，台北市。

林秀玲（1993）。**輕度智能不足兒童注音符號補救教學效果之研究**。國立彰化大學特殊教育研究所碩士論文，未出版，彰化市。

林佩蓉（2009）。**爸爸媽媽放輕鬆——給幼兒家長的八大Ｑ＆Ａ**。台北市：教育部。

胡永崇（2001）。小學一年級閱讀障礙學生注音符號學習的相關因素及意義化注音符號教學成效之研究。**屏東師範學院學報**，15，101-140。

胡永崇（2004）。學習障礙學生的注音符號教學。**屏師特殊教育**，9，1-8。

常雅珍（1997）。**國語注音符號「精緻化教學法」與傳統「綜合教學法」之比較研究**。國立嘉義師範學院國民教育研究所碩士論文，未出版，嘉義市。

教育部（2002）。**身心障礙及資賦優異學生鑑定標準**。台北市：作者。

陳弘昌（1992）。**國小語文科教學研究**。台北市：五南。

陳正治（1993）。歷次國小注音符號教材之評估與探討。**人文及社會學科教學通訊**，3（5），114-132。

陳淑麗、曾世杰（1999）。閱讀障礙學童聲韻能力之研究。**特殊教育研究學刊，17**，205-223。

陳淑麗、曾世杰（2005）。唸名速度及注音覺識在中文閱讀障礙亞型分類上的角色——個案補救教學研究。載於洪儷瑜、王瓊珠、陳長益（主編），**突破學習困難——評量與因應之探討**（頁 179-214）。台北市：心理。

曾世杰（2009）。**聲韻覺識、唸名速度與中文閱讀障礙**（初版三刷）。台北市：心理。

曾世杰、王素卿（2003）：音素覺識在中文閱讀習得歷程中扮演的角色。**台東大學教育學報，14**（2），23-50。

曾世杰、陳淑麗（2007）。注音補救教學對一年級低成就學童的教學成效實驗研究。**教育與心理研究，30**（3），53-77。

曾世杰、簡淑真、張媛婷、周蘭芳、連芸伶（2005）。唸名速度與中文閱讀發展——個四年的追蹤研究。**特殊教育研究學刊，28**（1），123-144。

游惠美、孟瑛如（1998）。電腦輔助教學應用方式對國小低成就兒童注音符號補救教學成效之探討。**特殊教育與復健學報，6**，307-347。

簡淑真（2010）。三種早期閱讀介入方案對弱勢幼兒的教學效果研究。**台東大學教育學報，21**（1），93-124。

鐘素鵬（2003）。**注音覺識教學對國小低年級注音符學習困難兒童之成效分析**。國立台北師範學院國民教育研究所輔導教學碩士班碩士論文，未出版，台北市。

英文部分

Bradley, L., & Bryant, P. E. (1983). Categorizing sounds and learning to read: A causal connection. *Nature, 301*, 419-421.

Chomsky, N. (1965). *Aspects of the theory of syntax*. Cambridge, MA: The MIT Press.

Department of Education (2009, November 12). *Early reading firs*t [Announcement]. Washington, DC: The Author. Retrieved January 10, 2010, from http://www.ed.gov/programs/earlyreading/index.html

Gathercole, S. E., & Baddeley, A. D. (1993). *Working memory and language*. Hove, UK: Lawrence Erlbaum Association.

Liberman, I. Y., Shankweiler, D., & Liberman, M. (1989). The alphabetic principle and learning to read. In D. Shankweiler & I. Liberman (Eds.), *Phonology and reading disability* (pp. 1-33). Ann Arbor, MI: The University of Michigan Press.

National Institute for Literacy (2009). *Developing early literacy: Report of the National Early Literacy Panel.* Retrieved October 01, 2009, from http://www.nifl.gov

Tzeng, S. J. (2007). Learning disabilities in Taiwan: A case of cultural constraints on the education of students with disabilities. *Learning Disabilities Research and Practice, 22*(3), 170-175.

Vellutino, F., Fletcher, J. M., Snowling, M. J., & Scanlon, D. M. (2004). Specific reading disability (dyslexia): What have we learned in the past four decades. *Journal of Child Psychology and Psychiatry, 45*, 2-40.

第六章

識字教學

王瓊珠

早在 1986 年，Gough 和 Tunmer（1986）便提出「閱讀簡單觀點模式」（simple view of reading），他們用一個簡單的公式，R（reading，閱讀）＝D（decoding，識字解碼）×C（linguistic comprehension，語言理解），說明閱讀背後的兩項重要因素。從公式不難推論，若識字解碼為零，就算語言理解佳，閱讀表現也是零；反之，識字解碼沒問題，也不代表一定能讀懂文章，還需要有一定的字彙知識、語言經驗、知識基模才行。因此，識字、解碼可說是閱讀理解的核心元素之一，雖不是萬靈丹，但是讀者不可能捨棄或跳過解碼或識字的學習歷程而讀懂書面文字符號。

再者，從「訊息處理理論」（information processing theory）的觀點來說，一個人的認知資源容量有限，當識字耗掉太多資源之後，能夠處理閱讀理解的資源就相對減少許多，以致於即使認出全部的字，也未必能懂文章的意思。而 Chall（1996）「閱讀發展階段論」的前三期（learning to read），也是以建立個體基本讀寫概念和識字正確性、流暢性為主軸。因此，無論是「閱讀簡單觀點模式」、「訊息處理理論」、「閱讀發展階段論」都指向識字是閱讀的一項重要成分，一旦有嚴重的識字困難，閱讀理解和閱讀量也會受到波及。

根據《台灣四年級學生閱讀素養（PIRLS 2006 報告）》（柯華葳、詹益綾、張建妤、游婷雅，2008）一書的數據得知，台灣教師在課堂上經常進行字詞教學，反觀，閱讀策略教學的部分只有 33.33% 的人表示屬於經常性的活動。顯見，字詞教學占掉不少上課時間，但這是否意味著學生識字或運用詞

彙的能力沒問題，不需要關注呢？王瓊珠、洪儷瑜、陳秀芬（2007）對低識字量（即識字量在負一個標準差以下）學生的研究便發現，這群學生即便已經到了國三，其識字量仍約有半數未達小學中年級學生的平均識字量，當中約有三分之一左右的學生未達脫盲標準，約占全體受測之國三學生的 5%；另外，由甄曉蘭（2007）的調查研究得知，偏遠國中學生識字落後程度恐怕更大，由此可預見低識字量學生與一般學生的閱讀發展將出現馬太效應（Stanovich, 1986），即學生認知方面的個別差異會造成學習閱讀之成效有差異，而閱讀能力又會影響學生後來學習的能力。Stanovich（1986）引用 Nagy 和 Anderson（1984）的研究，該研究估計「中年級不太喜歡閱讀的學生一年約可讀到 100,000 個詞，而一般的同儕一年可能讀到 1,000,000 個詞，至於求知慾更強的同儕一年可能讀到 10,000,000 個詞，甚至更多」。擁有較多詞彙的學生，可以在大量閱讀中進一步獲得新的語言經驗和詞彙，亦可在教室以外的場所進行閱讀活動，不會受限於只在教師的協助下才能閱讀。如此滾雪球般的交互影響，將導致不同閱讀能力者之學習機會和成效都有所不同。因此，字詞量的影響力不應該被低估。

從書寫系統的分類架構來看，中文屬於意符（logographic）文字系統，與拼音文字系統不同，一個中文字包含一個音節，字與詞素（morpheme，是語言中最小的意義單位）對應；但是一個英文字則是由數個字母組成，字母與音素相對應，英文字對應至中文可能是字或詞的單位，中文識字困難的介入方式也應不同於西方。在西方拼音文字系統的研究報告中，由於閱讀障礙原因多指向聲韻處理缺陷，依此假定發展出聲韻解碼教學也是最有效的教學（Adams, 1991; Foorman, Francis, Fletcher, Schatschneider, & Metha, 1998; Hatcher, Hulme, & Snowling, 2004）。但在非拼音文字的中文裡，聲韻覺識（尤其是音素層次）並非中文閱讀的必要條件（曾世杰，2004）。注音符號補救教學雖可提升國語低成就學童聲韻覺識測驗的表現，但卻無法遷移至國字和閱讀理解的分數上（曾世杰、陳淑麗，2007）。故中文識字困難的解決之道無法只從聲韻解碼教學著手，必須另闢蹊徑，中文識字教學有其獨特性。

綜而言之，閱讀理論多肯定識字或解碼的重要性，語文教師也用不少時間指導學生認識字詞，但不表示字詞教學已經做得很好，仍有一群低識字能

力學生亟待研究者發展更有效的識字方法。陳淑麗、洪儷瑜（2003）的研究報告發現，國中學習障礙鑑定個案以識字困難學生的比例最高（約占七成），識字困難所衍生的問題，可能會全面影響個體之閱讀能力發展，例如：妨礙字彙量成長與背景知識的增加（Lyon, Shaywitz, & Shaywitz, 2003; Shaywitz, 1996）。因此，識字的重要程度實不容忽視，且由於中文書寫系統與拼音文字系統不同，我們無法直接移植西方的識字教學法（例如：自然發音法、聲韻覺識訓練等），必須根據中文的特性另行研發識字教材與教法。

第一節
識字教學法

一般來說，識字教學的主張分為「集中識字」和「分散識字」兩大主流，一般學校國語科的識字教學屬於「分散識字」，即「字不離文」，其優點是讓學童以比較自然的方式在閱讀文章中了解字義，不過考量到中文字的規律性不易立即掌握，因此在一年級的前10週會先教注音符號認讀及拼讀，再以注音輔助國字認讀，直至高年級才將注音輔助認讀的任務去除。反觀國內對特殊需求學生的識字教學實驗則多採「集中識字」，其優點是以系統化的方式教導識字，能於短期間收效，學童也容易掌握文字的規則，但易與文章閱讀脫節，流於單調的識字活動。

關於閱讀困難學童的識字教學，Taylor、Harris、Pearson 和 Garcia（1995）曾揭示幾項重要的觀點，包括：⑴認字是閱讀理解的重要歷程，但識字只是達成閱讀理解的一種方法而已；⑵識字教學儘量以在日常生活中會遇到的字為主；⑶老師進行識字教學時，要明白的告訴學生這是什麼樣的識字方法，這方法為何很重要，如何用這個方法，以及何時使用它；⑷必須教導識字困難的學生如何使用拼音和上下文線索來猜測不熟悉的字；⑸識字教學要增進學生識字的正確性和流暢性（p. 161）。Taylor等人提醒教師，進行識字教學時，不要忘記識字的終極目的，是在於促進學生的閱讀理解，並非僅是為了識字而教識字，如果只是多認字卻沒有運用到真正的閱讀情境中，

便失去它原本的用意。另外，識字的途徑包含「由下而上」的拼讀，也包含了「由上而下」的「上下文線索分析」，無須固著於只用一種方法識字。最後是識字不僅要求正確也要求速度，讀者能夠縮短識字時間，才能將更多的時間投入篇章理解。以下筆者將介紹涵蓋字形、字音分析、脈絡線索分析，以及識字自動化等不同切入點的教學法。茲分述如下。

一　字形、字音分析

對於拼音文字，初學閱讀的學童如果能洞察字音和字母之間的對應關係，就能夠以拼音方式讀出許多生字，自行閱讀課外讀物。但是中文並非拼音文字系統，不能從國字的部件直接拼出字音，因此台灣學童多倚賴注音輔助國字學習，只是抽象的注音符號對於閱讀困難的學童而言，未必是助力，有時還是阻力！黃秀霜（1999）比較三種國字教學法（包含：傳統國字教學法、直接認讀國字，以及國字教學輔以文字學知識）對學習困難學生國字的學習成效，發現文字學知識組在看字讀音方面優於其他兩組學生。如果文字學知識對識字有幫助，老師該如何將深奧的文字學生動有趣地教給學生呢？「善用比喻」是其中之法。以秦麗花（2000）《文字連環炮》一書中的「形聲字教學」為例，她用孩子比較容易懂的比喻，介紹形聲字的組合方式，例如：要教「清」、「情」、「晴」，她就以自述方式介紹文字的來龍去脈：

> 「我是水部，水部代表水的意思，我的長相有三種：一種是水的樣子……『氵』也是我的另一種形狀，如果『青』小姐你願意嫁給我，那我們的孩子便是『清』，一半有爸爸的樣子，一半有媽媽的樣子，因為『青』小姐有美好的意思，所以『清』就是乾淨美好的意思……」（頁174）

除了善用比喻外，為了加深印象，老師可以利用朗讀韻文、繞口令、兒歌等方式，讓孩子不容易忘記。陳秀芬（1999）在論文中引用大陸教師所編的「堯」字歌，介紹有「堯」部件的字：「燒」、「澆」、「繞」、「蟯」、「僥」、「饒」，之後將這些字和字所屬的部首編成韻文：「用火<u>燒</u>，用水

澆，有絲好纏繞。害蟲叫做蟯，依靠旁人是僥倖，豐衣足食財富饒。」以避免孩子學了太相近的字之後又弄混亂了。

另外，也可以將識字與寫字做結合。像呂美娟（2000）的「基本字帶字加自我監控」教學便是一例，所謂「基本字」是指一組字共同的部件，例如：「清」、「情」、「晴」、「蜻」、「菁」、「睛」、「精」的基本字是「青」，先教基本字的目的是讓孩子熟悉主要的部件，等弄熟了，再加上其他部首，就可以成為很多不同的字，如此一來，減少孩子記憶的負擔並增加他們的識字量；但是相似字也得避免弄糊塗，因此若能配合「口訣」，即是個較牢固的辦法，例如：寫「情」字時，邊唸「心加青，心情的情」，跟著範例寫過後，將前面的字蓋起來，自行默寫，寫好之後再自己核對答案，若寫對則打勾，若寫錯則再寫一次正確寫法，這部分稱為「自我監控」，因為是由孩子自己核對答案，自己監督字寫得對不對。

 ## 脈絡線索分析

從字形、字音分析的角度介入，是國內識字教學實驗的主流，但應該避免孩子過度依賴某一種特定的方法識字，造成孩子對閱讀的誤解，以為閱讀就是認得每個國字。事實上，閱讀的最終目標是理解，有時即便我們無法認得每個單字，卻無損我們對文章的了解。一位成熟的讀者會懂得運用各種線索幫助自己推測文意，上下文脈絡線索分析就是識字（詞）策略之一，例如：讀到「那推著手推車，一邊搖著鐵片罐子，一邊喊『阿—奇毛[1]』的賣烤番薯的老頭」（摘自陳黎，〈聲音鐘〉，康軒版國中國文第四冊），就算不知道「阿—奇毛」是什麼意思，也會猜測它是一種叫賣東西的聲音；又如看到「從鄉村到都市，從簡窳到繁華；路，像無數縱橫錯綜的血管，連繫各個不同的體系」（摘自艾雯，〈路〉，康軒版國中國文第三冊），假如不認得「窳」字，我們或許也會從上下文脈絡猜測它在形容鄉村道路的狀況，和「繁華」的意思不同，不一定得唸出「窳」的音才能理解句意。

---

1 「阿—奇毛」是「烤蕃薯」的日語發音

其實，閱讀障礙的孩子常常利用上下文線索猜測生字，能力好的讀者反而因為識字量夠，不必經常用上下文線索猜測字義（吳芳香，1998）。所以，教師要想一想：如何讓學童正確地使用上下文的脈絡線索？想要善用上下文的脈絡線索，必須藉助孩子的語言經驗和知識，也就是當他們唸錯時，能否察覺自己的錯誤並做調整？否則孩子很容易誤用此項策略，只抓到部分相似線索就隨意猜測，扭曲原文的意思卻無自覺。

 識字自動化

從認知心理學訊息處理的角度看「自動化」的形成，多次練習是一項必經的歷程，將此觀念用到閱讀上就是流暢性教學（fluency instruction），其中重複閱讀（repeated reading）是最普遍的方式。「重複閱讀」顧名思義是多次反覆閱讀同一篇文章，以到達一定的正確性和流暢性為止。至於重複幾次才夠，則沒有固定的答案，會因人、因目的而異。O'Shea、Sindelar和O'Shea（1987）曾比較過 29 位 11 至 13 歲學習障礙的學生，重複念 7 次、3 次、1 次文章的效果，結果顯示：次數愈多閱讀流暢性愈佳（即 7 次 > 3 次 > 1 次）；但在故事重述部分，重複閱讀 3 次就和 7 次的效果相當，而兩者都比只讀 1 次的效果好。

總括地說，雖識字教學方法眾多，但其本質多不離字形區辨、字音搜尋、字義抽取，以及三者間的連繫。識字教學的目標涵蓋正確性與速度兩個面向，近來流暢性在識字所扮演的角色已愈來愈受到重視。而識字教學的目標是讓學生達到對熟字（sight words）自動反應，同時也要學會面對生字時的猜測能力，例如：藉由一般字彙知識與上下文脈絡線索分析的方法，解出近似字義，幫助全文理解。

表 6-1 乃係整理文獻中提到各類識字教學法之簡介及其優缺點比較。

表 6-1　識字教學法簡介及其優缺點比較

方法	簡介	優缺點
字源教學	根據六書（即象形、指事、會意、形聲、轉注、假借）的造字原理入手，指導學習者明白漢字造字時的源頭。	●合乎漢字的科學研究，字理的解釋不致於前後矛盾，且符合學童對象形而具體事物容易接受的特點。 ●漢字經歷代演進後，意義已經轉化，有些字不易回溯其本源。
析字法	把字分解，變成口訣，例如：「李」分析成「木＋子」，「張」分析成「弓＋長」，「劉」分析為「卯＋金＋刀」，「贏」解析為「亡＋口＋月＋貝＋凡」。	適用於易拆解的字，但不是所有的字都好分割，如：「四」、「素」、「亞」就不容易解析，即便解析後也不知如何「命名」部分的字。
形似字教學	將字形相近的字歸為同一組，並用顏色標示出不同的地方，期待能降低記憶負荷，例如：「朋」與「明」。	對有些學習者而言，「形似字」放在一起教確實能促進異同之比較，但必須放在語詞和句中學習，以免混淆。
一般字彙知識	一般字彙知識教學，包括：部首表義、聲旁表音、漢字組字規則等三項內容。	●適用於所有漢字，特別是形聲字。 ●組字規則指導有助於漢字結構的掌握。 ●無助於精確字義／字音學習。
基本字帶字	基本字是指組成字的核心字，由此核心字加入不同的元素，便可再組成一組字，例如：基本字「包」可以加上不同的元素，變成「胞」、「跑」、「泡」、「炮」、「鮑」、「抱」等字。	●「基本字帶字」之目的希望降低學習者記憶負擔，達到舉一反三的效果。 ●問題和形似字教學類似，須避免學習上的混淆。
部件識字	部件識字是從部件的分析著眼，「部件」不同於筆劃和部首，它是漢字組成的零組件，解析時必須有一致性，例如：「應」字是由「广」、「亻」、「隹」和「心」組成。	●以部件做為教學的單位，較不受制於文字的類別是否屬於圖畫性較強的字類，可用在所有漢字的學習。 ●它面臨的問題包括：如何分析漢字的部件才妥當？當部件不是完整的字時，如何命名以便於記憶？相似的部件（像「阜」和「邑」在字裡的形狀都一樣）如何做區隔，以免混淆？

表 6-1 識字教學法簡介及其優缺點比較（續）

方法	簡介	優缺點
形聲字教學	介紹形聲字包含聲旁與義旁，聲旁通常表示發音，義旁通常指類別，但有時聲旁也會兼及意義的部分，例如：「青」既是聲旁，也有表示美好的意思。因此，「人＋青」便成「倩」（美人），「米＋青」是謂「精」（好米）。	●只適用於形聲字。 ●形聲字的聲旁相似，對語音處理困難的閱讀障礙學生而言，也是一種干擾。
字族文識字	與基本字帶字的構念相同，但不只是單獨認字，而是將目標字組成短文，以方便記憶，例如：由基本字「巴」，衍生出「爸」、「爬」、「笆」和「疤」等四個字，再編出「我的好爸爸，帶我去爬山，走路絆到竹籬笆，摔得全身都是疤」（羅秋昭，2006）的短文幫助記憶。	●「字族文識字」之目的是希望降低學習者記憶負擔，達到舉一反三的效果。 ●如何避免學習字形混淆是重點。 ●字族文屬限制用字，短文讀起來不一定符合文學味和趣味。
意義化識字	利用六書原理及文字本身可能的形音義線索或記憶線索，設計有助於記憶漢字的方法，例如：「瞎」是「眼睛被害，就是瞎子了」。	●降低記憶負荷量，利於記憶力差的學習者記字。 ●外加的記憶策略可能形成干擾或降低識字自動化。 ●記憶線索的設計可能違反文字學的原理。

　　表 6-1 這些識字教學法大半從字形著眼，例如：析字法、形似字教學、基本字帶字、部件識字，而字族文識字也是從字形著眼，只是又利用字族文輔助識字。以字義為主導的教學法只有字源教學法。至於形聲字教學、一般字彙知識是以漢字的造字規律為教學主體，而意義化識字則著重在記憶策略的使用，無需受限於特定的造字原理，以容易記住為上策。

第二節
國內識字教學研究現況

從已經出版的識字研究報告（詳見表 6-2）中，可以發現融入字理或降低認知負荷的教學，對弱勢讀者或閱讀障礙學生之字詞學習有幫助，但識字教學成效多屬特定，難以類化。在研究限制方面，目前對中高年級以後的識字教學研究近乎零，是亟待開墾的區塊。詳細說明茲分述如下。

 一 有效的識字教學法

有效的識字教學法包括融入字理，或降低弱勢讀者、閱讀障礙學生認知負荷的教學。以融入字理的教學為例，黃秀霜（1999）、陳秀芬（1999）皆發現，文字學知識或一般字彙知識對識字與學習困難學生有不錯的提升效果。另外，林素貞（1997，1998）發現，相似字的呈現方式對國語文低成就學生的幫助，優於非相似字的呈現方式；呂美娟（2000）以基本字帶字的方式，對三位識字困難學生進行識字教學，成效也不錯，推測其成效是來自於降低學習者的認知負荷。不過，當融入字理與降低認知負荷的原則互有衝突時，教學者當如何下判斷？

胡永崇（2001，2003）比較了「一般識字教學法」、「意義化識字教學法」、「形聲字教學法」，以及「基本字帶字教學法」後，結果指出，「意義化識字教學法」之成效優於其他三者。所謂「意義化識字教學」指的是「利用學習策略或記憶策略的原理，使文字變得有意義，以協助學童對於生字的記憶」（頁 182），例如：「琴」記為「兩個國王今天一起彈琴」；「瞎」是「眼睛被害，就是瞎子了」。從上述兩個例子來看，「瞎」是會意字，此記憶策略呼應字理，但「琴」的記憶策略便無字理可言，只是將字形拆解後編成一個記憶口訣。雖然胡永崇的兩篇研究皆發現其成效不錯，但以長遠的角度來看，方法是否得宜？學者間也有不同的見解。王寧、鄒曉麗（1999）

即表示，隨意編派的識字記憶也可能引申推論上的矛盾，例如：「照」字記為「一個日本人，拿了一口刀，殺了一口豬，流了四滴血」，但「昭」字如果套用「照」字的說法，「昭」字同樣記為「一個日本人，拿了一口刀，殺了一口豬」，卻不會流血，為什麼？換言之，有效的識字教學最好能兼顧字理和低認知負荷兩個條件。

 ## 識字教學成效評估

目前的研究結果發現，識字教學成效多屬特定，難以類化。成效特定的意涵有二：一是不同識字教學法能有效提升特定的識字能力（例如：看字讀音、看注音寫國字、組字規則等），但無法面面俱到；另一是識字教學通常會提升個體的識字能力，但對其寫字能力的提升效果有限（王瓊珠，2005；胡永崇，2001，2003）。以陳淑麗（2008）對二年級國語文低成就學生的補救教學研究為例，也發現綜合了注音符號教學、識字教學與閱讀理解教學之包裹式介入策略，在短時間內能顯著提升學生的注音能力，亦能漸漸提升其識字能力，但還未仍有效縮短與同儕的差距，至於閱讀理解則沒有顯著差異。由於目前將閱讀理解評量納入識字教學研究的數量並不多，也就更無法評估識字教學到底影響了什麼？如果識字教學效果僅止於識字量的提升，是否真有實質意義？或者識字教學研究可以不從教學方法的操弄切入，改採取其他增加學生識字量的方法？

洪儷瑜（2003）的研究發現，雖然都是讀寫困難的學生，但是會因其識字量不同而有不一樣的教學反應，對低識字量（識字量約 500 字以下）的個案，傳統識字教學與部件識字教學之成效無顯著差異，僅中識字量組（識字量約 500 至 1,200 字）、高識字量組（識字量約 1,200 字以上）的學童呈現部件教學或形聲字教學優於傳統教學。此結果似乎反應，漢字規則的學習與識字量有某種關聯性，即當學生具備一定的識字量時，規則指導可以收舉一反三之效；反之，若僅能認極少的字，規則的學習並無法起明顯的作用，也沒有辦法透過大量的閱讀來印證規則的機會。對於低識字量學生的識字教學重點或許應該從識字量著眼，慎選難度在教學級的閱讀教材，以免造成學生閱

讀的信心盡失。從更微觀的角度來看識字教學成效，我們應該要問：教學對誰有效？哪方面有效？以及為何有效？

 ## 三 識字教學研究缺口

　　從表 6-2 得知，國內多數識字教學研究的對象為小三以下學生，但教育現況是即使到國中三年級，仍有部分學生未達脫盲標準。換言之，識字教學並不是小三以前的學生才需要，小學四年級以後依然有一群學生識字量不足，亟待協助，但是要怎樣進行識字教學似乎還沒有很多實證資料。

　　從識字量發展的「馬太效應」來看，識字教學是否也應當考慮學生的生理發展呢？當學生年紀愈長，識字卻落後同儕一大截時，是否應該考慮朝補償性、功能性的識字課程發展，甚至可以參考成人識字教材與教法的相關研究（例如：何青蓉，1999；何青蓉、劉俊榮、王瑞宏，2001）？參考「閱讀簡單觀點模式」，口語理解和識字都會影響閱讀表現，那麼對於口語理解佳的個案，教學者或許可以嘗試設計補償性識字課程，藉由大量聽讀的經驗，增進個案的知識網絡，以圖像筆記取代繁瑣的文字敘述，讓知識的取得不只有閱讀一途。至於口語理解和識字能力皆弱者，教學者可以往功能性識字課程發展，至少讓學生達到日常生活功能之要求，例如：會填寫資本資料、看懂交通時刻表與站名、簡易的服藥指示、求職廣告、報紙標題、會使用郵局或銀行提款機等社區資源。由於小四以後的學生已經進入「由閱讀中學習」（reading to learn）的階段，因此閱讀教材內容不應只有字彙的學習，更要開拓學生的知識網絡及常識。事實上，國外對成人讀寫障礙教育相當關注（Mellard & Woods, 2007），研究發現，讀寫障礙成人若擁有高中以上的學歷，將來無論在薪水、受雇率、社經地位、身心健康狀況等，都比低學歷的讀寫障礙成人來得好。因此，對閱讀障礙者的讀寫教育需要持續延伸，不應該只關注於低年級學生的識字問題。

表 6-2　識字教學研究摘要

作者	年代	對象	研究設計	研究結果
林素貞	1997	148 名小一不同國語科成就之學生	準實驗研究	1. 相似字呈現有利低成就學生生字學習。 2. 看字讀音方面，相似字與非相似字教學不影響高組與中組學生，但低組學生則是相似字教學優於非相似字教學。 3. 選正確國字方面，三組學生無顯著差異。 4. 看注音寫國字方面，高組與中組學生對非相似字教學的保留優於相似字教學，低組學生則相反。
林素貞	1998	34 名小一國語科低成就學生	準實驗研究	看字讀音方面，國語科低成就學生對相似字教學反應優於非相似字教學，其餘的差異不大。
黃秀霜	1999	24 名小二學習困難學生	實驗研究	看字讀音方面，接受國字教學輔以文字學知識的學生表現優於其他兩組。
陳秀芬	1999	30 名小四、小五識字困難學生、15 名識字正常學生	實驗研究	1. 中文一般字彙知識教學可增進識字困難學生的識字表現，特別是看字讀音的能力明顯提升，但看字辨義的差異比較小。 2. 中文一般字彙知識教學對於缺乏部首概念，無法有效使用注音符號之識字困難學生效果特別好。 3. 識字困難學生學習類化效果不大。
呂美娟	2000	3 名小三、小四識字困難學生	單一受試倒返實驗設計	1. 基本字帶字加自我監控，對 3 名學生之識字學習皆有立即和短期保留的效果。 2. 基本字帶字只對個案甲、乙有幫助。
秦麗花許家吉	2000	18 名小二學習障礙學生和 68 名一般學生	實驗研究	1. 在文字辨識與文字組合方面，實驗組優於控制組學生。 2. 在形與聲的認知方面，實驗組與控制組之一般學生有差異，但兩組學障組學生則無。

表 6-2　識字教學研究摘要（續）

作者	年代	對象	研究設計	研究結果
胡永崇	2001	6 名小三閱讀障礙學生	單一受試交替處理設計	1. 使用意義化識字教學的效果優於其他三種教學法。 2. 在句脈中認讀比單字認讀好，但對書寫單字則無助益。 3. 兩週後的識字測驗保留效果不佳。 4. 兩週後的單字書寫測驗保留效果佳，以意義化識字教學效果比較好。
胡永崇	2003	小四閱讀困難學童和識字優秀學童各 26 名	實驗研究	1. 閱讀困難學生的識字表現與聲韻覺識能力有明顯相關，且其識字表現與認知能力的相關都低於識字優秀學生。 2. 在四種教學法中，意義化識字教學法之成效最佳，一般識字教學法次之，形聲字教學法成效最低。 3. 教學立即成效明顯優於隔日和兩週後的學習成效。 4. 認讀表現明顯優於書寫。
王瓊珠	2005	小二到小六閱讀障礙、一般學生各 20 名	準實驗設計	1. 閱讀障礙學童在教學字的讀寫表現，立即效果和短期效果佳。 2. 閱讀障礙學童在朗讀流暢度測量和讀寫字測驗表現方面，雖然尚不及一般學童，但進步速度與一般學童相似。 3. 閱讀障礙學童在基本字認讀和部首覺識測驗的表現與一般學童差距拉近中。 4. 高頻部首／部件教學對不同年段之閱讀障礙學童之教學成效各有優勢，對教學字的認讀並無年級間的差異；在朗讀流暢度方面，二、三年級組較四、五、六年級組表現出較佳的進步幅度。

表 6-2　識字教學研究摘要（續）

作者	年代	對象	研究設計	研究結果
洪儷瑜 黃冠穎	2006	33 名小一、小二國語文低成就學生	實驗設計	1. 以文帶字的部件識字教學對國語文低成就學生閱讀能力的成效較為全面，包括：識字正確性、流暢性、文章朗讀。 2. 接受以字為主的部件教學之學生，在識字流暢性與昧字測驗表現立即和保留效果較佳。 3. 兩種教學法對增進部件辨識之成效差異不大。
吳慧聆	2007	4 名小四學習障礙學生	單一受試跨個人多基線設計	1. 學習障礙學生接受字族文識字策略教學後，在選出正確字方面有顯著增加的趨勢，並具有保留效果。 2. 受試者在選字題型的犯錯類型以增減筆劃與自創文字居多。
陳淑麗	2008	33 名小二語文低成就學生	準實驗設計	1. 接受國語文補救教學學生之注音能力在第一學期就與接受一般課輔學生有顯著差異，識字能力到了第二學期，兩組也有顯著差異，但閱讀理解則沒有差異。 2. 補救教學對國語文低成就學生識字能力的增進，在於避免馬太效應發生，但未能有效縮短與同儕之差距。 3. 補救教學對學生注音能力之提升不受其閱讀困難程度之影響，但識字則會受學生程度影響，識字前測愈佳者，後測愈接近一般同儕水準。

第三節
個案討論

 案例一

　　芳芳（化名）是國中一年級的讀寫障礙學生，對相似字的判斷很差，寫字也常漏東漏西。從「中文年級認字量表」的表現來看，她的答對率並不差（通過小六的切截點），老師觀察到她具有聲旁表音的知識，會從聲旁猜測字音，但如果需要比較精準的判斷字義或正確輸出字形，則有困難。老師要如何處理芳芳的識字問題呢？

　　從個案能力現況的描述得知，芳芳具有基本的組字規則，能夠運用聲旁表音猜測字音，但是對字形細部的差異及其正確字義不夠清楚；因此，老師可以試試「部件識字教學法」或「基本字帶字教學法」，兩者都是先找字形的組成共同元素，待學生掌握基本字形元素後，再加入差異部分的比較與說明。不同的是，「部件」與「基本字」單位不同，「部件」是漢字的零組件，大小約介於筆劃和字之間（黃沛榮，2001），例如：「應」字是由「广」、「亻」、「隹」和「心」等四個部件組成；而「基本字」則以整字為記憶單位，例如：「胞」、「跑」、「泡」、「炮」、「鉋」和「抱」等字，都含有共同的基本字──「包」。由於兩者的記憶單位不同，教學者可考量個別學生對漢字字形的記憶廣度，記憶單位小的學生，可採取筆劃數少的部件。

　　以國中國文〈五柳先生傳〉一課為例，文中提到五柳先生個性「閑靜少言，不慕榮利」，與句中「慕」字很相近的字還有「幕」、「墓」、「暮」等字，老師（T）要如何解說，才不致於讓芳芳（S）張冠李戴呢？

　　T：「不『慕』榮利」是「不『羨慕』榮華利祿」的意思，因為「羨

慕」是「心裡」的感覺，所以，「慕」字的下方有個「心[2]」，在「心」部的上方是「莫」字，合起來唸成「ㄇㄨˋ」，「羨慕」的「慕」。「羨慕」的「慕」上面是哪個字？下面是哪個字？

S：上面是「莫」，下面是「心」。

T：為什麼「羨慕」的「慕」是「心」部？

S：因為「羨慕」是「心裡」的感覺。

T：那「開幕」的「幕」是這個字嗎？

S：是！（答錯）

T：聽起來音都一樣，我們說某間店「開幕」，「開幕」是心裡的感覺嗎？

S：不是。

T：「開幕」的「幕」不是心裡的感覺，它是這樣寫（將字呈現在黑板上），你們比比看，兩個字哪裡不一樣？

S：下面不一樣。（老師將「巾」部用不同顏色標示）

T：非常好。所以，「開幕」的「幕」上面是什麼字？

S：莫。

T：下面呢？

S：巾。（如果學生不會唸，老師就直接告知是「巾」，毛巾的「巾」，然後請學生複述）

T：為什麼是「巾」部？「開幕」是「開張」的意思，指某間店開始做生意，開始做生意，就需要把門打開，像一齣戲開演時將「布幕」拉開一樣。所以，「開幕」的「幕」，下面是「巾」部，它看起來是不是很像布幕呢？（為加深印象，老師可以在黑板上畫個布幕簡圖）

S：是有點像耶！

T：想一想，「開幕」的「幕」上面是哪個字？下面是哪個字？

S：上面是「莫」，下面是「巾」。

---

2 將「心」部用不同顏色標示，請學生注意它的長相有一點變形，共有三點，左一右二。

T：很好。現在我們來玩猜猜看遊戲，我說一個詞，你們告訴我，是黑板上這個「慕」字，還是那個「幕」字？「羨<u>慕</u>」？「閉<u>幕</u>」？「愛<u>慕</u>」？「<u>慕</u>名而來」？「布<u>幕</u>」？

待學生能夠分清「慕」和「幕」的字形和意義差別後，請學生自己蓋住目標字，自己默寫三遍，邊寫邊唸「莫」加「心」、「慕」、「羨慕」的「慕」，寫「幕」字的方法也是如此。之後再呈現「墓」和「暮」，請學生圈出不一樣的地方，查字典後將其字音與一個語詞寫下來，老師再請學生說說看，為什麼「墳墓」的「墓」下面是「土」？「日暮黃昏」的「暮」下面是「日」？進行選字判斷遊戲時，老師也可以製作「心」、「巾」、「土」、「日」四個部首的卡片，讓學生聽到語詞搶答時，將正確的「部首」放在「莫」字的下方，看看哪一隊又正確又快就獲勝。

 # 案例二

國俊（化名）是國小二年級的讀寫障礙學生，他能認得並正確輸出的國字非常少，從識字量評估測驗結果來看，識字量約為 200 字，與一般小二學童平均 1,200 字的估計字量有一大段落差。另外，寫國字時，他會模仿學校老師教生字的方式，邊寫邊數筆劃 1、2、3……，不過對基本字形結構並不清楚，原本該放在國字左邊的部首即使被搬到右邊也不覺有異。老師要如何處理國俊的識字問題呢？

從個案的能力現況描述得知，國俊的估計識字量不到 500 字，依據中文字的特性衍生的識字教學法，對他而言未必有舉一反三的效果，老師可以考慮先從常見字的教學著手。常見字的判斷可以參考教育部國語推行委員會（2002）《國小學童常用字詞報告書》一書中字頻的統計。另外，老師也可以配合課文中的生字，教導他覺察中文字的基本架構，包括：上下結構（如：尖）、左右結構（如：林），以及包圍結構（如：回），請他抄寫時，把握先上後下、先左後右、先外後內的原則，從筆劃簡單的字練習仿寫。

　　由於國俊識字量少，老師可考慮用兒歌做為識字教學的材料，避免生字過多，造成認知負荷過重，反而無法聚焦在特定的目標字。以《念兒歌學國字》（馬景賢，1997）一書中〈小象站在小球上〉：「小象站在小球上，小小老鼠嚇一跳，小象如果不下來，砰……小球一定會破掉」為例，對低年級學生來說，「小」、「上」、「下」、「球」、「鼠」、「象」都是常見字，教的時候，老師可以參考一些關於字源的書，若是象形字（如：鼠、象）可以搭配古字對照，讓學生看到這些字是仿造動物的外型寫出來的，因此，「鼠」字的上面是牙齒，下面代表四隻腳和一個尾巴，很有趣。至於，「上」和「下」的一橫表示地平線，在地平線上面的就是「上」，在地平線下面的就是「下」，「小」是由三個小點組成，小點表示好小好小的意思。

　　除了學習目標字之外，也可以擴充學生的詞彙量，老師可以請學生口頭造詞，然後由老師和學生共同將該語詞寫在卡片上（約名片大小），目標字讓學生寫，生字的部分由老師寫，例如：學生口頭造出「小心」一詞，「小」是本課的目標字，由學生來寫，「心」如果學生不會，則由老師協助完成。這些字詞卡完成後放置在學生個人專屬的盒子內，每天拿出來複習，一旦通過老師的測試，就可以放在另一個盒子（用銀行比喻），讓學生知道他現在的存款有多少，但是如果忘記了，就要被領出來，請他重新再賺回來。

　　透過上述兩個案例的說明，可知針對不同識字能力、不同生理年齡，以及閱讀發展階段的兩位學生，老師的教學重點也不同。對已經能掌握聲旁表音規律的芳芳而言，仔細分辨字形差異並掌握其字義是教學重點所在。教學時，老師會用顏色凸顯差異部分，並且解釋為何該字是這部首，另外，也提供相關語詞讓她做選字判斷。但是，對於識字量極少的國俊而言，部首表義和聲旁表音的知識不是現階段的首要目標，覺察基本的組字結構，熟悉常見字才是優先目標，老師將識字融入有趣的短文中（以文帶字），試圖降低認知負荷並強化識字自動化，希望他能漸漸積累識字量，以縮短與其他同儕的差距。

參考文獻

中文部分

王　寧、鄒曉麗（主編）（1999）。**漢字**。香港：海峰。

王瓊珠（2005）。高頻部首／部件識字教學對國小閱讀障礙學生讀寫能力之影響。
　　台北市立師院學報，36（1），95-124。

王瓊珠、洪儷瑜、陳秀芬（2007）。低識字能力學生識字量發展之研究──馬太效
　　應之可能表現。**特殊教育研究學刊**，32（3），1-16。

何青蓉（1999）。**成人識字教材教法之研究**。高雄市：復文。

何青蓉、劉俊榮、王瑞宏（2001）。台灣地區成人基本識字教育教材內容屬性與適
　　用對象分析。**研究彙刊（c）──人文與社會科學**，11（2），113-125。

吳芳香（1998）。**國小二年級優讀者與弱讀者閱讀策略使用與覺識之研究**。國立高
　　雄師範大學特殊教育研究所碩士論文，未出版，高雄市。

吳慧聆（2007）。字族文識字策略對國小學習障礙學童識字學習成效之研究。**特殊
　　教育學報**，25，1-30。

呂美娟（2000）。基本字帶字識字教學對國小識字困難學生成效之探討。**特殊教育
　　研究學刊**，18，207-235。

林素貞（1997）。相似字與非相似字呈現方式對國小一年級學生生字學習效果之比
　　較。**特殊教育與復健學報**，5，227-251。

林素貞（1998）。相似字與非相似字呈現方式對國小一年級國語科低成就學生生字
　　學習效果之比較。**特殊教育與復健學報**，6，261-277。

柯華葳、詹益綾、張建妤、游婷雅（2008）。**台灣四年級學生閱讀素養（PIRLS
　　2006 報告）**。桃園縣：國立中央大學學習與教學研究所。

洪儷瑜（2003）。**中文讀寫困難學生適性化補救教學──由常用字發展基本讀寫技
　　能（I）**。行政院國家科學委員會專題研究計劃成果報告（報告編號：NSC
　　91-2413-H-003-020），未出版。

洪儷瑜、黃冠穎（2006）。兩種取向的部件識字教學對國小低年級語文低成就學生
　　之成效比較。**特殊教育研究學刊**，31，43-71。

胡永崇（2001）。不同識字教學策略對國小三年級閱讀障礙學童教學成效之比較研究。**屏東師院學報**，14，179-218。

胡永崇（2003）。國小四年級閱讀困難學生識字相關因素及不同識字教學策略之教學成效比較研究。**屏東師院學報**，19，177-216。

秦麗花（2000）。**文字連環炮——如何指導學生做個認字高手**。高雄市：復文。

秦麗花、許家吉（2000）。形聲字教學對國小二年級一般學生和學障學生識字教學效果之研究。**特殊教育研究學刊**，18，191-206。

馬景賢（1997）。**念兒歌學國字（下）**。台北市：國語日報。

教育部國語推行委員會主編（2002）。**國小學童常用字詞報告書**（第二版）。台北市：教育部。

陳秀芬（1999）。中文一般字彙知識教學法在增進國小識字困難學生識字學習成效之探討。**特殊教育研究學刊**，17，225-251。

陳淑麗（2008）。二年級國語文補救教學研究——一個長時密集的介入方案。**特殊教育研究學刊**，33（2），25-46。

陳淑麗、洪儷瑜（2003）。學習障礙國中學生在不同差距標準差異之研究。**特殊教育研究學刊**，24，85-111。

曾世杰（2004）。**聲韻覺識、唸名速度與中文閱讀障礙**。台北市：心理。

曾世杰、陳淑麗（2007）。注音補救教學對一年級低成就學童的教學成效實驗研究。**教育與心理研究**，30（3），53-77。

黃沛榮（2001）。**漢字教學的理論與實踐**。台北市：樂學。

黃秀霜（1999）。不同教學方式對學習困難兒童之實驗教學助益分析。**課程與教學季刊**，2（1），69-82。

甄曉蘭（2007）。偏遠國中教育機會不均等問題與相關教育政策初探。**教育研究集刊**，53（3），1-35。

羅秋昭（2006）。**字族文識字活用寶典——念歌謠學語文**。台北市：小魯文化。

英文部分

Adams, M. J. (1991). *Beginning to read: Thinking and learning about print*. Cambridge, MA: The MIT Press.

Chall, J. S. (1996). *Stages of reading development* (2nd ed.). Orlando, FL: Harcourt Brace.

Foorman, B. R., Francis, D. J., Fletcher, J. M., Schatschneider, C., & Metha, P. (1998). The role of instruction in learning to read: Preventing reading failure in at-risk children. *Journal of Educational Psychology, 90*(1), 37-55.

Gough, P., & Tunmer, W. (1986). Decoding, reading, and reading disabilities. *Remedial and Special Education, 7*, 6-10.

Hatcher, P. J., Hulme, C., & Snowling, M. J. (2004). Explicit phoneme training combined with phonics reading instruction helps young children at risk of reading failure. *Journal of Child Psychology and Psychiatry, 45*, 338-358.

Lyon, G. R., Shaywitz, S. E., & Shaywitz, B. A. (2003). A definition of dyslexia. *Annals of Dyslexia, 53*, 1-14.

Mellard, D. F., & Woods, K. L. (2007). Adults life with dyslexia. *Perspectives on Language and Literacy, 33*(4), 15-18.

Nagy, W. E., & Anderson, R. C. (1984). How many words in printed school English? *Reading Research Quarterly, 19*, 304-330.

O'Shea, L. J., Sindelar, P. T., & O'Shea, D. J. (1987). Error correction in oral reading: Evaluating the effectiveness of three procedures. *Education and Treatment of Children, 7*, 203-214.

Shaywitz, S. E. (1996). Dyslexia. *Scientific American, 275*(5), 98-104.

Stanovich, K. E. (1986). Matthew effects in reading: Some consequences of individual differences in the acquisition of literacy. *Reading Research Quarterly, 21*, 360-407.

Taylor, B., Harris, L. A., Pearson, P. D., & Garcia, G. (1995). *Reading difficulties* (2nd ed.). New York: McGraw-Hill.

第七章

語詞教學

方金雅

　　語文最主要的溝通方式有聽、說、讀、寫等四種。首先，在聽理解方面，詞彙是一個主要提取訊息的成分，例如：牙牙學語的嬰幼兒，透過簡單的詞彙「水水」、「光光」，來代表「口渴了、要喝水」或是「吃光了、喝光了、沒有了」等的複雜涵義。可以說，不懂語法、語序等，也可以進行溝通；但若缺少了詞彙，語言溝通將會困難重重。閱讀能力研究報告皆提到詞彙和閱讀理解間有顯著的關係存在，例如：方金雅（2001）、吳淑娟（2001）及柯華葳（1999）的研究，都得到詞彙與閱讀理解的係數有中度到 .7 的正相關；吳淑娟的研究也發現，詞彙意義理解能力、詞彙意義表達能力和閱讀理解能力有著正相關。有些研究則進行詞彙教學，檢視各種詞彙教學法對學生的詞彙能力、閱讀理解能力之助益，例如：歐素惠、王瓊珠（2004）、方金雅（2001）等研究都指出，透過詞彙教學，對學習者的詞彙能力與閱讀理解能力皆有正向的教學效果，特別是在詞義理解與語詞組合的能力方面有所助益。

　　Beck 和 McKeown（1991）指出，語詞知識是一個連續的向量，認識語詞是一個複雜的概念，它可以切割為四個層次，分別是從「完全不知道詞彙意義」，到「稍微有些概念，但無法確定意義」，到「如果上下文提供線索，對詞彙意義能有一般理解」，最後則是「個體完全理解，可以用在上下文中幫助理解內容，或獨立於內容之外，亦可以界定其意義」，這樣的概念由淺而深的為語詞能力架構了一個評量基準。當對語詞的認識是從「完全不知道詞彙意義」到「稍微有些概念，但無法確定意義」時，就對理解文本和閱讀

流暢度起極大的關鍵作用。

根據《台灣四年級學生閱讀素養（PIRLS 2006 報告）》（柯華葳、詹益綾、張建妤、游婷雅，2008）一書的數據得知，台灣教師在課堂上經常進行字詞教學，而閱讀策略教學的部分只有 33.33%的老師表示屬於經常性的活動。由此可知，字詞教學占掉不少上課時間，但這樣的情形是否就意味著，學生使用文字或運用詞彙的能力沒問題呢？實則不然，我們發現有些學生可以唸出文章裡的每個字，但對某些詞彙的意義卻難以理解，例如：會唸「吃虧」二個字，但卻不認識「吃虧」的涵義（吳淑娟，2001），可見其閱讀的主要困難已經不在於單純的認字問題，而有可能是語詞的理解歷程發生困難。

第一節 語詞教學法

承接上述所討論的，語詞理解困難會導致閱讀理解困難。基本上，中文篇章是由一個一個的字所組成的，當我們在閱讀時，可以看到的是一個一個空間獨立的「字」，字與字之間有明顯的分界，字的組成又有其獨特的組字規則，故在書寫方面，「字」是教學重點所在。但在理解意義時，中文閱讀意義的基本單位是「詞」，並不是一個一個獨立的字，雖然一個一個獨立的字有時也是意義完整的詞（例如：日、月、水），但單音節的詞並不是中文最主要的，根據統計，中文詞中 70%至 80%的詞是雙音節的（Yu, Zhang, Jing, Peng, & Simon, 1985）。因此，在閱讀時對詞義的正確理解，十分重要，特別是為數眾多的雙音節詞。

在中文方面，中文語詞具有同音詞眾多，例如：「近世」、「進士」、「盡是」、「近視」，或「出版」與「初版」等，這些詞有相同的聲音，但書寫成文字並不同，意義也不同。另外，還有近義詞，有意義完全相同的語詞，在一般情況下可以任意互相替代，其數量很少，例如：「自行車」與「腳踏車」、「爸爸」與「父親」等；還有意義頗為相近，例如：「關心」、「關懷」、「關注」、「關照」等。再加上中文語詞的組成有極高的自由度，有

些雙字詞可以由上而下唸讀，也可以由下而上唸讀，例如：「海上」也可倒讀為「上海」，二個語詞都有意義，但意義並不相同；有時倒讀卻不改變其意義，例如：「傷悲」和「悲傷」的意義是相同的。由此可知，中文語詞有構詞結構自由度極高的特色。因此，在語詞教學方面，教師可採用許多不同的做法。但無論是哪一種做法，學習語詞應讓學習者學會語詞的三個成分：了解語詞的結構、詞義理解的能力和恰當的運用語詞之能力（方金雅，2001），在這三種能力都具備下，讀者在理解與使用語詞時才能正確、靈活無誤的使用。

　　了解語詞結構的能力，可簡稱為「構詞能力」。構詞能力應包含組成語詞的能力和在判斷語詞結構的能力，所謂組成語詞的能力，便是造詞能力，由於中文構詞的結構自由度高，經常可以產生新詞，例如：「米」字，可造出「稻米」、「奈米」，即能依據表達與溝通的需要，造出有意義的詞，可算是組合語詞的構詞能力；至於判斷語詞結構的能力，即是斷詞的能力，由於中文詞彙並無獨立的空間單位，在閱讀時讀者需判斷語詞的結構以理解其意義，例如：讀者要能判斷：「這花生長得真好！」可能會有兩種斷詞的方法：「這花，生長得真好！」或是「這花生，長得真好！」不同的斷詞方式讓兩句話的意思截然不同。顯見中文構詞能力的重要性。

　　至於理解語詞意義的「詞義能力」，係指能對語詞的意義有正確的理解。「語詞」的涵義，除了「字面意義」或「言內之意」外，還牽涉到「言外之意」，包括由字面意義引申出來的「比喻意義」，以及與談話的「語言情境」有關的「人際意義」與「情緒意義」。所以要正確理解詞義，不單是從字面意義加以理解，也應從不同角度或是上下文的語境中加以理解，例如：「好看極了」的字面意義表示外形美好的意思；而「我要你好看」若是出現在一段不友善的對話裡，「好看」二字非但沒有外形美好的正面意義，反而有譏諷、不帶善意的負面意涵，此種分辨語言情境的情緒意義或人際意義，是為理解語詞的詞義能力。

　　而「詞用能力」則是要理解語詞「搭配」的用法，「搭配」係指一個語詞和別的語詞結合使用的情形，例如：「遙遙」和「領先」經常結合使用，「爭先」和「恐後」經常結合使用。搭配得當，形成綜合性的語感，可提高

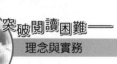

對語詞使用的能力。

就觀察小學課堂裡的語文教學來說，老師在進行新的一課時，會將所有的生字呈現在黑板上，詳細解說其字音、字形和字義。在字音部分，會有教師範讀，學生跟著讀的過程；在字形部分，則由教師帶領小朋友進行書空練習，並規定一定分量的練習，使學生熟練字形筆劃等；在字義方面，則由教師解釋，並指導學生口頭造詞與書面造詞，完成後，圈出課文內的生詞，配合語詞閃示卡，讓學生抄寫語詞作業。這樣的教學流程可以說是從認字引導到認詞的做法，不過往往在字形、字音、字義的練習頗多，而對詞義的聯想、綜合、類推、運用等教學則較少。

關於語詞的教學，國內也有多位學者提出教學原則，例如：吳敏而（1998）認為，有關詞彙的教學應注重以下幾點：(1)多找出練習造詞、辨字的練習方式，不要呆板的重複習寫，而且要有較創意的練習方式；(2)培養創新造詞的能力，看看哪個學生造的詞多、造的詞新，可以利用團體發表或分組競賽的方式；(3)不要強迫孩子背詞語解釋；(4)多從日常生活用語及文章中來體會詞義；(5)多造句給孩子體會、比較；(6)提供學生大量聽、讀、想的機會。又如：羅秋昭（1999）則針對語詞教學提出數項要點，例如：充分了解詞義，因為語詞的意義常有一詞多義和比喻義的現象；另外還有運用查字典和辭典的方法、結合上下文理解詞義的方法、辨析同義詞並掌握單位詞的習慣用法等。李漢偉（1996）提醒教師，語詞的教學要把握「詞無定類、依句辨品」的道理，充分運用辭典，將可達事半功倍之效，故要訓練學生熟用且慣用辭典。再者，明白詞義不單是字面意義，詞中還隱藏一些寓意與典故，因此有關語詞之形、聲、義均要同步指導。

根據上述原則，筆者將語詞教學分為以下幾個類別，如表 7-1 所示。

表 7-1　語詞教學法

方法	簡介	優缺點
語詞閃示卡	以閃示卡的方式呈現課文中的語詞，教師解釋讀音、詞義，是從認字引導到認詞的做法。	●可就詞義及讀音等加以練習。 ●對語詞聯想、詞義衍生、綜合、類推、運用等教學則較少。
查字典	教學程序為：老師提出要學的新詞彙，學生查字典了解該詞彙的意思，並寫出詞彙定義以及文章中含有該詞彙的句子。	●直接教導詞彙定義，教師使用頻率高。 ●不強調學生的先備知識或詞彙間的關係發展。
近義詞反義詞	教學目的在幫助學生將新詞彙和一些意義相似的語詞或意義相反的語詞做連結。可運用的方式，如： 1.配對練習：老師在黑板左邊寫出新詞彙，右邊列出近義詞，讓學生做配對練習。 2.克漏字練習：讓學生選出適當的詞彙填入文章中。 3.選擇題：從一些詞彙中選出意義相反的詞，例如：從「高興、憂愁、愉快、開心」四個詞中選出意義相反的詞。	●直接學習詞彙的意義，並做相似意義或相反意義的練習，可了解詞彙間的關係。 ●近似於評量練習來引導教學，學生需對基本語詞有所了解。
多義詞	同一篇文章中有多義詞，讓學生同時讀到多義詞，教師逐一解釋多義詞的內容，或是要學生從文章中選出多義詞並猜想該詞的意義；教師再協助學生驗證其猜測，並針對猜錯的詞義做指導。	●可就詞義的本義、衍生意義、外在意義、內在意義一起教學。 ●含有多義詞且在同一篇文章出現二個以上的意義，該教材需要特別規劃與撰寫，一般文章並不可行。
詞群分類法	詞群是把概念相同的字歸為一類，讓學生透過比較和分類的活動中來了解字的特徵。可採封閉式與開放式兩種，封閉式的字群是已知語詞的分類，再根據類別特徵找出字；而開放式的字群則是從分好的字中，找出共同的特徵。	●可加強學生使用語詞與分類的能力，也可了解詞與詞之間的關係，並擴展學生對語詞概念的了解。 ●學生需對語詞有基本的認識，口語語詞先備經驗缺乏的學生不易進行此活動。

表 7-1　語詞教學法（續）

方法	簡介	優缺點
語詞聯想	以一個主要的語詞為核心，試著進行垂直聯想或平行聯想。垂直聯想是從核心語詞出發，想出第二個語詞後，再以第二個語詞為核心，想出第三個語詞，近似語詞接龍的方式。而平行聯想則是以核心語詞為出發點，其他語詞都依此為聯想點，以聯想光芒的方式呈現。	●以詞義為主，激發學生對相同概念、相近詞義或相關語詞加以聯想。 ●重視詞義的聯想，對詞用的部分較無法兼顧，容易忽略詞用的學習。
語意構圖	語意構圖是將詞彙依其所涵蓋的概念多寡，以圖表的方式來呈現詞彙間的關係。在這個圖表中，是以階層的方式來呈現，一般性、概括性的概念排在上層，比較特定、具體的概念排在下層，而最下層往往是最具體的範例。	教導學生如何組織訊息，透過視覺的方式來呈現概念間的關係，對於詞義學習與閱讀理解上有所助益。
語意特徵分析	語意特徵分析法是利用同類別的詞之間的異同，透過團體討論的方式，將生詞的意義與學生的先備知識相連結。詞彙是按邏輯、分類的方式呈現。	●透過語意特徵的分析，學生可了解詞與詞之間的關係，適合自然科學時基本詞彙的學習。 ●可能有枯燥、單調的學習情緒，若未加引導，學生不易著手。
文句脈絡	教導學生在遇到不認識的語詞時，試著從句子中的上下文來猜測詞義。	●自學語詞的方法，直接從上下文脈絡中認識新語詞，可節省暫停閱讀查字典的時間。 ●必須依靠學生的先備經驗與相關知識，若學生先備知識十分缺乏，也可能導致隨意猜測而未能察覺錯誤，扭曲文章意思而無自覺。

　　語詞教學法種類較多樣，總地歸納起來可分為三大類，分別是：語詞定義教學法、語詞分類教學法，以及主動蒐集語詞策略。「語詞定義教學法」主要是直接教導學生語詞的意義，例如：查字典、同義詞（synonyms）、反義詞（antonyms）和多義詞（multiple-meaning），強調學生透過查字典來認

識詞義，重視學生對每個詞彙定義的背誦記憶。「語詞分類教學法」主要是
依據語詞的不同概念做分類，透過這樣的活動使學生了解語詞之間的關係，
強化學生對語詞概念的了解，以及批判思考能力的發展，例如：詞群分類法
（word sorts）、語意構圖（semantic mapping）、語意特徵分析（semantic fea-
ture analysis）等。而「主動蒐集語詞策略」則是指，在語詞的教學上，老師
指導學生運用文章內容或自我評定的方法來進行詞義的學習，例如：文句脈
絡法（context clues）。

第二節
國內語詞教學研究現況

　　關於中文語詞教學的研究，筆者共蒐集了 13 篇，其中僅有 4 篇已出版，
其餘為博碩士論文。在這 13 篇中，又有 7 篇以智能障礙學生為教學對象，且
進行功能性詞彙[1]的教學研究尚不多，對閱讀困難學生的語詞教學亦少，仍
有極大的研究必要。關於語詞教學研究，請參見表 7-2，並說明與討論如下。

一　適切的語詞教學法

　　語詞教學的方法非常多，在選用時宜考慮受教者的年齡、特性及其他學
習條件，選擇最適切的語詞教學法。以功能性的語詞教學為例，由於教學對
象主要是智能障礙學生，在教學詞彙的選擇方面，需要特別費心擇定，同時，
在呈現語詞時，也需考慮語詞意義、圖片輔助、教學材料呈現的形式，以及
學習者特性等，例如：汪郁婷（2006）、林欣儀（2008）、林家玉（2007）、
洪育慈（2002）、劉駿畿（2008）、蘇婉容（1993）、鄧秀芸、楊熾康

---

[1] 功能性詞彙是指障礙學生目前或未來生活所需要的重要詞彙，通常包括常見字（sight wor-
　ds）、求生技能字（survival words）、社會性詞彙（social vocabulary），以及與其個人基本
　資料有關的詞彙（林千惠、何素華，1997）。

（2003）等研究。然截至目前為止的研究，對於「何種語詞教學法為有效」此問題，並無一致的看法，例如：歐素惠、王瓊珠（2004）的研究指出，對於詞彙學習效果而言，文句脈絡教學法的效果優於詞彙定義教學法和語意構圖教學法；但對閱讀理解能力而言，語意構圖教學法和文句脈絡教學法的教學效果較佳。方金雅（2001）運用多媒體電腦建置語詞學習網站，提供上下文的範文教學，也可算是文句脈絡的提供，另外也有輔助語詞解釋及舉例，協助學習者了解語詞的詞義、詞用及構詞等，學生的構詞能力和詞義能力在教學後有顯著成長，但詞用能力的成長較不穩定，其保留效果也不理想。但尹玫君、簡楚瑛（1984）的研究則是：比起語意圖解法、語意屬性分析法，一般教學法的成效最佳，且對學習的保留效果最好；他們的研究認為，一般教學法之所以成功的原因有三：(1)一般教學法提供注音符號的輔助；(2)一般教學法提供適當的機會供學生利用造句來練習這些詞；(3)詞彙的分類並不容易，中文詞彙的分類對我們的老師和學生來說並不太容易。

除了教學法之外，教學的時期也有不同的效果，歐素惠、王瓊珠（2004）的研究指出，詞彙定義教學法和語意構圖教學法的語詞學習成效在教學實驗前後期的教學效果不一致，在教學實驗前期，詞彙定義教學法的教學效果明顯優於語意構圖教學法；但在教學實驗後期，則呈現出語意構圖教學法的教學效果優於詞彙定義教學法。綜言之，什麼是適切有效的語詞教學法，還需視不同的學習對象、評量需求及教學時期而定。

語詞教學成本效益評估

尹玫君、簡楚瑛（1984）的研究指出，一般教學法中直接定義語詞的意義，並要求學生造句練習，再加上搭配注音符號做為輔助，是學習速度最經濟、最熟練的方法，也是教師備課最經濟可行的方法。但關於語詞的學習，不僅是讀音及意義而已，就語詞能力發展來說，教師教學或學生學習能使用語義構圖法，或是具備上下文脈絡來猜測語詞的能力，可有助於學生閱讀新的文章或是讀本，在參加測驗時，也可是應試技巧之一。所以，就時間成本來說，雖然直接定義法最經濟可行，但其他教學法也應讓學生有所接觸，教

導閱讀困難的兒童學會語意構圖、文句脈絡等其他語詞學習的方法亦有必要。

 ## 三　語詞教學研究缺口

從表 7-2 可得知，國內多數語詞教學的研究對象為小三以下學生，且偏向功能性詞彙的識字為主，對於其他年級的語詞學習，例如：成語學習、量詞運用、語詞搭配、近義詞與反義詞的教學等，均未見相關的研究。但就學生誤用語詞的現象來看，有關語詞的搭配、詞用的適切性及近義詞的替換，還有成語詞的使用，會與學生語言表達與書寫作文等能力息息相關；對於這部分的語詞學習和教學，過去的教學方式已達到一定的成效，但問題是學生錯用、誤用的情形頗多，甚至有誤用語詞不減反增的現象，因此，語詞教學應有改進空間才是。但目前，我們缺乏足夠的研究成果來告訴我們語詞教學應當如何進行會更好，所以，有關語詞搭配、詞用教學等是值得研究的方向。

表 7-2　語詞教學研究摘要

作者	年代	對象	研究設計	研究結果
尹玫君 簡楚瑛	1984	國小四、五、六年級的學生	實驗研究	採用語意圖解法、語意屬性分析法和一般教學法等三種生詞教學法進行教學。三種教學法都有顯著的進步。而一般教學法的成效最好及對學習的保留效果最好。
蘇婉容	1993	3 名小二啟智班的學生	並行處理實驗設計	接受兩種刺激褪減方式教學的學生，其詞彙分數顯著增加，在保留及類化效果亦佳。
鄭涵元	1994	小三學生	實驗設計	採用自動化訊息處理為基礎，應用焦點注意法、重複閱讀法、標題－重要詞劃記等方法，研究結果有： 1. 實驗組學生在國小學生常用詞測驗、閱讀理解測驗的「速度」方面，顯著優於控制組。 2. 高、低不同閱讀能力學生，在國小學生常用詞測驗、閱讀理解測驗的答對率方面，高能力組學習效果優於低能力組。

表 7-2　語詞教學研究摘要（續）

作者	年代	對象	研究設計	研究結果
方金雅	2001	小三國語低成就學生	實驗研究	運用多媒體語詞網站進行教學，研究結果顯示：學生的構詞能力和詞義能力在教學後有顯著成長，但詞用能力的成長較不穩定，且保留效果也不理想。
洪育慈	2002	3 名國小低年級智能障礙學生	單一受試實驗設計中之交替處理設計	兒歌CAI在整體表現、認讀分項測驗與選字分項測驗，有較好的學習效果與效率，但在選詞分項測驗下，傳統 CAI 與兒歌 CAI 則沒有差異。
鄧秀芸楊熾康	2003	2 名資源班智能障礙兒童	單一受試研究法之逐變標準設計	利用互動式測驗評量學習系統 U3 之電腦輔助教學，對智能障礙兒童功能性詞彙的習得有顯著的成效，也可提升學習和類化能力。
歐素惠王瓊珠	2004	2 名小六閱讀障礙兒童	單一受試研究法中之多處理設計方式	1. 三種詞彙教學法對受試者的詞彙學習，皆有正向的教學效果，其中以文句脈絡教學法的教學效果較佳。 2. 詞彙定義教學法和語意構圖教學法的詞彙學習成效，在教學實驗前後期的教學效果不一致。 3. 三種詞彙教學法對受試者的閱讀理解學習皆有正向的教學效果，其中以語意構圖教學法和文句脈絡教學法的教學效果較佳。
汪郁婷	2006	3 名中度智能障礙學生	單一受試實驗設計中的輪替處理設計	1. 圖片與語音褪除教學策略對於智能障礙學生功能性詞彙的教學，均具有良好的立即效果、保留效果和類化效果。 2. 圖片與語音褪除教學策略，皆有助於智能障礙學生功能性詞彙的學習效率，其中語音褪除策略的學習效率優於圖片褪除策略。
陳密桃黃秀霜陳新豐方金雅	2006	50 名小三國語文學業低成就學生	實驗研究法	1. 詞彙覺識能力多媒體教學可增進學生的整體詞彙覺識能力及其釋詞覺識能力、構詞覺識能力。 2. 詞彙覺識能力多媒體教學對學生的整體詞彙能力及其詞義能力、詞用能力的增進，具有高度效果。

表 7-2　語詞教學研究摘要（續）

作者	年代	對象	研究設計	研究結果
林家玉	2007	2 名小四輕度智能障礙學童	單一受試研究法之交替處理設計方式	1. 兩種詞彙教學法對研究對象在「識詞率」及「詞義記憶」有正向的學習效果，且教學效果相當。 2. 文句脈絡教學法能有效促進研究對象「詞用能力」的學習。 3. 兩種詞彙教學法對研究對象整體詞彙的學習皆有正向的效果。
陳鈺鈴	2007	3 名 9 至 12 歲之中度智能障礙國小學童	單一受試研究法中之跨受試多試探之實驗設計	刺激褪除策略教學能增進中度智能障礙學生在功能性詞彙的識字能力，且具有保留效果與類化效果。
林欣儀	2008	2 名 8 至 10 歲的國小中度智能障礙學童	單一受試研究法中之跨目標行為多試探之實驗設計	1. 運用時間延宕策略對中度智能障礙學生在功能性詞彙認讀上，有立即的、保留的及類化的學習成效。 2. 觀察學習有助於中度智能障礙學生在功能性詞彙的認讀。
劉駿畿	2008	3 名小二識字困難學生	單一受試之跨受試多試探實驗法	以句中教詞，於詞中教字，合併漢字部件教學策略進行詞彙教學。研究結果為： 1. 漢字部件併詞彙教學對國小識字困難兒童具立即識字、短期保留及長期保留識字成效。 2. 比較教學前後各分測驗評量結果的錯誤類型答錯數，發現以「未作答」、「同音字誤用」及「形似字誤用」減少最多，但「增減部件」的錯誤不減反增。

　　另外，關於語詞能力的評估，我們並沒有合適的標準化測驗可以使用。惟一正式出版的「修訂畢保德圖畫詞彙測驗」（Peabody Picture Vocabulary Test-Revised，簡稱 PPVT-R）於 1998 年出版，是屬於聽覺詞彙測驗，測量 3 至 12 歲兒童的聽讀詞彙能力，評估其語文能力，或用做初步評量兒童智能的篩選工具。此外，僅有許多研究生依據某個目的需要而編製的詞彙測驗，但

尚無標準化的語詞能力評估測驗。由於語詞具有語言學、認知心理和社會文化等特性的差異，我們並無法直接使用西方拼音文字的測驗直接翻譯，發展可評估兒童語詞能力發展、語詞量的測驗，對語詞教學的進行也十分有必要。

第三節
個案討論

一 案例一

娟娟（化名）是國中一年級的學生，平常寫字大致都可寫對字形，但她卻很不喜歡寫週記，特別是作文課，她的週記與作文常被老師圈得滿江紅，主要的原因是她在用詞方面有許多不甚恰當的地方，例如：「放學後我要到學校對面的美語補習班『上學』，因為在未來的生活中常常會『利用』英語，所以現在的孩子一定要『知道』國語和英語這兩種語言。」

從對個案的描述來看，可以發現娟娟欠缺的是詞用的能力，她在理解語詞的「搭配」與「意思」這兩方面的能力不足。所謂語詞「搭配」的能力，係指一個詞和別的詞結合使用的情形，例如：「遙遙」和「領先」經常結合使用。而理解語詞「意思」的能力，則是精細辨義的功能，例如：「風」這個字所組成的詞，從實體到抽象化，有各種不同的組合，也有不同的使用情形；亦即，對語詞形成綜合性的語感稱為詞用能力。

對於這樣的情形，可從近義詞的學習來加強詞義的能力，例如：「上學」、「上課」等詞，或是「使用」、「運用」、「利用」等詞，其意義非常的接近，但在使用上仍有些微差別。

以「放學後我要到學校對面的美語補習班『上學』」這句話為例，可知娟娟不能分辨詞義的內涵，老師可進一步解釋這兩個詞義內涵的差別，向娟

娟說明：雖然補習班和學校都是學習的地方，但因補習班僅修讀某些課程，而學校則是較廣泛的學習；所以，到補習班主要是學習知識和技能，以一節一節的課程為主，所以到補習班學習稱為「上課」，而到學校學習，除了有課程外，也有其他的活動，所以可以說「上課」也可以說「上學」。

再以「在未來的生活中常常會『利用』英語」這句話為例，娟娟所犯的錯誤仍然是未能分辨詞義，且有詞彙不足的問題。她所寫的「利用」這個語詞，具有一些些負面的意涵，而此句主要是描述英語的用途，所以改為「使用」這個詞才通順。老師需要加強的是對近義詞的詞義辨析能力，可使用屬性分析法，讓娟娟學習歸類詞彙的屬性，從歸類的過程中，了解詞義的細微意義而能正確的使用，例如：「聰明」、「鬼靈精」、「狡猾」的差異何在？「美麗大方」、「花枝招展」有何不同？又如：「不可勝數」、「罄竹難書」是用在正向或負向的語句中？長遠來說，也要鼓勵學生大量閱讀，以增加詞彙量，每天閱讀 10 至 15 分鐘，以日積月累的方式來增加詞彙量。同時，也可讓學生多多練習造句，從單句出發，在練習中漸漸辨析詞義並能正確使用語詞。

 案例二

　　國華（化名）是國小四年級的讀寫障礙學生，他也不喜歡作文，作文也常被老師批改得滿江紅，但他主要的問題是錯字與別字，常見的錯誤是：「影響」寫成「影嚮」、「發脾氣」寫成「發皮氣」、「不知不覺」寫成「不自不覺」、「依依不捨」寫成「一一不捨」、「亂七八糟」寫成「亂七八遭」。老師要如何幫助國華減少同音字所造成的語詞誤用問題呢？

從個案所書寫的錯字類型來看，同音字占極大的比率。回到語詞的定義來看，語詞是最小的意義單位，老師可要求學生在書寫語詞後，仔細去理解詞義，例如：「依依不捨」是指緊靠一起、留戀再三而捨不得分離的情形，並不是一個一個捨不得分離的意思，因此，要用「依依」而不是「一一」。

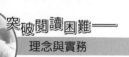

參考文獻

中文部分

尹玫君、簡楚瑛（1984）。三種生詞教學法的比較研究。載於台灣省國民學校教師研習會（編印），**國民小學國語科教材教法研究**（第一輯）（頁 45-57）。台北縣：台灣省國民學校教師研習會。

方金雅（2001）。**多向度詞彙評量與教學之研究**。國立高雄師範大學教育學系博士論文，未出版，高雄市。

吳敏而（1998）。**語文學習百分百**。台北市：天衛文化。

吳淑娟（2001）。**國小閱讀理解困難學童之詞彙能力分析研究**。國立台灣師範大學特殊教育研究所碩士論文，未出版，台北市。

李漢偉（1996）。**國小語文科教學探索**。高雄市：麗文文化。

汪郁婷（2006）。**圖片褪除與語音褪除策略對國中啟智班學生功能性詞彙教學成效之研究**。國立彰化師範大學特殊教育研究所碩士論文，未出版，彰化市。

林千惠、何素華（1997）。國中啟智班新生功能性讀寫能力評估研究。**嘉義師院學報**，11，425-452。

林欣儀（2008）。**時間延宕對國小中度智能障礙學生學習功能性詞彙成效之研究**。國立高雄師範大學特殊教育學系碩士論文，未出版，高雄市。

林家玉（2007）。**兩種詞彙教學法對智能障礙學童詞彙學習成效之比較研究**。國立高雄師範大學特殊教育學系碩士論文，未出版，高雄市。

柯華葳（1999）。**閱讀理解困難篩選測驗之報告**。發表於教育部主辦之「學童閱讀困難的鑑定與診斷研討會」。台北市：國立台灣師範大學。

柯華葳、詹益綾、張建妤、游婷雅（2008）。**台灣四年級學生閱讀素養**（PIRLS 2006 報告）。桃園縣：國立中央大學學習與教學研究所。

洪育慈（2002）。**多媒體兒童對國小低年級智障伴隨語障學生詞彙教學成效之研究**。國立彰化師範大學特殊教育研究所碩士論文，未出版，彰化市。

陳密桃、黃秀霜、陳新豐、方金雅（2006）。國小學童詞彙覺識能力多媒體教學之實驗研究。**教育學刊**，27，93-122。

陳鈺鈴（2007）。刺激褪除策略對中度智能障礙學生在功能性詞彙教學成效之研究。國立台南大學特殊教育學系碩士論文，未出版，台南市。

劉駿畿（2008）。漢字部件併詞彙教學對國小識字困難兒童識字成效之研究。國立台南大學特殊教育學系碩士論文，未出版，台南市。

歐素惠、王瓊珠（2004）。三種詞彙教學法對閱讀障礙兒童的詞彙學習與閱讀理解之成效研究。**特殊教育研究學刊，26**，271-292。

鄭涵元（1994）。詞的閱讀學習策略對國小兒童閱讀理解影響效果之實驗研究。國立台灣師範大學心理與輔導研究所碩士論文，未出版，台北市。

鄧秀芸、楊熾康（2003）。電腦輔助教學對國小智能障礙兒童功能性詞彙識字學習成效之研究。**花蓮師院學報，16**，269-298。

羅秋昭（1999）。**國小語文科教材教法**。台北市：五南。

蘇婉容（1993）。**兩種刺激褪減方式對國小中度智能不足學生學習實用詞彙之研究**。國立彰化師範大學特殊教育研究所碩士論文，未出版，彰化市。

 英文部分

Beck, I. L., & McKeown, M. G. (1991). Conditions of vocabulary acquisition. In R. Barr, M. L. Kamil, P. Mosenthal & P. D. Pearson (Eds.), *Handbook of reading research* (Vol. II) (pp. 789-814). White Plains, NY: Longman.

Yu, B., Zhang, W., Jing, Q., Peng, R., Zhang, G., & Simon, H. A. (1985). STM capacity for Chinese and English language materials. *Memory and Cognition, 13*, 202-207.

第八章

閱讀理解教學

柯華葳

　　在九年一貫關於語文領域的教學原則中，開宗明義指出：「語文教學以閱讀為核心，兼顧聆聽、說話、作文、寫字等各項教學活動的密切聯繫。」而在「閱讀能力」中清楚寫著：「以學生為主體，宜依文章的性質類別，指導學生運用不同『閱讀理解策略』，培養其獨立閱讀能力。」本章即在此基礎下，介紹閱讀理解、閱讀理解策略和閱讀理解教學的原則。

第一節
閱讀理解與理解指標

　　閱讀是讀者與文章意義建構的歷程（Graesser, Singer, & Trabasso, 1994）。閱讀時，讀者設立閱讀的目標，一邊閱讀一邊尋找如何組織文章內容，形成對自己來說是有意義的表徵，達成所設定的目標。若理解只指讀者明瞭字與字之間的意思，失之簡單。閱讀最基本的目標，是要儘量正確的組織作者所要表達的訊息。不過這不是容易達成的目標，因為若不是面對面與作者談，閱讀文章時，只有讀者在說，作者已經停止說話了。因此，讀者的理解可說是推論，在自己的知識與文章間，推論作者要說的是什麼；而推論也成了理解研究中的重要項目（例如：Graesser et al., 1994; Singer & O'Connell, 2003）。

　　不論是研究或是教學，在定義理解後，需要提出理解的指標，也就是理

解的操作性定義。最常為大家所採用的閱讀理解指標包括：

1. 找出大意、摘要（九年一貫指標 1-2-1-1、1-2-9-5、2-1-7-2）：閱讀一篇文章後，說（寫）出其中重要觀點，或說（寫）出能表達這一篇文章的主旨，自然表示讀者理解。

2. 解釋閱讀材料，提出支持觀點的理由（九年一貫指標 2-5-9-3）：能在上下文中找出如此解釋閱讀材料的理由，也表示讀者理解。

3. 比較自己的經驗，比較以前閱讀過的材料（九年一貫指標 2-4-7-4）：因閱讀材料引起讀者的閱讀經驗，包括過去讀過類似的題材或內容，並加以比較，也表示讀者理解。

4. 預測文中接下來會發生的事（九年一貫指標 3-2-10-2）：閱讀時預測，並發現所預測與作者的方向是一致或是接近的，此表示讀者與作者站在同一線上，即表示讀者理解。

5. 歸納和推論（九年一貫指標 1-7-7-3、2-10-10-2）：對所讀材料進行全面的整理、推論與批判，也表示讀者理解。

6. 描述風格和結構（九年一貫指標 2-3-2-3、2-4-2-1、2-5-7-2）：整理寫作風格和文章結構，都是閱讀後的統整，都表示理解。

由上述指標再一次看出，閱讀由讀者作主，範圍是文章，在其中，讀者與文章互動、建構意義。多數閱讀教學以這些指標為基礎，由教師設計各種不同的方法，幫助學生達成理解指標。

第二節
影響閱讀理解的因素

由理解定義可以得知，讀者和文章兩者是閱讀理解的要角；但是文章和讀者本身都可能帶有造成不理解的因素，在文章方面，例如：組織和敘寫不清楚（柯華葳、范信賢，1990），而讀者本身的條件，例如：背景知識或是投入閱讀的時間不夠（Graesser et al., 1994）等。本章以文本為最佳條件之前提，討論促進閱讀理解的個人因素和文章因素。

個人條件

在個人條件方面，個人的社經教育背景、家中圖書資源，甚至從小的親子共讀經驗等，都與閱讀成就有關係（柯華葳、詹益綾、張建妤、游婷雅，2008），這些屬個人環境因素。讀者理解時，本身的條件最重要的有背景知識，有的研究稱既有知識和個人閱讀時的後設認知。

（一）既有的背景知識（prior knowledge）

個體儲存知識的基本單位稱為基模（schema）；基模是思考運作的基礎，是我們解釋外界刺激的根據。因此，在閱讀時，讀者一定會抽取既有知識來迎接所接收的文本訊息。當一個人說他明白一篇文章（或是一句話）時，以基模理論來說，就是他為這段訊息找到一個基礎（基模），藉此基模中的概念與理論，使他對這段訊息有所體會（Anderson, 1994），例如：有棒球知識的讀者比沒有棒球知識的讀者，在回憶一篇有關棒球文章內容時，不論質與量上的表現都要好，因為他們有棒球基模提供了一個理解棒球文章的基礎。這也就是為什麼，沒有特定背景知識者，當下無法讀懂此特定領域的文章，因為他們沒有背景知識的支援（Pearson, Hansen, & Gorden, 1979）。

研究指出，無論是字面理解或推論理解，基本上讀者都必須具備句法、語法、詞彙方面的知識，才能將字與字之間的意思讀出來。此外，讀者還要有文體知識，以及對這篇文章的一些背景知識或一般性的世界知識（world knowledge）來理解文章，這些知識統稱為「既有知識」。在本文中，背景知識和既有知識是交互使用的。

（二）後設認知

後設認知是指，個體對自己認知歷程的覺知，並會主動去偵測此歷程進行的如何。簡言之，後設認知指的是學習者對自己認知歷程的規劃、監督、測試、修正，以及評鑑（Flavell, 1976）。以閱讀來說，目前定義閱讀的後設認知且較廣泛為人所接受的，有 A. Brown 所提出的內涵。Brown（1980）認

為，在閱讀理解中的後設認知能力有：(1)釐清閱讀目標；(2)指出段落中最重要的訊息；(3)集中注意力在重要的內容上；(4)監督自己是否理解；(5)問自己是否達成目標；(6)當發現理解有誤或不理解時，有修正的行動。Brown 與其同事發展出來的閱讀活動及搭配交互教學（reciprocal teaching）的閱讀理解教學活動（Palincsar & Brown, 1986），在教學心理學領域裡受到相當的重視，也被許多研究所複製。

 ## 二　文章結構和文體知識

　　文體知識指的是，讀者對文章性質是故事體、說明文或議論文、詩體等的了解。以故事體來說，讀者對故事形成故事基模，包括：主角、背景、起因、反應、結果等。幼童聽故事時會問：「然後呢？」此表示他腦中的故事基模被啟動，他預期故事會按著基模接續，因此期待著接下來有什麼要產生。

　　由文章觀點談文體，稱之為文章結構，指的是文字訊息的組織系統，也就是文中各個概念的組織方式（Cook & Mayer, 1988）。會寫故事的作者按著文章結構（讀者所預期的基模），出人意表的給預期不到的材料，讀者就會覺得閱讀有趣。關於故事體的知識，讀者很早就發展出來（Trabasso, Stein, Rodkin, Munger, & Baughn, 1992）。在故事體中，故事因果組織對閱讀理解的影響也有許多研究，例如：「事件構成因果鍊」通常較容易被讀者判斷為重要的事件，也較容易被提取（陳沛嵐，2001；Fletcher & Bloom, 1988）。

　　說明文亦有文體，例如：概括、列舉、序列、分類、比較／對照（林清山譯，1990；Cook & Mayer, 1988）等。在教學上，老師可以標示文體特色來幫助學生習得文體知識。讀者有說明文的文體知識，就會預期在文中讀到標題清楚、說明有條理的內容。對文體的掌握不但有助於閱讀，也有助於寫作，只是這效果限於高閱讀能力的學生，因為他們在閱讀上可以察覺文章結構的特色，能根據此特色在寫作上表達出來（Engler, Stewart, & Hiebert, 1988）。

第三節 閱讀理解策略

　　理解策略是一套有效解決理解的方法，但須因應學習者本身的需求，有計畫地組織不同的方法，來解決所面臨理解上發生的問題。九年一貫能力指標中，有許多關於策略的指標，例如：調整閱讀方法，提升閱讀效能（2-2-1-2）、利用不同閱讀策略，增進閱讀能力（2-5-3-1），或是掌握基本閱讀技巧（1-7-9-4）等。以下將就一些常被提起的策略及方法，略做介紹。

 ## 一、由關鍵語詞找線索

（一）表達結構的關鍵詞

　　在說明文中，讀者有時會讀到「第一」、「第二」、「第三」、「先是」、「後是」等詞彙，這些詞彙提示讀者注意讀過「第一點」要找「第二點」、「第三點」等。若讀過「第一點」，找不到「其他點」，讀者會懷疑發生了什麼事。在文體上，「第一」、「第二」等詞彙表徵列舉結構；當讀者看到「第一點」後會繼續找「點」，表示他有列舉結構的知識；而「第一」、「第二」、「先是」、「後是」這些詞彙就稱之為結構關鍵詞。研究者或老師可以標示結構詞彙，以提示文章結構。

　　說明文結構最常被提出的結構與標示結構的詞彙有（摘自林清山譯，1990）：

1. 概括：文章有一主要概念，以一段文字來介紹。標示詞彙如：「定義」、「原則」，還有表示特徵的詞彙，如：「特徵是」、「特質是」、「性質是」、「屬性是」等。另外，表示證據的詞彙有：「以⋯⋯為例」、「由⋯⋯來說明，支持」、「以⋯⋯證明，證實⋯⋯」，也包括在這一類中。

2. 序列：表達時間、空間系列，如一連串事件或是步驟。標明詞彙如：「第一步是」、「階段」、「其次是」等。

3. 比較、對照、比擬：檢驗兩件或兩項以上事件間的關係。標示詞彙如：「相似」、「相異」、「類似」、「相似於」、「類似於」、「好像是」、「相當於」、「與……比較起來」、「……之間的差異」等。

4. 因果結構：表達因／果或是連鎖關係。標示詞彙如：「導致」、「造成」、「引起」、「產生」、「是……的工具」等。這個結構也可以用「問與答」、「問題和解決」的方法呈現。

5. 列舉：列舉一個接一個的事實。標示詞彙如：「一、二、三」，以數字標明，或「第一段」、「第二段」，一段一段的說明。

在以文章結構增進閱讀理解的研究中，有的研究直接提出文章結構，例如：畫出結構圖（請見下述專欄的最後一部分），或標示結構詞來提示文章結構。標示是將文中重點的訊息標記出來（請見下述專欄的黑體字部分），例如：突顯因果關鍵詞彙或邏輯關聯詞彙的連接詞——「因為」、「所以」等。標示結構關鍵詞彙有助於小學一至三年級對文章主旨、重點記憶的掌握（柯華葳、陳冠銘，2004）。

標示會影響閱讀理解及對文章內容回憶的機制，可能是因為標示可以引導讀者的注意力，使讀者注意到所標示的內容，而注意力集中，使文章內容可登錄至記憶系統的機率增加（Meyer, Brandt, & Bluth, 1980）；另一個可能原因是，標示可以協助讀者較完整地組織文章內容的心理表徵。如果讀者利用標示來組織其內在表徵，則所使用的標示便可做為回憶過程的輔助工具（Graesser et al., 1994）。

專欄

　　關於文本中的關鍵詞，在閱讀時，老師可以要求學生儘速瀏覽文章後，找出文本當中能夠導引讀者決定組織結構與內容焦點的字詞，標示出結構或焦點的（反覆出現的）關鍵字。例如：

　　　　由台北市政府往西走，<u>先看</u>到國父紀念館門口兩座台灣大哥大的廣告球，以及在人行道上兩座不算長的燈飾隧道。公車道兩旁的安全島都綁滿了小飾燈，規律閃亮著，其間散置一些人形燈飾。到了仁愛延吉路口之後，<u>則有</u>一些的樂器或是音符的造型，一個個分開站立。<u>再</u>往西，仁愛敦化圓環上<u>有</u>一球豎立，也是廣告用。<u>之後</u>，<u>有</u>平面動物造型的燈飾，可以猜出是十二生肖。較空曠的草皮上有一群立體馬，<u>有的</u>低頭，狀似吃草，<u>有的</u>狀似奔跑。平面動物比馬看起來面積大。到了仁愛建國路口，<u>有</u>一狀似相框的東西後面有三座身穿西式衣物的人形。若由西往東看，會<u>先看</u>到三個人形的背面，不知為何他們前面有個架子。<u>再到</u>仁愛新生路口，兩隻黃色塑膠大雞矗立在公車站上。仁愛金山路口<u>還有</u>同樣的大塑膠雞。

請列出這篇短文最常出現的字詞。（參考答案如：有、先、再）
這篇短文採用先、後、再的一序列結構。
請填入依結構有的事件：

先	再	後	再	還有

（二）連接詞

連接詞承接詞和詞之間、句子與句子間、段落之間的邏輯事理關係，是組合文字、概念關係的重要標誌（程祥徽、田小琳，1992）。探討連接詞對閱讀影響的研究，可以分作兩部分：一為幫助文本訊息的記憶（如Caron, Micko, & Thuring, 1988; Golding, Millis, Hauselt, & Sego, 1994; Millis & Magliano, 1999）；另一為探討對閱讀理解與推論的促進作用（如 Millis & Just, 1994; Millis, Golding, & Barker, 1995; Murray, 1997; Singer & O'Connell, 2003）。不同連接詞帶有不同訊息，讀者處理時有不同機制，例如：「但是」連接的前後兩子句有對立關係；「因為」則連接代表因和果的兩句。研究指出，沒有該有的連接詞會影響讀者的閱讀歷程（詹益綾，2005）。讀者若知道連接詞的意義，理解其在上下句之間扮演的角色，對理解有促進作用。

文章中還有許多線索，例如：連續出現的詞，有時書中連續或反覆出現的文字、角色或情節，也是讀者需要特別留心的重點。

 上下文線索

在閱讀過程中，透過後設認知，讀者會檢視自己的理解。當檢視到不能理解時，最常用的方法是回頭再讀，並在上下文搜索，找線索以促進理解。研究指出，大學生讀到不熟悉的物理詞彙時，會在此詞彙前後的詞彙間來回搜尋，希望藉由上下文理解不熟悉的物理詞彙（簡郁芩，2006）。一般二、三年級小學生也開始或是利用字部件的線索唸出字音，或是利用上下文（文章脈絡、前後文關係）推論出生字或是文章的意義。文章中還有許多線索，如上述的文章結構、表達結構的詞，都可以善加利用，以增進理解的方法。

在教學上，教師可以採用附加問題來提示學生。Peverly和Wood（2001）曾以 14 至 16 歲閱讀成績與同年級學生差二至四個年級的閱讀障礙學生為對象，以附加問題訓練受試閱讀故事。故事分成五個段落，每一個段落後設計關於細節、推論和主旨的附加問題共 4 題。相對於附加問題之設計，是在每篇故事後一起呈現 20 個問題。除了附加問題的設計外，研究者還設計在學生

回答後給予正確的答案為回饋。研究主要結果指出，附加問題對理解（寫主旨）的幫助大於對細節記憶的幫助；至於回饋與否，不論是附加或是最後一起出現，只要是有問題對學生都有幫助。

　　不過，柯華葳、陳冠銘（2004）發現，附加問題對小學一年級學生來說，反而增加了認知的負擔，因此「未」讀附加問題文章的學生在辨識題上的表現，反而比讀附加問題文章的學生好。對小學二年級學生來說，當控制認字量後，讀附加問題的文章則有助於理解，不論是主旨、重點記憶或是細節辨識的成績，都比未讀附加問題者好。

 # 一般常用的閱讀理解策略

　　許多老師聽到各種閱讀理解策略時，都會皺眉頭，問：這麼多怎麼用？為方便認識一般常用的閱讀理解策略，筆者將研究中提到的閱讀理解策略，依閱讀前、閱讀中和閱讀後分別介紹。當然前面提過，「理解策略是一套有效解決理解的方法，但須因應學習者自己的需求，有計畫的組織不同方法來解決所面臨的理解問題」，學習者需因應理解上的需求，交換使用這些策略。

（一）閱讀前

　　閱讀前的重點在檢視文章以及確認自己的閱讀方法，方法如下：

1. 瀏覽：對文本有全面性的概念。瀏覽亦幫助讀者活化既有知識，以連結新的知識與既有的知識。教師可以在瀏覽後以問題：「有沒有讀過類似的內容？」，來幫助學生活化既有知識。
2. 預測：利用文本預期接下來將要發生的情節，也可以集中學生的注意力，檢視是否與作者的陳述一致。預測可使用的線索如下：
   (1)讀者的背景知識。
   (2)文中線索：標題、章節標題、書名、封面、圖表。
   (3)已知知識：如對主角的認識、對文章其他特點的認識。
   (4)文章結構。
3. 略讀：速度較快的閱讀以得到某個段落或某一節的要點為重點，並且

能找到特定的訊息。老師不妨引導學生注意文章形式或結構上的線索，例如：黑體字、日期、關鍵語詞等，均有助於略讀的進行。學生做選擇題時，以選項在文章中找答案就是一種略讀。

4. 設定目標：為所讀聚焦，設定一個目標，以不同方法閱讀以達成閱讀目標。教師可以引導學生針對不同的要求進行閱讀，幫助他們體會閱讀的目的不同，閱讀方法也會不同，例如：為娛樂讀故事和為找出答案讀同一篇故事的讀法，會是不一樣的。

（二）閱讀中

閱讀中的重點在檢視自己到目前為止的理解程度，若覺知到不全然理解或不理解，要想方法如何補救。方法如下：

1. 澄清意義：以提問、重讀，用不同方式重述或具象化想像，增進對文本的理解。在閱讀過程中鼓勵學生邊讀邊澄清意義，而不要等到全文讀完，才發現不理解。

2. 具象化想像：將閱讀文本所獲得之意義影像化，以協助理解。讓學生想像一下某一段描述性的文字會是什麼樣子？學生可以「畫出」他們所看到的，並且說明文本中支持他們所形成影像的理由。不要以為每一位學生都可以想像出圖畫，例如：「小橋，流水，人家」如何同時呈現在一張畫面上，而不是三件獨立的物件，就需要老師引導。

3. 重新修正：這也是當學生在理解上自我監控與檢視（後設認知）後，對理解的修正。老師不妨以放聲思考的技巧，例如：「奇怪，好像接不上？」、「作者是這麼認為嗎？」、「為什麼同學的看法和我的不太一樣？」等，幫助學生習慣放聲思考，以檢視自己的理解歷程並修正。

4. 推論：結合既有知識以及所讀到的事實或證據，提出合理推測，以便讀出字裡行間（非僅字面上而已）的含意，例如：老師問：「作者是想說……嗎？」、「他是反對這個論點嗎？」，來幫助學生結合既有知識和文本的論點推出新觀點。

（三）閱讀後

閱讀後的重點在呈現自己的理解，包括：

1. 摘要：讀者精簡的組織以重述訊息。教師不妨以文章結構圖、內容脈絡圖，或是針對文本一段、一段的幫助學生摘要，而後進行全文摘要。摘要步驟包括：

   ⑴刪除重複以及不重要的部分。

   ⑵若有需要，以更簡單或是概括性的語詞替代所保留的訊息。

   ⑶確認重要的概念（柯華葳，2009）。

2. 推論與下結論：根據文章總結對文本的定論，包括對文章的評估。老師可以利用評估性的問題，引導學生對全文形成自己的意見、做出判斷及批判性的評估。

上述三種理解策略若用到閱讀一篇文章，如表 8-1 所示。若用到對一本書的閱讀，如表 8-2 所示。

表 8-1　閱讀一篇文章時可以協助理解的方法

項目	目的	方法
字彙	解決不認得的詞或字	上下文、字部件、查字典、問人
結構	以結構幫助理解	因果、比較、序列、描述和故事體
形式	以預測或略讀內文	標題、圖表、粗體字
理解	檢視自己理解的程度	澄清、後設認知、摘要、推論

表 8-2　閱讀一本書時可以協助理解的方法

	重點	方法（包括自我監督）
（一）認識書 1. 決定要不要讀一本書	1. 封面的訊息	1. 書名：書的名字是什麼？ 2. 作者：這一位作者的作品我讀過沒？這一位作者是誰，如果我不認識。我去哪裡找作者的資料？
	2. 封底 *封底對書說些什麼？ *對作者說些什麼？ 3. 書皮 *書皮對書說些什麼？ *對作者說些什麼？	這些說法是宣傳？還是事實？怎麼判斷？
	4. 目錄	目錄可不可以連成全書摘要？ 目錄與書名是否連貫？
2. 決定這一本書該怎麼讀	看過書名、作者，翻過目錄、封底、書皮後，再全書翻一翻。	
（二）讀書、從中學習	1. 標題、圖、表	1. 書有圖？有表？ 2. 生字、難詞多不多？
	2. 關鍵字詞（連接詞、特徵詞）	3. 每一章之間是否必須有聯繫？ 4. 可以當成休閒讀物嗎？ 5. 我要怎麼閱讀它？ 6. 重複出現的字詞是哪些？ 7. 作者用哪些詞來描述主角？ 8. 作者如何敘述？
	3. 文章結構	◎故事體：⑴背景；⑵主角；⑶情節。 ◎說明文：概括、因果、比較、序列、列舉。
（三）合上書，回應		1. 摘要。 2. 讀出主角的感受：我與他有相似、相異的經驗嗎？ 3. 與作者對話：問他問題、稱讚他、反對他的觀點。 4. 若我是作者，會怎麼繼續寫。 5. 向他人介紹本書。 6. 對本書的期望是否被滿足。

在閱讀教學過程時，老師不妨經常以上述問題提醒學生，讓學生閱讀一篇文章或是一本書時，也會自問自答這些問題，形成思考上的習慣，也形成自我監督的內容。

第四節 閱讀理解教學

許多一般教學法，如小組安排、小組作業等，或是各種活動，如角色扮演、畫概念圖、戲劇等，都可以用在語文課或是閱讀理解教學上，例如：預測可以以小組方式進行，可以以角色扮演進行；摘要可以是小組作業，也可以畫概念圖來進行。教學法和閱讀理解策略是兩軸的搭配，以形成閱讀理解教學的方法，如 8-3 所示（因項目很多，不一一列舉，表中僅是舉例）。教師應以學生最容易接受的方式來進行閱讀理解教學。

表 8-3　教學法和閱讀理解策略交織形成閱讀理解教學的方法

教學法＼策略	設定目標	具象化想像	摘要	……
教師說明				
小組				
角色扮演				
提問				
放聲思考				
……				

 ## 通用型的教學方法

下列方法不限制在閱讀教學中使用，幾乎各種學習都可以用，在閱讀理解中也常被提起。

（一）提問：問題與回答

利用問題與答案的關係，檢視學生或是自己是否能理解文本，包括利用問與答，看看是否能在文本中找到答案，例如：在閱讀前，請學生看文章標題、目錄，以提問「預測」：「這書是在講……。」閱讀中，由上一段請學生預測：「接下來情節會是……？」閱讀後，詢問：「整篇是在說……。」整體而言，提問的目的在：

    1. 找出不明白的地方、不清楚的字彙。

    2. 找出特別的訊息。

    3. 找出文中主角或是訊息的關係。

    4. 知道作者的意圖、書寫的選擇或是目的。

    5. 組織文本。

（二）放聲思考

放聲思考就是把在腦中產生的想法說出來，也就是將想法公開。老師可以鼓勵學生以自我對話的方式，檢視個人對文本的理解，並選用合適的閱讀策略增進自己的理解。

學習放聲思考最好的方式是老師示範。挑選一段具有挑戰性的段落，在閱讀時，將腦中所想的，包括：對所讀文本的意見、自己為什麼會這麼想、提取了什麼背景知識，或是自己遭遇的理解困難都說出來，以展示放聲思考的意思。除了示範，在學生閱讀的過程中，老師可以穿插能夠促進公開思考的問題，例如：「怎麼想到的？」、「還有其他想法嗎？」、「有沒有不清楚的地方？你想會怎麼解決這不清楚的地方？」

（三）連結

將所讀文本與經驗、背景知識連結，或與其他類似文本串聯，就是做「文—我」、「文—文」、「文—世界」的連結。連結的目的在加深文本與既有知識的關係，擴大文本的理解層面。連結可用的線索如下：

    1. 背景知識。

2. 其他讀過的篇章。

3. 主角間的關係。

4. 詞彙間的關係。

5. 他人的意見等。

 # 交互教學法

　　交互教學法的精神在透過老師示範、學生模仿，漸漸的，學習責任就會轉移至學生身上。交互教學法的最終目的是學生的獨立學習（曾陳密桃，1990；Palincsar & Brown, 1986）。在此過程中，教師和學生交互當「教師」。當教室老師是老師時，他或是示範或是直接教導；當學生是老師，即負起教學責任時，他就在練習與使用策略，而此時教室的老師在一旁鼓勵與輔導，直到最後學生能獨立操作。交互教學過程可以簡列如下：

1. 教師講解某一閱讀策略。

2. 師生共同默讀（朗讀）一篇文章。

3. 教師示範策略的使用。

4. 學生模仿（可以分組或是找一位學生上台模仿）。

5. 學生分別操作（分組），老師巡視與回饋。

6. 確認學生可以獨立學習。老師可以換不同文章檢視學生應用策略的情況。

　　若老師發現全班大多數學生仍無法應用策略，請判斷要不要回到第三步驟：由老師示範，或是回到第四和第五步驟：讓學生再模仿、再練習。

　　在文獻上，常與交互教學法綁在一起的是監督理解，包括：摘要、預測、提問、澄清的進行。這四個策略要落實在閱讀中，需要一而再、再而三，使之成為一種閱讀的習慣。

　　交互教學法對國內習慣於傳遞知識的老師來說，是個挑戰，因我們不習慣將自己為何及如何使用策略的想法說出來，因為這可能造成學生由老師示範中知道有某一種策略，卻無法得知為什麼及何時去用它。如何在理解文章內容過程中，落實理解策略的使用，是閱讀理解教學上最重要的考慮。

 理解文本內容最重要

如上所述，如何在閱讀中應用策略達到理解文本內容的目的，是所有教學者的關心。McKeown、Beck 和 Blake（2009）曾比較針對所讀內容以開放式問答，幫助學生建構文意（稱內容組）和教導學生閱讀方法（稱策略組）的學習成效。內容組的老師會問學生：「這些和我們讀的怎麼連結？」、「這在說什麼？」、「誰有其他想法？」，以幫助學生聚焦在文本重點上。策略組的老師會很清楚的要學生針對策略學習，例如：「重要的部分提問」，老師會問：「他這個問題是不是問到重點？」、「我們能不能在所讀文本中找到答案？」，其重點在「提問」。參與實驗的是小學五年級學生，閱讀成績在中等或是中等以下。結果在課文理解上，兩組學生沒有統計上的顯著差異，但是針對接受內容教學的學生在回憶上比策略組學生佳。研究者又繼續第二年之研究，同樣一批學生（已經升到六年級），將他們隨機重新組合後，經過教學，與第一年有同樣的效果，兩組學生在理解上沒有顯著差異，但在回憶上，內容組的學生表現比策略組佳。有趣的是，內容組的學生也展示使用一些策略的能力。研究者推測，年級增加，學生在學習過程中，漸漸衍生出閱讀策略。在研究中，研究者並未說明那些 2 年都接受內容教學的學生或是都接受策略教學的學生，是否有較不一樣的表現。但由第二年的前測結果看到，隨機分派後的兩組在標準化的閱讀成就測驗上，兩組學生的認字和在閱讀理解上，都沒有統計上的顯著差異，此表示第一年的延宕效果有限。

從這個研究結果，我們看到小學生需要較長的時間學習閱讀理解。本章最直接的建議是，在學習到方法後，學生要有機會在不同的文本上應用，並知道自己在什麼樣的狀況下，需要哪項策略來幫助理解。其次，閱讀理解策略教學要和文本內容緊扣。策略是為了協助理解，不能忽略文本內容，否則空有策略，反而是本末倒置。

參考文獻

📖 中文部分

林清山（譯）（1990）。R. E. Mayer 著。**教育心理學──認知取向**（Educational psychology）。台北市：遠流。（原著出版年：1987）

柯華葳（2009）。**培養 Super 小讀者**。台北市：天下雜誌。

柯華葳、范信賢（1990）。增進國小社會科課文理解度之研究。**國教學報**，3，33-60。

柯華葳、陳冠銘（2004）。文章結構標示與閱讀理解──以低年級學生為例，**教育心理學報**，36（2），185-200。

柯華葳、詹益綾、張建妤、游婷雅（2008）。**台灣四年級學生閱讀素養**（PIRLS 2006 報告）。桃園縣：國立中央大學學習與教學研究所。

陳沛嵐（2001）。**文章中的因果架構對國小四、六年級學生閱讀表徵之影響**。國立中正大學教育研究所碩士論文，未出版，嘉義縣。

曾陳密桃（1990）。**國民中小學生的後設認知及其與閱讀理解之相關研究**。國立政治大學教育研究所博士論文，未出版，台北市。

程祥徽、田小琳（1992）。**現代漢語**。台北市：書林。

詹益綾（2005）。**從眼動資料探討連接詞與閱讀歷程之關係**。國立中央大學學習與教學研究所碩士論文，未出版，桃園縣。

簡郁芩（2006）。**以眼動型態探討背景知識對詞彙辨識的影響**。國立中央大學學習與教學研究所碩士論文，未出版，桃園縣。

📖 英文部分

Anderson, R. (1994). Role of the readers' schema in comprehension, learning and memory. In R. Ruddell, M. Ruddell & H. Singer (Eds.), *Theoretical models and processes of reading*. Newark, DE: International Reading Association.

Brown, A. L. (1980). Metacognitive development and reading. In R. J. Spiro, B. C. Bruce & W. F. Brewer (Eds.), *Theoretical issues in reading comprehension*. Hillsdale, NJ:

Lawrence Erlbaum Associates.

Caron, J., Micko, H. C., & Thuring, M. (1988). Conjunctions and the recall of composite sentences. *Journal of Memory and Language, 27*, 309-323.

Cook, L. K., & Mayer, R. E. (1988). Teaching readers about the structure of scientific text. *Journal of Educational Psychology, 80*(4), 448-456.

Engler, C., Stewart, S., & Hiebert, E. (1988). Young writer's use of text structure on expository text generation. *Journal of Educational Psychology, 80*(2), 143-151.

Flavell, J. (1976). Metacognitive aspects of problem solving. In L. B. Resnick (Ed.), *The nature of intelligence*. Hillsdale, NJ: Lawrence Erlbaum Associates.

Fletcher, C. R., & Bloom, C. (1988). Causal reasoning in the comprehension of simple narrative texts. *Journal of Memory and Language, 27*, 235-244.

Golding, J. M., Millis, K. M., Hauselt, J., & Sego, S. A. (1994). The effect of connectives and causal relatedness on text comprehension. In R. F. Lorch Jr. & E. J. O'Brien (Eds.), *Sources of coherence in reading* (pp. 127-143). Hillsdale, NJ: Lawrence Erlbaum Associates.

Graesser, A. C., Singer, M., & Trabasso, T. (1994). Constructing inferences during narrative text comprehension. *Psychological Review, 101*(3), 371-395.

McKeown, M., Beck, I., & Blake, R. (2009). Rethinking reading comprehension instruction: A comparison of instruction for strategies and content approaches. *Reading Research Quarterly, 44*(3), 218-253.

Meyer, B. J. F., Brandt, D. H., & Bluth, G. J. (1980). Use of top level structure in text: Key for reading comprehension of ninth grade students. *Reading Research Quarterly, 16*, 72-103.

Millis, K. K., & Just, M. A. (1994) . The influence of connectives on sentence comprehension. *Journal of Memory and Language, 33*, 128-147.

Millis, K. K., & Magliano, J. P. (1999). The co-influence of grammatical markers and comprehender goals on the memory for short discourse. *Journal of Memory and Language, 41*, 183-198.

Millis, K. K., Golding, J. M., & Barker, G. (1995). Causal connectives increase inference generation. *Discourse Processes, 20*, 29-49.

Murray, J. D. (1997). Connectives and narrative text: The role of continuity. *Memory & Cognition, 25*(2), 227-236.

Palincsar, A., & Brown, A. (1986). Interactive teaching to promote independent learning from text. *The Reading Teacher, 39*(8), 771-777.

Pearson, P. D., Hansen, J., & Gorden, C. (1979). The effect of background knowledge on young children's comprehension of explicit and implicit information. *The Reading Behavior, 11*, 201-209.

Peverly, S., & Wood, R. (2001). The effects of adjunct questions and feedback on improving the reading comprehension skills of learning-disabled adolescents. *Contemporary Educational Psychology, 26*, 25-43.

Singer, M., & O'Connell, G. (2003). Robust inference processes in expository text comprehension. *European Journal of Cognitive Psychology, 15*(4), 607-631.

Trabasso, T., Stein, N., Rodkin, P., Munger, M., & Baughn, C. (1992). Knowledge of goals and plans in the on-line narration of events. *Cognitive Development, 7*, 133-170.

第九章

閱讀的輔助科技

陳明聰

　　傳統上，身心障礙教育面對身心障礙學生的閱讀困難，多採補救教學取向，發展有效的教學策略與課程設計，以提升身心障礙學生的基本學習能力，並進而讓身心障礙學生可以利用這些能力參與學習。因此，在研究上已發展出許多有效的識字教學策略和閱讀理解策略（例如：王瓊珠，2001；何嘉雯、李芃娟，2003；周台傑、詹文宏，1995；葉瓊華、詹文宏，2000），而隨著科技的發展，利用電腦設計特定軟體，以協助學習障礙學生學習識字或閱讀策略，也已有很多研究（張國恩，2002，2004）。過去這些研究都支持電腦科技的應用，有助於身心障礙學生閱讀能力的提升，唯這種應用是屬於傳統電腦輔助教學，或跟著電腦學（learning from computer）的取向，仍強調學生能力的提升或缺陷的補救。但特殊教育工作者除了提供有效的補救教學之外，還應同時考量如何讓閱讀困難學生有效參與學習活動。

　　世界衛生組織（World Health Organization，簡稱 WHO）在 2001 年修正的國際健康功能與身心障礙分類（International Classification of Functioning, Disability, and Health，簡稱 ICF），以「activity」取代「disability」，而用「participation」取代「handicap」。新的修正強調個體生理或心理的損傷（impairment）對其執行一個工作（task）或動作（action）的影響（activity 的向度），以及對參與生活情境（life situation）的影響（participation 的向度）（Cook & Polgar, 2007）。此新的分類方式強調個體與環境的交互作用，個體無法參與生活所需的活動，可能是受到個體能力與環境共同影響的結果。因此，若能

提供閱讀障礙學生適切的協助，他們仍可能克服其閱讀上的困難，參與閱讀的活動。而隨著科技發展以及輔助科技（assistive technology）的概念日益普及，面對學習障礙學生的閱讀困難，也逐漸發展出補償取向（compensation）的介入策略，發展具支持性的學習環境，讓學生可以跨過其缺陷，有效參與學習活動。近來，為了強調輕度障礙學生對輔助科技設備需求的普遍性，以及資源教室教師提供學生所需之設備的便利性，「輔助科技工具箱」（assistive technology toolkits）的概念與做法也孕育而生（Edyburn, 2000）。「輔助科技工具箱」的做法是強調，每個資源班應備有一些常用的閱讀輔助科技設備，讓老師可以根據學生的需要，提供必要的設備，以協助學生參與閱讀活動。由於科技應用的範圍很廣，在教育上至少包括教育科技與輔助科技，本章僅著重在輔助科技的觀點，把科技視為是協助學習障礙學生跨越閱讀困難的工具。

雖然閱讀是一個包括動作、感官和認知歷程的複雜活動，不過，對於閱讀困難的補償，多從認知歷程的觀點來思考。閱讀至少分成識字和理解兩個部分（柯華葳，1998），因此，過去在談閱讀的輔助科技設備時，也多從協助克服識字和組織理解等兩個向度來分類。近年來，隨著全方位學習設計（universal design for learning，簡稱 UDL）概念的倡導，認知支持也成為補償取向學習環境的設計重點。UDL 以多元表徵方式（multiple representations of content）呈現教材的原則，強調不只要提供可及性的教材（access to material），而且更要進一步讓學生參與學習（access to learning），也就是提供學生必要的認知支持，例如：提供關鍵詞或重要概念的語音說明或圖片（Roes & Meyer, 2002）。因此，本章採用多元表徵原則，納入認知支持，而從「可及性輔助」、「外在認知支持」，以及「理解組織協助」等三個向度來介紹可用的輔助科技設備。

第一節　閱讀輔助科技的功能

輔助科技具有擴大（augment）身心障礙者殘存的能力、繞過（bypass）

其無法發揮的能力,或補償(compensate)其較為不足或有待提升之能力的功能(Lewis, 1993)。傳統上應用輔助科技設備時,應強調身心障礙學生功能性活動的參與,因此在介紹輔助科技設備之前,宜先探討科技可以協助參與閱讀活動之功能。筆者曾從動作、感官和認知三個向度探討科技可以幫助閱讀的策略,透過 17 位國內特殊教育相關領域專家的評定,找出 14 項大部分專家均同意為重要的策略,以做為發展輔助閱讀之科技發展的重要依據(Chen, Cko, Chen, & Chiang, 2007)。以下從「可及性輔助」、「外在認知支持」,以及「理解組織協助」等三個向度來說明有效的策略。

 # 可及性輔助

就輔助科技的協助策略而言,「可及性輔助」的策略是過去重要的介入措施,主要是在協助學生克服「文字」辨識的問題。此部分又可以再細分為:「視知覺歷程」和「識字」兩個部分,以下分別說明之。

(一)視知覺歷程的協助

視知覺歷程的協助主要是在克服學生注意力和視知覺辨識上的困難,有些學生的識字能力沒有問題,但在注意力和視知覺的辨識上有缺陷,例如:無法專注在一行文字或跳字、跳行等,而影響其閱讀。主要協助策略包括:

1. 減少文字呈現量:減少文字呈現量的具體做法,包括減少每次看到的文字數量和每行(列)文字的長度。減少每次看到的文字數量之協助,可再分成每次呈現一行(列)和減少每頁的段落數。每次呈現一行的做法是把非閱讀目標行全部遮蔽,只出現閱讀目標行;而減少每頁的段落數則可以讓每頁只出現一段。至於減少每行的長度,除了直接設定每行(列)出現的字數外,考量學生的工作記憶以及斷詞的能力,亦可以把閱讀材料改成一句一行(列)的呈現方式,減少因不適當斷詞造成的干擾。

2. 調整文字屬性:調整文字屬性是指,改變文字尺寸、文字字體和文字顏色,以適合學生的個別需求,除靜態呈現所設定的文字屬性外,也

可以動態突顯閱讀列，讓學生可以更聚焦在閱讀的目標列上。不過根據調查（Chen et al., 2007），改變字體並未獲得大多數專家認同可以協助學生閱讀。

3. 調整文章排版：調整文章排版是指，調整字（詞）距、文字行距和版面背景顏色對比。雖然放大中文詞間距有助於閱讀速度的提升（楊憲明，1998），但目前中文並無特定軟體可以自動放大詞間距。

（二）識字的協助

識字的協助主要是讓學生跨過由「字形」提取字義的困難，直接由其他的表徵方式來提取詞彙的意義。常見的文字替代表徵方式，包括語音、圖形和點字。點字不在本章的探討範圍，以下僅就語音表徵和圖形表徵兩種協助方式加以說明：

1. 語音的協助：語音的協助是指利用語音報讀閱讀內容。依語音的類型可以分成真人語音和合成語音兩種。真人語音是指由人來報讀，依運用的方式可再細分為現場真人報讀和真人錄音報讀，前者是由真人在現場為學生報讀；後者是指事先錄音，再由學生使用各種播放設備來聽，目前國內提供給學習障礙學生使用之有聲教科書光碟，即屬真人錄音報讀。真人錄音的有聲光碟雖已比現場真人報讀節省許多人力，而且使用起來也比較彈性，不過仍有使用不便的缺點，主要是由於其無法快速選擇到想閱讀的特定章節。近年來，隨著數位科技的發展，一種新的有聲書標準也逐漸形成，數位無障礙資訊系統（Digital Accessible Information System，簡稱 DAISY）是 1996 年開始發展的有聲書技術標準，讓讀者可以自由的跳到想去的特定章節和頁數，目前已是世界各國有聲書發展的重要標準，有興趣的讀者可以到「台灣數位有聲書推展學會」網站（http://www.tdtb.org/daisy/index.html）了解更詳細的資訊。合成語音是指，藉由電腦文字轉語音（text-to-speech）的技術來報讀文章內容。近年來，由於電腦科技的進步，合成語音的應用也日益普及。依使用方式也可以分成兩種：一種是由使用者利用裝置有合成語音軟體的工具來朗讀文章，如平日常用的 Adobe Reader

即有「朗讀」功能；另一種是先利用合成語音軟體把文章內容轉成語音檔，再提供使用者彈性使用，如「特教電子報」（http://enews.aide.gov.tw/eNews/Default.aspx）即提供合成的語音檔，讓使用者可以透過聽的方式閱讀各則報導，這種方式的好處是使用者不需要安裝語音合成軟體，只需要安裝有語音播放軟體，或下載到 MP3 播放器就能使用。語音報讀是最常見的重要輔助策略，過去也有許多的研究探討語音報讀的效果（林淑惠，2006；陳東甫，2007；劉永立，2005）。近年來，電腦合成語音軟體更日益為特殊教育工作者所應用，但仍需注意電腦合成語音的限制，一是使用者本身的問題，例如：學生有嚴重的聽知覺困難，則語音仍無助益；另一方面是軟體本身的限制，例如：發音的自然度、一字多音報讀錯誤等，也會影響使用者的理解。

2. 提供圖形符號：提供圖形符號並不是在文章中置入插圖或重要圖表，而是指直接把文字轉成圖形符號，或是在文字中放入與語詞相對應之圖形符號。藉由圖形符號的協助，可以讓了解圖形符號意義的閱讀者理解原來的閱讀材料。國外有一些網站就提供文字與圖形符號的內容，例如：Symbol World 網站（http://www.symbolworld.org）就利用輔助溝通系統符號呈現網站的內容資訊。國內則有 Chu、Li 和 Chen（2002）試著發展圖形符號辭典，讓使用者把滑鼠游標移到目標詞後，就可以呈現對應的圖形，以協助文章內容的閱讀理解。

 外在認知支持

　　可及性輔助策略可以改善認字困難的問題，但無法處理讀者缺乏詞彙知識的困難。也就是說，當閱讀者藉由語音報讀「諸羅樹蛙」時，如果他不知道什麼是「諸羅樹蛙」，則仍無法了解該詞的意義或概念，此時就得提供閱讀者外在的認知支持，以協助學生能真的參與學習。一般常見的策略是提供關鍵詞或概念多元表徵的說明，例如：傳統書上提供重要關鍵詞的文字註釋和圖片，或是電子書上的動態影像。

　　字典也是一種提供關鍵詞或重要概念說明的方式，但由於傳統的紙本字

典，使用者得先學會查字典的技能，且經常會迷失在字多且尺寸小的字典中，而限制其實用性。近來，電子字／辭典的發展，尤其是網路版或電腦單機版的字／辭典，讓使用者可以直接把想查詢的目標詞複製貼上，減少許多先備技能的訓練，而且配合前述合成語音軟體的使用，也可以減少因識字困難而造成對文字說明之理解困難的現象。

此外，讀者也可能缺乏理解組織能力，而無法統整理解所閱讀的文章內容。藉由外在認知支持策略，可以提供學生文章大意、背景知識和視覺化組織圖，讓學生可以掌握文章的主要內容。視覺化組織圖有許多形態，例如：概念圖、網狀圖、魚骨圖等，其中最常見的有效策略是提供概念圖、故事結構圖等。

理解組織協助

傳統上，特殊教育教師會教導身心障礙學生閱讀的策略，而「理解組織協助」的做法，則是提供工具讓學生能運用這些有效的閱讀策略。也就是說，這些協助工具必須搭配特定的閱讀策略使用，學生要學習這些閱讀策略，方能有效應用這些工具。常見的理解組織協助，包括：畫重點、寫摘要、畫視覺化組織圖等。其中概念構圖（concept mapping）近來尤其受到重視，概念構圖是一種視覺化的、空間的學習策略，應用於閱讀時，強調把文章內容中的重要概念轉換成圖像化，且具有階層性關係的架構，可以增進對文章的統整性理解（Chang, Sung, & Chen, 2002），許多研究也支持概念構圖有助於閱讀困難者的閱讀理解（葉瓊華、詹文宏，2000；蔡麗萍，2005）。

前述的介入策略多屬於有過去研究支持的輔助策略，從建置無障礙（accessible）或全方位設計（universal design）的閱讀環境觀之，這些都是重要的策略，而且應該納入考量。唯以輔助科技協助使用者，具備獨立從事閱讀活動的功能而言，如果可以的話，應盡可能優先選擇能讓使用者獨立操作而不需其他人事前準備，或把依賴其他人的部分減到最低之做法。因此，下一節將先介紹國內中文環境中可用的輔助科技設備或軟體，最後再說明全方位設計閱讀系統的發展。

第二節
輔助科技設備之應用

　　根據 Cook 和 Polgar（2007）對輔助科技設備的看法，若從使用的電子設備的高低來分，輔助科技設備可分成高科技（high-tech）、中科技（medium-tech）和低科技（low-tech）等三種。如果從設備發展的本意來看，可以分為一般科技（general technology）和特定科技（specific technology），前者是指應用範圍較廣且與其它設備相容性較高的科技，如文書處理軟體；而後者是指為特定目的而設計者，如閱讀的遮字板。如果從設備的流通性而言，輔助科技設備可以包括市售產品到訂製的設備，例如：市售為一般人設計或為身心障礙者發展的設備，像微軟的 Word 文書處理軟體，或 DAISY 有聲書的播放器等；另外，也可以是把現有設備加以改裝，或為特定個案而開發的合適設備。在選用輔助科技設備時，除了以個案需求為主要考量外，一般而言，會以採用市售為一般人開發的設備為優先；因為市售產品流通性高，不但價格會比較低，功能也會較穩定，而且維護或升級也會較容易。

　　以下將以市售軟體為主，來說明如何應用科技來協助閱讀。此外，由於閱讀形式不同時，輔助科技可以發揮的功能亦不同，所以以下將分別說明使用紙本形式和電子化形式時，所能應用的輔助科技設備。

 紙本形式

（一）可及性輔助

　　在「視知覺歷程」的協助部分，如果是紙本形式，除非有人幫忙重新編排，否則在調整適切的文字屬性和排版時，並無特定工具可供使用。減少每次看到的文字量部分可以使用閱讀的遮字板，配合所閱讀文章的行距，利用中空的遮字板，一次只呈現一行；另外也可以使用有顏色的透明板，製造不

同顏色的效果。

在「識字」部分，只能選擇事前錄製好的有聲書來協助閱讀。國外有專門為身心障礙幼童發展的圖形符號書，書中在文字的下面加上溝通圖形符號。國內常見的有聲書多未符合DAISY的標準，而是一篇文章或一課課文為一個聲音檔，學生雖可以聽到全部內容，但當想聽特定段落時，只能往前或往後快轉，以找到特定段落。另外，則可使用條碼技術預先錄製好文本之內容，並列印出聲紋辨識條碼貼在文本上，讓讀者可使用掃瞄閱讀筆（scan reader）掃過條碼並讀出文本內容。不過這種紙本有聲書得事先錄好，並不是讀者想讀什麼書就有能搭配的有聲書。

（二）外在認知支持

外在認知支持策略中，只有字典策略可以為使用者自行操作，其他部分都得為他人事前先編輯好。而學生要使用紙本字典有其困難，因此，電子字／辭典是可行的方式。但除非有注音輔助或使用者熟悉字形方式的輸入法，否則，使用者很難看著紙本上的中文，即在電子字／辭典上輸入目標詞。所幸目前市售的電子字／辭典多支援手寫辨識，所以使用者可以把生字詞抄寫在手寫辨識區，再由電子字／辭典辨識成文字，即可進行查詢。當然，也可以使用電腦上的電子字／辭典和網路辭典，例如：教育部「國語小字典」和「國語辭典簡編本」（http://www.moe.gov.tw/e_dictionary.aspx），搭配手寫辨識設備，如蒙恬筆系統，即能輸入欲查詢的詞彙。也可以直接使用微軟新注音中的「輸入法整合器」或 Vista 電腦作業系統中的附屬應用程式之「Tablet PC輸入面板」（Vista），利用指標器（如滑鼠、手寫板）來書寫目標詞。圖9-1 中上方的畫面，即是利用「Tablet PC 輸入面板」在教育部國語辭典簡編本網頁上輸入文字，而下方則是辭典查詢到的結果畫面；該系統也提供真人語音錄音，報讀目標詞和解釋。

圖 9-1　結合手寫輸入方式查詢教育部「國語辭典簡編本」的畫面

（三）理解組織協助

　　讀者可以使用螢光筆來劃重點，早期的螢光筆缺點是無法修改，但目前
市面上已有可供擦拭修改的螢光筆。若要使用概念構圖或是寫摘要的策略，
讀者也可以使用紙筆為之，不過也有一些工具可以協助，例如：使用錄音機
把重點錄下來，或使用概念構圖軟體來協助組織文章概念。如果文章內容不
多，學生又熟悉微軟的 Powerpoint 簡報軟體，則 Powerpoint 也是可用的軟
體。另外，Inspiration（http://inspiration.com/inspiration）也是可用的軟體，尤
其是 Kidspiration 更提供了圖形化的介面，不過由於這些沒有中文介面，使用
者需先熟悉軟體的操作方式。

　　由於紙本教材形式本身的因素，輔助科技設備所能發揮的功能也受限，

因此，近來電子化教材是發展的趨勢，不過，面對已有的紙本形式之文章要如何處理呢？讀者或是老師可以把文章掃瞄後再轉成文字檔。具體的做法是利用掃瞄器把紙本掃瞄成圖檔，再利用「文字辨識」軟體（optical character recognition，簡稱 OCR）將圖片中的文字辨識出來，變成一般純文字檔。使用者可以使用一般市售的掃瞄器即可把文件掃瞄成圖檔，至於文字辨識軟體除了可以選用專業軟體外，例如：丹青文字辨識系統，也可使用 Microsoft Office Document Imaging 進行文字辨識和轉檔。使用 Microsoft Office Document Imaging 時，文件需掃瞄成 tagged image 檔案格式（tif 或 tiff），再利用軟體「工具」選項中「使用 OCR 辨識文字」把檔案中的文字擷取出來，之後使用者可以利用反白，選取複製特定的文字區塊，再到其他文書處理軟體貼上即可；也可以利用「工具」選項中「傳送文字到 Word」，把全部的內容轉成新的 Word 檔。中文文字辨識軟體技術近來已日益成熟，有很高的辨識率，但仍無法達到百分之百正確，還是需要人工進行校對與修改。因此，電子化格式的教材成為特殊教育課程內容的主要格式。

二 電子化文章

雖然紙本教材也可以轉換成電子化格式，但畢竟得花費額外的時間，所以最好有電子化格式的教材，直接就可以搭配許多軟體來使用。美國應用特殊科技中心（Center for Applied Special Technology，簡稱 CAST）致力於倡導可及性教材，並在美國教育部的委託下訂定「美國教材可及性標準」（National Instructional Materials Accessibility Standard，簡稱 NIMAS）（http://nimas.cast.org/）。該標準要求美國的教材出版商需要提供檔案，以利轉換成適合各種身心障礙學生使用的教材格式，以回應美國 2004 年「特殊教育法」（IDEA 2004）的要求。

由於美國特殊教育強調電子化格式的教材，許多可搭配電子化格式教材的閱讀輔助軟體也不少，而且功能也較完善，不但具有前述「可及性輔助」的功能，而且提供特定的字典和做摘要的功能，例如：Aequus Technologies Licensing 的 AspireREADER™ 4.0、Freedom Scientific 的 WYNN™ Literacy Soft-

ware Solution（http://www.freedomscientific.com/）、Don Johnston Incorporated
的 Write: Out Loud 6（http://www.donjohnston.com）、Kurzweil Educational
System 的 Kurzweil 3000 Version 11（http://www.kurzweiledu.com/kurz3000.
aspx）。其中，像 Kurzweil 3000 還整合文字辨識功能，讓使用者可以把紙本
教材掃瞄成可以讓 Kurzweil 3000 讀取的格式，而且保留原本紙本教材的排
版。這些軟體雖然也可以讀取中文的文章，並提供「視知覺歷程」的協助和
做摘要、畫重點等「理解組織協助」，但這些軟體並未提供中文的合成語音
和字典，因此在中文使用上有其限制。讀者若有興趣，可以到前述網站了解。

　　在中文部分，雖然在研究上有一些具報讀功能的輔助閱讀軟體（Chen,
Ko, & Huang, 2009），但國內目前並無商業化的套裝軟體，不過仍有一些現
有軟體可以提供前節所述的協助功能。

（一）可及性輔助

　　「視知覺歷程」的協助，可以透過微軟的 Word 軟體提供文字屬性、排
版和減少每行的文字數量等。教師可以事前幫學生編排好，但如果班上學生
的需求各異，老師實在很難為每位學生設定每篇文章。老師可以利用 Word
軟體的「巨集」功能，錄製個別的巨集。Word 軟體提供視覺化的巨集錄製方
式，只要打開 Word 功能列之「工具」選項中的「巨集」之「錄製新巨集」，
即可設定一個新巨集的指令，使用者新給一個巨集的名稱，再設定對應的鍵
盤按鍵，如「Shift+F11」，之後即可進行巨集的錄製。使用者只要依序操作
文字屬性、文章排版和減少每行字數，等所有動作都完成之後再按下停止錄
製，即完成一個巨集的錄製，例如：要為學生設定成「黑色標楷體 16 號字、
字距加寬 2pt、行距 1.5 倍、黃色背景、每一個讀點即分行」，則在設定以
「Shift+F11」為此巨集指令後，依序執行：全選→字型設定為黑色、標楷體、
16 號字→字元間距設定為加寬、點距為 2pt→行距設定為 1.5 倍行高→網底設
定為黃色→取代設定為把「，」取代為「，^l」（就是「，」和「手動分行
符號」），之後再按下停止錄製的按鈕。完成後，只要按下「Shift+F11」即
可把載入的 Word 檔重新編排為前述規格。載入原始的 Word 檔之畫面如圖
9-2 的上方那張圖，文章字體和尺寸不一，執行該巨集後之畫面如圖 9-2 下

方，統一為前述的規格。如此一來，老師只要為每位學生事先錄製個別的巨集，即可方便設定個別學生的閱讀環境。

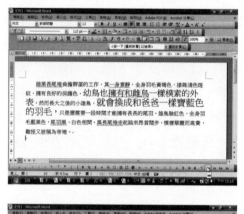

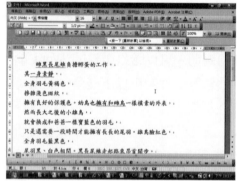

圖 9-2　利用微軟 Word 軟體巨集功能自動編排文章版面與文字屬性舉例

　　識字部分可以利用合成語音軟體，目前市售常見的電腦合成語音軟體，為網際智慧公司出版的自然輸入法及文字 MP3 軟體（http://www.iq-t.com）。自然輸入法可在打字時提供即時的語音回饋，亦可複製整個段落的文字後，點選功能列上的「全文發音」，便可朗讀出文字內容，並可藉由設定調整文字報讀的頻率及速度，但無法將朗讀內容直接另存成影音格式的檔案，需要有文本內容方能朗讀。而文字 MP3 軟體則可將朗讀內容轉成影音檔，其主要提供兩種報讀功能：一是隨選朗讀；另一是全文朗讀。全文朗讀時，可以將所欲報讀的文章貼在「朗讀」區，按下「朗讀文稿」按鈕，即可唸出朗讀區

內文字。在全文朗讀介面，也可以把「朗讀」區中的文字轉成MP3格式的語音檔，如果老師需要製作朗讀的有聲書時，就可以利用此功能。至於隨選朗讀功能則屬可以搭配其他軟體使用的應用程式，使用者只要把想要報讀的文字反白，按滑鼠右鍵功能選項中的複製，或按鍵盤上的「Ctrl＋C」，即可啟動朗讀功能。該程式可以搭配大部分的軟體，不管是文書處理軟體（如：筆記本、Word）、簡報軟體、瀏覽器，或是Adobe Reader，均能使用。

此外，常見的電子辭典或翻譯軟體，像譯點通（Dr.eye），亦提供隨選報讀的功能。使用上也是反白想要報讀的文字，再按譯點通功能選項上的「即時語音」或按鍵盤上的「Alt+S」。該軟體也提供語音報讀速度的設定。

（二）外在認知支持

外在認知支持是協助學生克服閱讀困難，而了解閱讀內容的重要支持，除了「字典」外，以目前的技術仍未能自動化產生認知支持，需要教材編輯者事先編輯合適的認知支持。電子辭典可以是單機版的軟體，也可以是網路版的辭典或是線上百科。網路版辭典可選用前述教育部的「國語小字典」和「國語辭典簡編本」，至於線上百科則可以選用中文的維基百科（http://zh.wikipedia.org）。由於是電子化教材或閱讀材料，因此學生可以直接把想查詢的字詞複製貼到辭典和百科上，即可進行查詢。不過辭典和百科仍以文字的說明為主，學生可以搭配語音報讀軟體的使用，以了解其文字說明的內容。

（三）理解組織協助

除了前述畫概念圖或視覺化組織圖的軟體，可以用來協助學生整理閱讀內容外，也可以利用Word軟體中的「醒目提示」功能來畫重點，如圖9-3所示，先點選「醒目提示」把滑鼠游標變成筆，再直接把重點的文字反白，就像用螢光筆在這些文字上劃記一般。

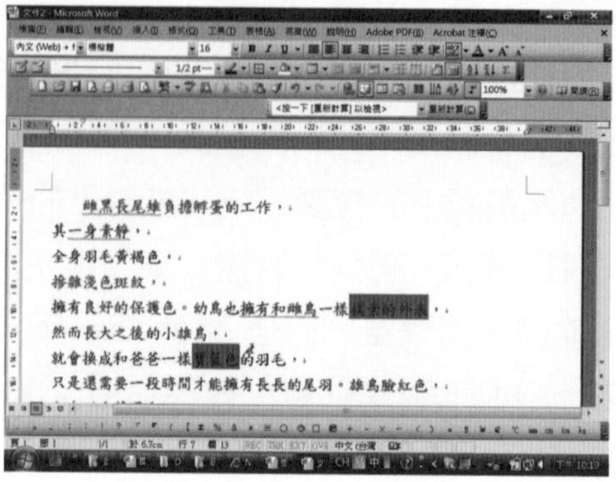

圖 9-3　利用微軟 Word 軟體「醒目提示」標示重點舉例

　　由於介入閱讀輔助科技設備的過程，不同於傳統的複雜流程，應該可以讓閱讀困難學生快速獲得有用的閱讀輔助科技，因此「輔助科技工具箱」就成為近來輕度障礙學生輔助科技應用的重點之一。「輔助科技工具箱」的概念強調，先準備一些有效可用的設備，當學生有需求時即可提供。Edyburn（2000）認為，對輕度障礙學生而言，輔助性科技服務的流程，應跳過繁複的轉介與多專業的評估流程，而從有效的輔具中選用適合的。Edyburn 提出三種工具箱，分別是：「教師的工具箱」（toolkits for teachers）、「輔助科技工具箱」（assistive technology toolkits），以及「強化學習者產能的工具箱」（learner productivity toolkits）。其中，「輔助科技工具箱」是針對身心障礙學生所需的，針對閱讀部分，他列舉語音報讀的文書處理軟體和閱讀筆。另外，美國的 Project ACCESS: Accessing Curriculum Content For Special Education Students，則以 Edyburn 所提的「輔助科技工具箱」和「強化學習者產能的工具箱」為基礎，發展了「工具箱」（Puckett, 2004）；其主要是以讀寫為主要關心的內涵，其中閱讀部分包括：文書處理軟體（Word）、多媒體程式（intellipics studio）、概念構圖（inspiration）、文字轉語音文書處理軟體（Kurzweil 3000）、文字轉語音掃瞄與閱讀軟體（Kurzweil 3000+scraner）。由此觀之，如果國內要建立閱讀的輔助科技工具箱，則可以考量微軟 Word 軟體（搭配巨集指令）、文字 MP3 軟體和 Kidspiration。

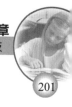

第三節
全方位設計的閱讀環境

　　課程設計納入全方位設計的理念，是近來發展的趨勢（Rose & Meyer, 2002; Scott, McGuire, & Shaw, 2003），美國CAST所倡導的全方位學習設計，是從認知學習和腦科學研究來發展學習環境。基於大腦神經研究結果，CAST提出大腦有三個網路系統影響個體的學習，分別是：辨識網路系統（recognition networks）、策略網路系統（strategic networks），以及情意網路系統（affective networks）（Rose & Meyer, 2002）。CAST並據此提出發展全方位學習設計的三個原則，分別是：以多元表徵方式（multiple representations of content）呈現教材、以多元方式表達學習成果（multiple options for expression and control），以及以多元方式參與學習（multiple options of engagement and motivation）。筆者認為，擁有多元表徵方式的教材是全方位學習設計的基礎，因為有彈性且具支持性的學習材料，學生才有機會使用多元方式來與學習材料互動，方能進行有效的學習，如此使用多元方式表達學習成果也才有意義。因此，發展多元表徵教材或閱讀材料，是營造全方位閱讀環境的基礎。

　　如同前述，目前輔助科技設備可以提供的協助以「可及性輔助」和「理解組織協助」為主，前者以協助學生讀取閱讀材料為主，讓學生可以用各種方式「讀」到文章；而後者則協助學生組織文章重點，讓學生可以統整的理解文章內容。這兩種協助取向固然可以改善部分的閱讀困難，但無法協助缺乏語彙知識或缺乏使用閱讀理解策略的學生。因此，筆者引用多元表徵原則中，強調的提供必要之認知支持協助的概念，來改善原本輔助科技之不足。不過，多數的認知支持，如重要概念的說明多元表徵化、文章重點或概念圖，都需要事先準備。老師或教材開發者可以利用多媒體軟體來製作重要概念的說明和概念圖，再提供給學生必要的支持。

　　然而，全方位學習設計並非提供學生所有的協助，相反的，是提供學生

所需的支持,同時保持教材的難度(Rose & Meyer, 2002)。因此,如何有效提供必要的支持,便成為教師重要的工作,老師必須根據學生的需求或能力限制,提供必要的協助。在閱讀輔助科技工具箱的概念中,老師固然可以為學生選用適合的輔助科技設備,但缺乏統整性,而且要老師為每位學生準備各種認知支持,是很費時費力的。如圖 9-4 所示,這三張小圖都是呈現同一篇文章,但彼此所提供的支持並不一樣,而且文字尺寸和排版也不同。此外,最上方那張圖提供重要概念的影片說明,而最下方那張圖則是呈現了重要概念的圖片說明,中間的那一張則無重要概念的說明。

如果老師要利用傳統網頁設計技術一一編輯,當然可以做到,但勢必相當耗時,而顯得不可行。所以,統整式的閱讀系統就顯得相當重要,因為在統整性的環境中,可以把各種支持內建在系統中,再透過使用者設定檔,即可讓學生使用各自所需的支持,營造個別化的閱讀環境。幸好由於資訊科技的發展,目前已可以結合資料庫和網頁開發技術,發展個別化的輔助閱讀網站(陳明聰,2007),讓教師可以依其學生設定適合的閱讀環境,並探討學習障礙學生在彈性內建各項表徵支持下,在歷史和自然文章的閱讀理解表現(Chen & Chiang, 2007; Chen, Chiang, & Cko, 2008)。研究發現,提供多元表徵能提升學生的閱讀理解表現。

Chen 和 Chiang(2007)針對 4 位國小高年級學障學生進行多表徵相關研究,採用單一受試中的交替處理研究設計(alternating treatment design,簡稱 ATD),受試者交替閱讀 6 篇歷史文章,其中 3 篇使用多表徵系統閱讀,另外 3 篇用純文字閱讀;結果發現,使用多表徵系統的閱讀理解成效較純文字佳。Chen 等人(2008)採重複樣本實驗設計,以 20 位國小高年級學習障礙學生為對象,在多表徵系統中閱讀 6 篇自然文章,比較不同閱讀環境(文章以多表徵或純文字呈現)和閱讀次序(前後共 3 次)對於閱讀理解表現的影響。兩種閱讀環境均在網頁上,而且都依學生喜好設定文字的尺寸和排版,但研究結果發現,在有提供認知支持的多表徵閱讀環境中,受試的測驗表現顯著高於純文字的得分。此外,這兩個研究均發現,受試都認為使用多表徵系統閱讀是有趣的,而且可增加閱讀理解表現。

隨著全方位學習設計概念的發展,閱讀輔助科技的概念也會有所改變,

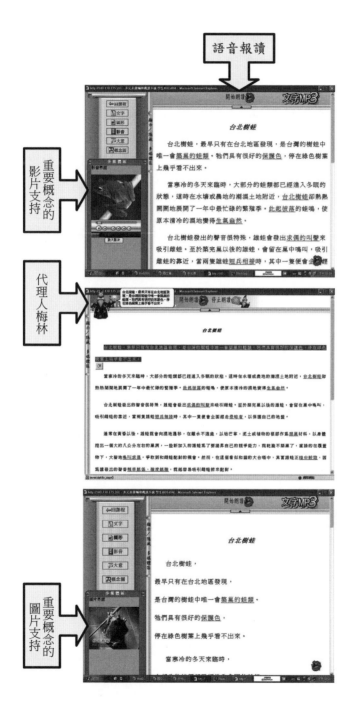

圖 9-4　不同教材內容呈現不同表徵的螢幕畫面舉例

逐漸從額外提供學生所需的設備,而改成把重要的動作、感官和認知上的協助與支持內建在閱讀系統之中,再根據學生的需求或能力限制,提供適切的支持或協助。不過,發展全方位學習設計的課程或教材,並非單一位教師所能完成,而是應該在開發教材之初,即把各種所需的認知支持考量在內,因此應該是教材出版商的責任。教育部目前正在推動中小學電子白板教學的計畫,電子化教材已是未來的趨勢,教育部宜規範國內的教科書廠商在開發電子化教材時,應考量教材可及性(accessibility)的問題,並納入認知支持的協助,而不只是提供多媒體教材而已;並應設立可及性電子教科書的規範,要求廠商在送審教科書時,需符合這些規範,如此方能建立國內無障礙的學習環境。

參考文獻

📖 中文部分

王瓊珠（2001）。台灣地區讀寫障礙研究回顧與展望。**國家科學委員會研究彙刊——人文與社會科學**，11（4），331-344。

何嘉雯、李芃娟（2003）。交互教學法對國小閱讀理解困難學生學成效之研究。**特殊教育與復健學報**，11，101-125。

周台傑、詹文宏（1995）。後設認知閱讀策略對國小閱讀障礙兒童閱讀理解能力之研究。**特殊教育學報**，4，261-277。

林淑惠（2006）。**國小學習障礙學生在網路閱讀與紙本閱讀之閱讀理解、行為、介面、策略偏好之研究**。國立新竹教育大學特殊教育學系碩士論文，未出版，新竹市。

柯華葳（1998）。閱讀理解困難篩選測驗。**測驗年刊**，46（2），1-11。

張國恩（2002）。**特殊教育網路化學習之閱讀輔助系統研究（I）**。行政院國家科學委員會專題研究成果報告（報告編號：NSC 90-2614-H-003-002-F20），未出版。

張國恩（2004）。**網路適性閱讀環境的建立與應用**。行政院國家科學委員會專題研究成果報告（報告編號：NSC 92-2520-S-003-001），未出版。

陳明聰（2007）。**網路化多元表徵閱讀輔助系統的開發與應用（2/2）**。行政院國家科學委員會專題研究成果報告（報告編號：NSC 95-2614-H-415-001-F20），未出版。

陳東甫（2007）。**電腦語音文字同步系統結合重複閱讀教學對識字困難學生學習成效之研究**。國立嘉義大學教育科技研究所碩士論文，未出版，嘉義縣。

楊憲明（1998）。中文詞間、詞內空格調整對閱讀的影響。**台南師範學報**，31，303-326。

葉瓊華，詹文宏（2000）。概念構圖、自問自答及劃重點策略對國小閱讀障礙兒童閱讀理解能力及後設認知能力教學成效之研究。**特殊教育學報**，14，189-231。

劉永立（2005）。**電腦合成語音系統對國小閱讀障礙學生閱讀效能之影響**。國立台

中教育大學特殊教育與輔助科技研究所碩士論文，未出版，台中市。

蔡麗萍（2005）。**電腦化概念構圖應用在閱讀障礙學生閱讀教學之研究**。國立嘉義大學特殊教育研究所碩士論文，未出版，嘉義縣。

 ## 英文部分

Chang, K. E., Sung, Y. T., & Chen, I. D. (2002). The effect of concept mapping to enhance text comprehension and summarization. *Journal of Experimental Education, 71*, 5-23.

Chen, M. C., & Chiang, C. H. (2007, November 18-23). *Exploring the effectiveness of Tri-Access system on reading comprehension for students with disabilities*. Oral presented at 18th Asian Conference on Mental Retardation, Taiwan, Taipei.

Chen, M. C., Chiang, C. H., & Cko, C. C. (2008). The effectiveness of TriAccess Reading System on comprehending nature science text for students with learning disabilities. *Lecture Notes in Computer Science, 5105*, 747-754.

Chen, M. C., Cko, C. C., Chen, L, Y., & Chiang, C. H. (2007). Developing and evaluating a TriAccess Reading System. *Lecture Notes in Computer Science, 4556*, 234-241

Chen, M. C., Ko, C. C., & Huang, C. R. (2009, April). *Supportive reading system for students with special educational needs in Taiwan*. Paper presented at 3rd International Convention on Rehabilitation Engineering & Assistive Technology, Singapore.

Chu, C. N., Li, T. Y., & Chen, M. C. (2002). The design of an adaptive web browser for young children with reading difficulties. *Lecture Notes in Computer Science, 2398*, 189-190.

Cook, A. M., & Polgar, J. M. (2007). *Cook and Hussey's assistive technology: Principles and practice* (3rd ed.). Baltimore, MD: Mosby.

Edyburn, D. L. (2000). Assistive technology and students with mild disabilities. *Focus on Exceptional Children, 32*(9), 1-24.

Lewis, R. B. (1993). *Special education technology classroom applications*. Pacific Grove, CA: Brooks Cole.

Puckett, K. S. (2004). Project ACCESS: Field testing an assistive technology toolkit for students with mild disabilities. *Journal of Special Education Technology, 19*(2), 5-17.

Rose, D. H., & Meyer, A. (2002). *Teaching every student in the digital age: Universal design for learning.* Alexandria, VA: Association for Supervision and Curriculum Development.

Scott, S. S., McGuire, J. M., & Shaw, S. F. (2003). Universal design for Instruction, *Remedial and Special Education, 24*(6), 369-379.

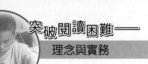

Part III

案例篇

第十章

評量在閱讀補救教學之運用

洪儷瑜、陳淑麗

第一節
評量的目的

　　評量在教育工作的目的有五：篩選、資格鑑定、優缺點診斷（教育計畫設計）、學習成效的評估，以及教育方案的評鑑（Salvia & Ysseldyke, 1995）。所以閱讀困難的介入需要有評量的前導（亦即篩選或了解學生的困難），而特殊教育介入方案，例如：學習困難補救或攜手計畫、特殊教育等，則需要有資格的確定；特殊教育中個別化教育計畫（individualized educational plan，簡稱 IEP）之擬定，也需要有優缺點或特定學習需求的診斷，至於教學介入成效或方案的評鑑都需要評量。易言之，有效介入在各執行階段都得善用評量的資料。

　　Lerner 和 Johns（2009）在其《學習障礙》（*Learning Disabilities and Related Mild Disabilities*）一書中，將其評量與個別化教育計畫的流程，分為轉介、評估、教學三個階段（如圖 10-1 所示）。每個階段也都有評量的相關工作，例如：轉介階段的轉介活動，目前很多學校資源班在導師轉介時，會先以篩選工具決定是否採取進一步的計畫，以免導師轉介受到導師的主觀經驗或專業背景的影響（洪儷瑜等，2009）。在評估階段更強調多專業的評估，

以確定特殊學生的需求。在教學階段要複審學生的需求、評估學生進展,也都是需要運用到各種評量。此三階段就包含上述之篩選、資格鑑定、優缺點診斷(教育計畫設計)、學習成效的評估,以及教育方案的評鑑等五項評量目的。五種不同評量目的的考量,茲分述如下。

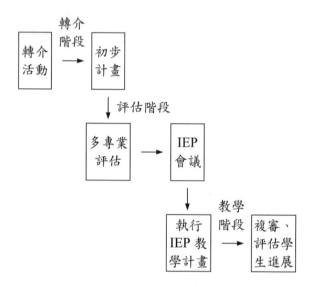

圖 10-1　個別化教育計畫的三階段與評量的關係
資料來源:Lerner & Johns (2009: 56)

 篩選

　　篩選常用於篩檢出高危險群的學生,但如何在普通班的大量群體中找出有閱讀困難的學生?有些研究採用國語文低成就學生(邱上真、洪碧霞,1997;洪儷瑜,1997),是由學業成績來篩選,或由導師或國文老師依據平時觀察轉介。但由洪儷瑜等人(2009)研究發現,利用適當的閱讀測驗篩選,可以篩選出九成以上的閱讀障礙學生,而教師轉介最後被確認為閱讀障礙學生僅不到一半,由此可見篩選評量之重要性。篩選工具通常採用團體測驗,以方便實施、簡單計分,且具有區辨高危險群的效度之測驗。

二　資格鑑定

由於研判學生是否符合特殊教育資格，是重要的決策，所以資格鑑定需要依據法規所規定的要項，選擇有正式常模的標準化測驗，才能提供客觀的數據供專業團隊研判參考，所以利用有常模的標準化工具所得結果進行綜合研判是鑑定的重要條件。

三　優缺點診斷

教學設計所需要的評量，是要與學生的學習相關的，能診斷其優缺點，這方面的診斷所採用的評量工具需要與課程、學習內容有高度相關，例如：課程本位評量，甚至作業分析、錯誤分析等，工具是否有常模或標準化，並不如前兩階段來得重要。

四　教學成效評估

評估教學設計的成效必須符合教學設計的目標，如果教學是針對某一種能力，那麼教學成效的評估就應該選擇該項能力的評估工具。除了配合教學目標選用工具之外，有時候也會選用相關能力的其他工具或更常見的評量，以做為類化效果的評估，例如：進行識字教學，除了評量識字能力的進步之外，也評估寫字或國語文成績，做為類化成效的評估，甚至選用基本的組字規則知識，以做為成效之中介變項。因此，此階段的評量工具之選用係與教學目標相關之能力和教學設計之理念為依據，且應注意所選之工具對於目標能力是否有足夠的敏感度，可供區辨教學前後之改變。

五　教學方案評鑑

教學方案評鑑通常採用的評量工具都是比較鉅觀、完整，學生的成效常

僅是評鑑教學方案之指標之一，而非唯一的指標，可能還包括態度、行為或動機等，甚至評鑑所評量的對象不限於學生，還可包括評估教師、重要他人的行為、意見或態度。

綜合上述，評量工具會因介入前後不同的階段與目的，而有不同的選擇重點。有效的介入原則之一也強調經常性的評量（參考第三章），個別化適性的介入也強調評量，因此，研究者與教育實務工作者皆需要了解評量在補救教學所發揮的不同功能，才能善用評量工具，發揮補救教學介入之最大成效。

第二節
從個案篩選到執行成效評估

如第三章所言，補救教學可分不同層次，方案可因介入對象和目的不同而有不同的執行方式。Lerner 和 Johns（2009）歸納美國推動「補救教學反應成效」（response to intervention，簡稱 RTI）之課程設計，可分成兩種課程取向：問題解決取向（problem-solving approach）的課程以及標準版取向（standard protocol approach）的課程。多數出版社推出的套裝補救課程屬於後者，主要是針對學生提供一套既定標準版的有效課程，教學者只需依據現成課程確實執行即可；而問題解決取向的課程，係針對每個學生採用診療課程設計之模式，在國內之補救教學比較少見，較多見於特殊教育。以下針對兩種不同的補救課程取向提出案例，說明如下。

以下所提供之補救教學的實例有二：其中之一是高危險群學生（陳淑麗，2008；陳淑麗、曾世杰，2008）；另一是各類的特殊教育需求學生的語文課程設計（古美娟，2008；洪儷瑜，2009）。前者是篩選高危險閱讀困難者進行補救教學，為第三章中所謂的第二層級之補救教學，評量的重點在於誰參加補救以及補救的成效，其補救之執行方式採標準版課程取向，以台東大學之補救教學案例說明；後者是針對有閱讀困難的特殊學生之教學設計教學，為第三章的第三層級之特殊教育範疇，評量以診斷學生的需求為重點，課程

設計有較多診斷、教學、評量等歷程，為問題解決的取向，係以參加台灣師大特殊學生語文實驗課程的學校為例。

一　台東大學之補救教學案例

（一）篩選

補救教學要服務的對象是閱讀困難的學生，但要找出這個群體的學生，在臨床和教學研究上的做法很不一樣。學校課輔的做法最常見的方式是直接由「導師推薦」，這種方式的優點是快速，但缺點則是錯誤的機會較高（洪儷瑜等，2009）。

補救教學研究的做法通常不會只依賴「導師推薦」的單一方式，還會併用「測驗」來做篩選。這兩種方式依順序上的不同，還可以組合出「先由導師推薦，再以測驗工具確認」（案例一）以及「以測驗篩選後，再請導師確認」（案例二）兩種模式，以下以案例來分析二者的差異。

案例一：大榮國小

　　大榮國小（化名）是一個中型學校，弱勢學生比例約四分之一，全校共有 30 個班，每年級 5 班，每班人數約 28 人。學校積極地找了一些課輔資源，要為閱讀困難學生提供補救教學。二年級的補救教學只能做 2 班，12 名個案。為了從二年級 140 名的學生中，找出最需要幫忙的 12 位學生，學校先請各班導師轉介低成就個案（排除確認為身心障礙的學生），再針對轉介個案實施一系列的語文能力測驗，包括：「識字量評估測驗」（洪儷瑜、王瓊珠、張郁雯、陳秀芬，2006）、「閱讀理解困難篩選測驗」（柯華葳，1999），以及「基本讀寫字綜合測驗」的聽寫分測驗（洪儷瑜、張郁雯、陳秀芬、陳慶順、李瑩玓，2003），三個測驗只要任一測驗低於百分等級 25，就是目標對象；最後再由補救教師根據

個案的能力分為兩組，提供補救教學服務。表 10-1 是這 12 名個案在三種篩選測驗的百分等級，在篩選階段，被轉介出來的學生，經測驗再評估，其平均值都落在低成就的範圍百分等級 25 以下。成效階段的資料，將在「補救教學成效評估」的討論再使用。

表 10-1　大榮國小二年級學童「先導師轉介，再測驗確認」模式之案例
（n = 12）

階段	測驗時間	識字量 PR	國字聽寫 PR	閱讀理解 PR
篩選	介入前—前測	10	10	17
成效	介入第一學期：後測 1	17	40	7
	介入第二學期：後測 2	53	72	20

註：PR 為百分等級。
資料來源：陳淑麗（2008）

案例二：大茂國小

　　大茂國小（化名）是一個相當弱勢的學校，全校僅有 6 班，每班人數大約 25 人，全校學生的閱讀能力普遍都不佳，學校積極地想要提升學生的閱讀能力。學校有 2 位專職的補救教學老師，但每一個年級也只能服務 6 個學生，為了找出最需要幫忙的學生，補救教師為全校學生實施一系列的語文能力測驗，包括：「注音能力診斷測驗」（小一）、「識字量評估測驗」、「國民小學閱讀理解篩選測驗」（小二至小六），以及「聽寫測驗」（小二至小三），小二至小六都以識字量為基準做排序，其他測驗則做參酌，找出最弱的 6 至 10 名學生，接著再請導師根據平日的教學觀察，確認有沒有遺漏需要補救的學生，或有哪些不需要補救的學生；最後，由補救教師和導師共同決定 6 名最弱的個案，施予補救教學。表 10-2 是以小二年級為例，參與補救和沒有參與補救的學生，在三種篩選測驗的百分等級，從表 10-2 中可以看出，參與補救的學生，他們

的識字量、聽寫和閱讀理解能力，確實都比沒有參與補救的學生弱。

表 10-2　大茂國小二年級學童「先全班施測，再由導師確認」模式之案例

學生類型	識字量 PR	國字聽寫 PR	閱讀理解 PR
補救教學個案（n = 6）	5	4	4
不參與補救教學個案（n = 20）	34	31	28

註：PR 為百分等級。
資料來源：陳淑麗、曾世杰（2008）

　　案例一與案例二兩個國小之做法，可以由以下的角度分析其差異：

1. 篩選程序之不同，獲得不同的資訊

　　案例一的實施是「先由導師推薦，再以測驗工具確認」，研究發現老師轉介的都是符合篩選標準的；而案例二的實施是「先施測進行篩選，再由導師確認需求」，結果僅能選取最差的數名學生，而符合篩選標準卻無法接受補救的學生人數，卻為接受補救的學生人數之 3 倍之多，確實符合洪儷瑜等人（2009）所提醒的——教師傾向轉介較差的。上述兩種案例做法雖不同，但在補救教學人數有名額限制，以及以表現最差的學生為篩選標準的條件下，二種方式最後所得結果都差不多。但案例二卻可以讓我們知道，到底有多少學生低於篩選標準；換言之，真正預防性的補救就應該是補救這些篩選出來的學生，而非僅選教師認為嚴重的。案例一是僅依賴教師轉介的學校，到底學校還有多少低於篩選標準者，卻是未知。但如果受到補救教學之經費和服務人數之限制，服務人數早已受限於經費，如上述兩個案例的執行結果，所得到的學生應該差不多，都僅在選取最差的幾位，學生多少是取決於服務供給量，而非學生需求量。只是在案例一中，可能受到學校教師的影響，如果教師對轉介概念有異常之偏見，可能會轉介出過多或過少，或與目的不符合之學生，例如：轉介行為有問題而非能力差的學生。而在所得結果差不多的狀況下，案例二的做法會增加不少施測和篩選所費的人力，但卻可以避免教師偏見之影響。

2. 適用性與可行性

由於上述案例二的方式需要較多的施測人力，決策之結果差不多，所以在案例一先請導師推薦低成就學生，再用語文測驗做確認，在學生人數較多的中大型學校，比較能節省施測人力，可行性較高；而如果該校處於不利的環境，全校學生表現偏低，此方式可能會嚴重低估了補救教學需求的學生人數。反之，案例二先篩後轉的模式，需要在全校施測，所需人力高，可能在學生人數較少的小型學校比較可行。根據洪儷瑜等人（2009）的研究發現，很多學校都反應校內沒有這樣的人力執行全校篩選，此方案在實際上不可行。但此方案卻可以讓學校知道全校低於篩選標準的人數比率，有個確實的需求量，將有利於學校申請補救教學補助之規劃和執行。

（二）補救教學成效評估

如何知道閱讀補救教學有沒有成效？標準化的語文能力測驗能告訴我們一些訊息，如前文所提，閱讀教學成效的評估，要考慮原來教學設計的目標，也要考慮評估的目的，例如：要看教學目標關心的語文能力有沒有進展，或者要看類化的效果；不同的考慮，選擇的測驗工具也會不一樣。接下來，我們再以前述案例一大榮國小的例子，來說明在「教學成效評估」的階段，如何應用測驗工具做評估。

案例一：大榮國小（續）

大榮國小二年級 140 名學生，在篩選階段，共篩選出 12 名閱讀困難學生，補救教學採能力分組，每組 6 名學生，補救教學成分採包裹式設計，教學之重點包括識字、詞彙、理解等語文能力，但特別強調識字解碼。補救教學進行 1 年，篩選和成效評估的測驗指標相同，前述的表10-1 呈現教學介入前後三次測驗的百分等級，從表 10-1 可知，經過 1 年的補救教學，參與學童的識字量和聽寫能力都有明顯的進展，識字量的百分等級從 PR10 進步到 PR53，聽寫能力的百分等級則從 PR10 進步到

PR72，但閱讀理解能力的百分等級的進展不大，只有從 PR17 進步到
PR20。低階的識字和聽寫已經回到或超越同儕水準，但高層次的閱讀理
解能力，只能預防差距持續擴大。

　　在這個案例裡，我們看到標準化的語文能力測驗，可以清楚地讓我們知
道整個補救教學方案有沒有成效？效果主要在哪些能力？成效達什麼樣的水
準？由於這個語文補救教學方案，最強調的語文能力是基礎解碼，其結果也
顯示識字和聽寫等解碼能力的進展確實比較好；相對地，閱讀理解花費的教
學時間較少，其進展也相對較差。

 ## 特殊需求學生語文課程設計之通用架構

　　特殊學生雖然有特殊學生的課程綱要，但由於多數特殊學生多在普通學
校的普通班、資源班或特教班就讀，所以，其語文能力的學習需求就顯得更
為多元。教學設計時所需要的診斷就顯得更為重要。然而，洪儷瑜（2009）
從專案所提供的線上特教教師參與特殊語文課程研習之案例，發現國內特殊
教育教師面臨跨類學生的不同語文課程需求，以及融合教育下所面臨之普通
課程、補救課程和功能性或治療性課程之多方要求，不知何去何從；且多數
教師所受到的診斷訓練都以障礙類別為主，但特殊教育之班級內學生卻是跨
類別的安置，特殊學生在補救、矯治或功能性課程下，不是追著普通教育課
程補救，就是零碎的策略補救，或簡單的功能性課程，其目標和教學設計往
往忽略了基本的語文能力之發展與培育。

　　洪儷瑜（2009）綜合 4 年線上特教教師特殊語文課程之研習課程的案例，
結合 Chall（1996）的閱讀發展、Moreau 和 Zagula（2002）的敘事能力之發
展和各研究者的讀寫字能力發展（洪儷瑜，2005）等理論，將各類特殊教育
需求的學生在語文課程設計方面，提出「特殊學生的語文能力發展課程之通
用架構」（developmental approach of literacy curriculum for students with special
needs in universal framework，簡稱 DALC-SEN）。其主要在建立一個涵蓋大
多數特殊學生的語文層次發展的原則，並提供教師診斷學生語文學習需求之

參考架構，以及針對學生需求，設計發展語文能力之系統化課程與教學（Hung, 2009）。此 DALC-SEN 是經過四階段，超過一百多位各階段各類別的特教教師的測試，以及學者專家、資深教師審查之後，對於各類特殊學生的語文課程提出四階段十二種語文學習層次之通用原則。四階段包含：口語發展、讀寫字學習、基本語文能力鞏固，以及有目標的閱讀等，詳如表 10-3 所示，本架構之特色如下：

1. 各階段以主要學習目標命名，例如：口語發展、讀寫字學習、基本語文能力鞏固、有目標的閱讀等。每個目標有三種不同的語文層次，不同層次的學習目標也有所不同。

2. 每個學生不一定要完成所有層次，依據學生的能力、生理年齡和環境要求，在該目標達成時，可以在下一階段選擇適合學生學習的目標，例如：一個口語理解、表達能力不佳的學生，不一定要等到口語能力達到一定標準或達到閱讀萌發階段時，才可以進入讀寫字階段，僅是其在讀寫字階段需要選擇適合其能力的層次，例如：層次 2-1，識字的目標選高頻的字為學習目標；且在識字教材上配合其生活經驗，同時訓練其口語能力，識字閱讀使用圖示的字卡和有圖片說明情境的繪本，而不需要像一般學齡兒童學識字一樣，需要學注音符號等拼音或組字規則。

3. 語文課程的重點不一定都在書面語文的讀寫，部分階段或層次強調口語發展，例如：階段一的三個層次，階段二、階段三的部分層次；有些階段則強調各種語文能力間的統整，例如：階段三。

4. 各階段之教學前之所需評量，主要以口語能力、識字解碼（國字或注音符號）、閱讀理解為主，三項能力在各階段之重要程度不一，其他可能需要輔以寫字、精細動作、聽力等相關資料。

特殊教育教師利用此通用架構，在教學前評估學生的能力，主要包括口語（聽、說）、識字或讀寫字和閱讀理解等三項，教師可以利用標準化測驗，也可以利用自編測驗或其他評量方式，進行診斷學生的學習需求和優缺點，再根據評量結果決定學生的學習需求和目標。以下引用兩個案例，說明教師如何利用三項主要的評估，來決定學生的教學目標和分配教學重點。

表 10-3 「特殊學生的語文能力發展課程之通用架構」摘要表

階段	層次	學習目標
I. 口語發展	Level 1-1 沒有口語溝通能力	●口語發音、對聲音有系統反應，甚至可以理解。 ●使用圖畫或符號溝通。
	Level 1-2 有限的口語能力	●增進口語表達和理解的能力（詞彙、句型）。 ●閱讀圖卡或圖畫書、繪本。
	Level 1-3 閱讀萌發	●口語敘事表達和理解能力。 ●閱讀繪本。 ●直接認讀高頻字詞。
II. 學習讀寫字	Level 2-1 有限的口語能力，學習讀寫字	●增進口語表達和理解能力。 ●閱讀圖卡或圖畫書、繪本。 ●直接認讀高頻字詞。
	Level 2-2 利用視覺直認方式，學習讀寫字	●直接認讀字量增加。 ●可以朗讀短文或故事。 ●可以理解熟悉主題的短文或故事。
	Level 2-3 利用解碼學習讀寫字	●識字解碼的技巧，會拼注音符號或猜字。 ●可以朗讀短文或故事。 ●可以理解熟悉主題的短文或故事。
III. 基本語文 能力鞏固	Level 3-1 流暢認讀功能性高頻字	●增加直接認讀字詞量。 ●流暢的讀字和短文。 ●可以利用會的高頻字進行朗讀、書寫和理解等語文活動。
	Level 3-2 讀寫差距很大，識字能力遠優於書寫，嚴重書寫困難	●熟悉組字規則，利用組字規則拼字。 ●在高頻字的範圍內進行朗讀、書寫，和理解等語文活動。
	Level 3-3 基本語文技巧自動化	●拼讀字非常流暢。 ●可以利用拼音朗讀新字。 ●流暢的朗讀該層次的讀本。 ●可以在該層次的讀本進行讀寫等語文活動。

表 10-3　「特殊學生的語文能力發展課程之通用架構」摘要表（續）

階段	層次	學習目標
IV. 有目標的閱讀	Level 4-1 基本字義理解	●可以字義理解所閱讀的文本。 ●可以利用文本學習新的詞彙、句型。
	Level 4-2 功能性或有限的閱讀	●在該層次的文本進行有目標的閱讀，如蒐集資料或娛樂。 ●精熟日常生活所需的功能性語文技巧。
	Level 4-3 利用閱讀學習新知	●可以進行目標的閱讀，如由文本取得資訊或娛樂。 ●由閱讀習得進一步的語文技巧，以做為未來閱讀之用，例如：不同文體、不同寫作風格。

案例三：資源班的小語

　　小語（化名）是就讀於國中資源班的中度智能障礙學生，教師在教學之前評估學生的資料（如表 10-4 所示），其中包括智力、識字、閱讀、書寫、口語表達、理解和日常溝通等能力的評估。從「魏氏兒童智力測驗」的詞彙和理解之量表分數了解，學生的該項能力為其弱勢；「畢保德圖畫詞彙測驗」之理解能力也僅達有百分等級 PR1，無法進行標準化的閱讀、識字和書寫測驗；教師自編最高頻的 100 字國字表讓學生認讀和造詞，發現學生正確性只有 13 個字，會讀的字只有 20 個，此表示學生已經略會少數常見字，以及學生具有基本口語溝通的句型和能力，診斷其語文學習層次為「2-1：有限的口語能力，學習讀寫字」，主要目標在「增進口語表達和理解能力、可閱讀圖卡或圖畫書、繪本、直接認讀高頻字詞」。老師教學採語言經驗法，利用學生熟悉的語彙和經驗編製短文，並利用教學目標選重點補救成分，讓學生可以透過短文學習句型，以及相關語彙的讀寫活動，老師也透過句型和詞彙，讓學生練習口語的表達、理解。

老師的課程設計之後，在執行時進行每節的教師觀察，評量學生的參與程度、對教師教學之反應、反應的正確性和流暢性，每節課完成之後，進行檢討調整，發現採用單元設計，每單元包括 2 至 3 課，重複簡單短句之短文，學生在教學方面之參與程度、對教師教學之反應、反應的正確性和流暢性上較為理想。也看到學生對於食物主題的反應較為熱烈，推估學生對於食物比較喜歡，因此利用飲食的主題設計語文學習的內容，引起學生的學習興趣。

經過一學期 72 節的語文課程，教師發現學生在標準化的圖畫詞彙測驗的百分等級僅有微幅進步，得分從 45 進步到為 51，但在教室上課學習主動參與上，說話內容比較明確、清楚表達，比較可以遵守老師的指令，也可以進行較多次的對話；在圖片敘述的表達方面，正確的表達增加了，開始使用句子，雖然其描述故事情節的複雜度沒有明顯改善，但口語表達能力確實明顯增加。

表 10-4　小語在教學前的評估基本資料

年級	八年級			
性別	男			
手冊類別	中度智能障礙			
安置類型	不分類資源班			
魏氏兒童智力測驗（WISC-III）	施測日期			
	2006.10.12			
	FSIQ			
	50			
	VIQ		PIQ	
	50		57	
	VCI	FDI	POI	PSI
	52	52	56	61
	詞彙量表		理解量表	
	2		1	

表 10-4　小語在教學前的評估基本資料（續）

畢保德圖畫詞彙測驗 （PPVT） （對照 12 歲組常模）	標準分數 57，PR ＜ 1
閱讀理解困難篩選測驗	得分 1

識字類測驗	測驗名稱	自編國字測驗 100
	讀音時間	2 分 28 秒
	讀音正確	20
	造詞正確	16
	正確性數	13
	流暢性	8.11 字／分

看注音寫國字測驗	無法施測
自編看圖敘事能力	學生僅能命名圖片的景物，沒有句子和修飾語描述，名詞間也未出現連接，敘事能力僅能為第一階段描述式的序列（洪儷瑜、陳欣希，2009）。
平時表現	根據老師的觀察，該生平時上課時，對問答的反應不佳，經常對著老師發呆，無法回應老師開啟的話題。下課時雖然會有與同學或老師主動出現互動的語言，但語句多為簡單而短的句子，例如：，「老師，○○○○打我」、「電腦借我玩」、「電腦借我上網」、「○○○○請客」、「要打籃球」……等句子。如果要他仿說句子也不能超過 5 五個字。無法完成 2 兩個要求合併的指令，如要他到別處借取工具（例如：「去辦公室找老師借一把剪刀」）。 僅能抄寫，自發性書寫目前只會寫自己的名字，不會讀寫合一的活動，例如：聽寫、讀出抄寫的字或寫出自己所讀的字。

資料來源：Li & Hung (2007)，李忠諺之研習作業

案例四：巨將

　　巨將（化名）是小三才被轉介到資源班，尚未獲得身心障礙之資格，但其國語成績到小三遽降後，才被老師轉介到資源班。由小一、小二成績看不出學生有任何問題，只是不喜歡寫功課，經常遲交作業。資源班先實施智力測驗，發現其智力正常，智力之間沒有明顯差距，僅有處理速度因素顯著較低。教師在設計其補救教學、評量識字、閱讀理解和口語時，其口語能力在教師觀察和智力測驗的語文測驗結果一致，均在正常水準，與一般同儕無異。「中文年級認字量表」得分 44（百分等級 15），「閱讀理解困難篩選測驗」得分 10，「看注音寫國字」僅有 2，老師利用注音符號自編「注音符號認讀測驗」，學生得分 34，表現不錯，僅有一些ㄥ、ㄣ、ㄋ、ㄌ分不清。施測曾世杰等人編製的「聲韻覺識測驗」，發現僅有聲調處理低於小三切截點，其他得分都在切截點以上，此顯示其聲韻處理能力為正常。工作記憶得分 2.5 也在切截點以上，但部件辨識得分卻低於切截點，測驗結果與教師觀察學生的表現所得結果一致。評估資料如表 10-5 所示，學生在識字方面優於寫字，注音符號的認讀優於國字，國字輸出出現困難。但根據家長陳述，其在小一下即出現寫作業的困難，但僅是家人督促、協助，即可以讓他準時完成。經過評量，教師把巨將在語文科的補救教學需求列為層次 3-2，其語文學習目標包括：教導組字規則，如部件、部首等組字規則、學習利用組字規則拼字，在高頻字的範圍內進行朗讀、書寫等讀寫合一的學習活動。

　　傳統資源班教師可能僅選識字策略，來進行矯正性的補救，未能結合其語文課程的學習，導致學生小三上一學期下來，因增加資源班作業而降低到資源班的意願，且不易看到巨將將識字策略運用在原班的語文課程中。因此，資源班教師參考通用架構之目標，選用高頻字寫成的短文，進行短文、句型之閱讀和口語理解等活動，而其教學活動也將各項

能力納入，教學比重較識字為輕，讓學生在進行補救教學缺陷之餘，也可以統整的發展語文能力。

表 10-5　巨將在教學設計前之評估資料

性別	年級		安置	中文年級 認字量表	閱讀理解困難 篩選測驗得分
男	小三		資源班	百分等級 15	10
FIQ	VIQ	PIQ	語文理解	知覺組織	專心注意	處理速度
88	89	90	94	98	79	70
聲調處理	注音— 聲母	注音— 韻母	注音符 號認讀	部件辨識	看注音 寫國字	工作記憶
13	14	16	32	8	2	2.5
教師觀察	寫字很慢，經常依賴注音符號，聽寫時可以把注音符號正確寫出來，但難以把國字寫出來。 喜歡選擇題、是非題，不喜歡寫字的題目，經常在填充、問答、造句等需要書寫的問題空白。
家長陳述	從小寫功課就很慢，不喜歡寫作業，經常寫作業寫到很晚。 小一、小二在家人督促、協助下，都可以讓他準時完成，但小二下以後卻發現書寫量大，出現逃避寫作業的情形。

資料來源：洪儷瑜（2005）

第三節
結語

　　如第三章所說，閱讀教學課程需要不同層次之思考，才能滿足所有學生的學習需求，但如何決定誰適合哪一個層次？如何決定學生學習的重點？如何決定學生適合哪一種學習教材？如何決定是否調整教學方法？要選用什麼能力作為進展評估的依據？這些問題在統一教材、統一進度、統一目標的普通教育思維中，不會被提及，但對於補救有困難的學生，這些問題卻都是有

效介入設計之重要問題；本章強調的評量即是有效介入之重要工具。有些問題需要考慮不同年齡階段、不同語文目標、不同對象，其答案可能有多樣化和條件性，但有些問題的答案確實是可以通用的。本書很多章節對某些特定問題均有詳細說明，本章僅提供四個不同層級補救教學之案例，期待讀者可以體會每個學生的閱讀學習需求的差異性，以及解決此差異性所需要的專業知能。

 參考文獻

中文部分

古美娟（2008）。**國中特教班前閱讀期綜合性語文教學實驗成效研究**。國立台灣師範大學特殊教育系碩士論文，未出版，台北市。

邱上真、洪碧霞（1997）。**國語文低成就學生閱讀表現之追蹤研究（II）—成分技能取向之國語文成就測驗**。國科會專題研究計畫成果報告（報告編號：NSC 86-2413-H-017-002-F5），未出版。

柯華葳（1999）。**閱讀理解篩選測驗**。台北，未出版。

洪儷瑜（1997）。國小國語文低成就學生之視知覺能力研究。**特殊教育研究學刊**，15，275-292。

洪儷瑜（2005）。**中文讀寫困難適性化補救教學——由常用字發展基本讀寫技能（I）、（II）**。行政院國家科學委員會專題研究計畫成果二年的期末總報告（報告編號：NSC-91-2413-H-003-020 & NSC-92-2413-H-003-020），未出版。

洪儷瑜（2009）。**教師虛擬研究室——中文讀寫教材調整之專家系統的建立**。行政院國家科學委員會專題研究計畫成果三年期末報告（報告編號：NSC 95-2516-S-003-004-MY3），未出版。

洪儷瑜、王瓊珠、張郁雯、陳秀芬（2006）。**常見字流暢性測驗**。台北市：教育部。

洪儷瑜、張郁雯、陳秀芬、陳慶順、李瑩玓（2003）。**基本讀寫字綜合測驗**。台北市：心理。

洪儷瑜、陳欣希（2009）。如何運用七彩閱讀之旅。載於洪儷瑜、陳欣希（編），**七彩閱讀之旅**。台東市：財團法人永齡教育基金會永齡希望小學台東教學研發中心。

洪儷瑜、陳淑麗、王瓊珠、方金雅、張郁雯、陳美芳、柯華葳（2009）。閱讀障礙篩選流程的檢驗—篩選或教師轉介之比較。**特殊教育研究學刊**，34（1），1-22。

陳淑麗（2008）。**教材與師資對國小低年級語文補救教學成效的影響**。行政院國家

科學委員會專題研究計畫成果報告（報告編號：97-2628-H-143-001），未出版。

陳淑麗、曾世杰（2008）。**反敗為勝學校初探性研究**。財團法人永齡教育基金會永齡希望小學台東教學研發中心成果報告，未出版。

 英文部分

Chall, J. (1996). *Stages of reading development* (2nd ed.). Orlando, FL: Harcourt Brace & Com.

Hung, L. (2009, November 22). *Developmental approach of universal-designed literacy curriculum for students with special educational needs*. Paper presented in the 2009 Asian Federation on Mental Retardation Conference, Singapore.

Lerner, J. L., & Johns, B. (2009). *Learning disabilities and related mild disabilities* (11th ed.). Boston, MA: Houghton Mifflin Harcourt Co.

Li, C., & Hung, L. (2007, November 19). *Enhancing spoken language of the middle school students with moderate mental retardation by language experience approach*. Paper presented in the 18th Asian Conference on Mental Retardation, Taipei, Taiwan. Retrieved December 12, 2007, from http://edu.nttu.edu.tw/NFL/contents/prog/prog_list.asp?menuID=396

Moreau, M. R., & Zagula, S. (2002). *Braidy: The story braid teachers' manual: An early childhood research-based process for oral language development*. Springfield, MA: Mind Wing, Concept In.

Salvia, J., & Ysseldyke, J. (1995). *Assessment* (6th ed.). Boston, MA: Houghton Mifflin.

第十一章

補救教學教材設計實例

洪儷瑜[1]、陳秀芬[1]
林素貞[2]、陳秋燕[2]、楊欣宜[2]、盧昱雯[2]
陳淑麗[3]

　　本書最後一章係介紹語文補救教材設計實例,即教學者面對無法有效吸收普通教育國語文課程內容的學生時,該拿什麼教材讓學生學習,才能有效提升其語文能力,挽救已經落後同儕一大截的識字或閱讀理解能力?本章乃邀集國內已有實證研究支持的三套教材研發者,親自介紹他們經過研發與教學實驗的課程。

　　第一套是部件識字教材,適用於識字量在 1,200 字以下(或識字能力在小二以下)的國小階段中、高年級的學生,係由洪儷瑜教授和其研究生陳秀芬、黃冠穎以及研究助理共同研發,在永齡教育基金會補助的台東教學研發中心進行過教學試驗,未來將由永齡教育基金會出版。

　　第二套是林素貞教授指導其三位研究生陳秋燕、楊欣宜、盧昱雯,所共同編製完成的「直接教學模式國語文課程」,以閱讀理解程度在國小三年級水準以下的國中學生為對象,希望加強閱讀理解能力偏低的國中生,提升其口語理解、識字和閱讀理解能力。

　　第三套是永齡國語文補救教材系列,適用於國小一到三年級國語文低成就學生,係由陳淑麗教授和曾世杰教授帶領永齡教育基金會永齡希望小學台

---

1 案例一撰稿人和課程主要編輯。

2 案例二撰稿人為林素貞,其餘作者為課程內容撰稿人。

3 案例三撰稿人。

東教學研發中心團隊的助理共同設計，教材內容完整，包括：課本、教師手冊、教具、習作等，研發團隊希望藉此提升補救教學的品質，同時又可以減輕教師備課負擔。

三套教材實例茲說明如下。

第一節
案例一：部件識字教材之介紹與評析

◎教材名稱

國字精進手冊一——部件識字課本

◎編製／設計者（年代）

洪儷瑜主編（2009）

◎出處

國立台灣師範大學特殊教育學系實驗教材

◎設計理念與架構

壹、設計理念與教材架構

本教材的編製理念主要如下：

1. 根據閱讀發展的理論可知，小學低年級建立的基本讀寫能力，是發展中、高年級讀寫能力之重要基礎，但綜觀國內的補救教學目標及教學設計，卻多忽略發展與培育基本語文的能力。然而，特殊教育學生在語文能力的學習需求是多元的，因此，洪儷瑜（2009a）即綜合其四年在特殊教育學生語文課程發展的經驗，提出「特殊學生的語文能力發展課程之通用架構」（詳細內容請參考本書第十章），將語文課程分為四階段（含口語發展、讀寫字學習、基本語文能力鞏固、有目標的閱讀）十二

種語文學習層次，不同階段各有不同的發展層次。以中、高年級的學生而言，如果小學低年級應學會的基本讀寫能力不會，語文學習仍停留在讀寫字學習階段者，應該考慮其生理年齡的需求和該階段之其他語文學習目標，讓學生在補救基本能力之餘，不致於犧牲其他學習目標，所以，本教材即針對國小四年級以上，仍未達到基本識字量（小學二年級平均識字量為 1,200 字）的學童，如何補救其到應有的基本識字量並了解字詞的規則，透過規則加速趕上學習需求，而以「部件識字」、「詞彙」與「流暢性」做為補救教學的重要目標。

2. 在讀寫字能力的補救方面，研究證實「以文帶字」的集中識字之方法成效優於「以字帶文」，其效果在低年級最佳（洪儷瑜、黃冠穎，2006），此教材延續該研究編製原則，也在高年級的語文低成就學生受到肯定（洪儷瑜、陳秀芬、吳怡慧、古美娟，2009）；且研究結果也指出，設計成隨文識字的方式，讓字詞出現在有情節脈絡的文章中，成效更能持續（洪儷瑜，2009b）。過去在進行中高年級的補救教學時，常因其語文能力低落而降低難度，直接選用低年級的教材，然而一般的低年級教材，其教材內容及語文學習重點與中、高年級並不相符。因此，編製者即以「以文帶字」為原則，重新編製在學習目標上適合中、高年級發展階段，課文題材又能兼顧其年齡水準之教材。

綜上所述，本教材的編製原則即在擷取集中識字的優點，優先選用黃沛榮（2003）所分析屬高構字率的整字部件，選用一組教學目標字，並透過其字音的可讀性，方便學生利用口訣自我教導學習；文章設計則是配合學生識字量編寫文章篇幅在 150 至 200 字之間，題材適合中高年級學童之經驗及興趣的課文。全教材共計有 20 課，分為上、下兩冊，每冊 10 課，其中 8 課之教材編排順序考慮部件的構字率及筆劃難度，另有 2 課綜合單元，教導中文拼組字的技巧（例如：上下、左右拼）。

貳、教學重點與實施步驟

本教材主要教學重點，包括：「部件字讀寫」、「詞彙」及「閱讀流暢性」等三項語文能力。以下即以「王」部件為例，先呈現課文，並分別說明教學步驟如下。

一、課文

【猜謎】

有個字，　很神奇，

加個元，　很好玩，

加個見，　會出現，

加個入，　就安全，

頭上加一點，　變主人，

腳上加一點，　變碧玉，

加白、　加求、　加皮，　通通有意義。

二、部件字的讀寫字教學

1. 部件字的字源解說：提出教學的部件字，由教師利用教具（如國字演進卡）或多媒體資源等方式，進行該部件字演變過程的解說。以下即為「王」部件的演進過程為圖示範例。

2. 部件字的字形區辨：請學生完成「小小偵探」作業單，在各題句子中找出有「王」的字，並請老師帶領學生進行檢討。例句如下：
   ◎上體育課時，我們玩球玩得好開心。
   ◎古代的皇帝擁有很大的權力。

3. 部件衍生字教學
   ⑴老師提出教學字：本課為「玩、現、全、主、玉、皇、球、玻」等八個字。每個字依照①至④程序進行教學：
   ①呈現教學字的字卡，例如：

   玩　現　全　主

②請學生在課文中找出此字圈起來。

③教導組字口訣，例如：

王＋元＝玩　　　王＋見＝現　　　入＋王＝全

、（頭上的點）＋王＝主　　　、（腳上的點）＋王＝玉

王＋白＝皇　　　王＋求＝球　　　王＋皮＝玻

④請學生口頭造詞，老師將詞書寫在黑板上。若學生造成同音異形的字，例如：「現」造出「線上遊戲」的詞，則老師應立即給予回饋更正錯誤，例如：寫出其錯誤反應，讓學生看到而學習區辨「現」、「線」兩字。

(2)組字口訣練習：利用「文字加一加」作業單，讓學生運用口訣做為自我教導的記憶策略，反覆練習字形的組合。作業單形式的範例如下：

◎王＋□＝玩。

◎王＋元＝□。

(3)習寫字練習：

①老師帶領學生對每個字做書空的練習，一邊書空、一遍唸口訣。

②讓學生在作業單上自己練習習寫，每字至少三次，並且邊寫邊唸口訣。

生字習寫作業單一　　　　　　　　＿月＿日

　　小朋友，先把每個生字練習寫兩次，再把生字蓋起來，試試看自己可不可以把它寫出來。

⑷複習教學字：可利用字卡遊戲的形式進行複習，達到提升興趣、反覆
練習的效果。老師請學生利用空白名片製作屬於自己的字卡，並教導
整理字卡的方式（例如：利用夾鏈袋、標籤紙）。以「文字賓果遊
戲」為例說明進行方式如下：

①給學生 3×3 格子的賓果卡，以聽寫方式讓學生寫下所學的部件字
與教學字。

②讓學生抽選手中的字卡，能正確讀出該字並造出正確的詞者，就
能劃掉該字。

③看誰先完成所要求之連線數量（如三條），即為勝利者。

【賓果卡】

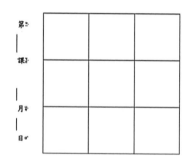

⑸課外延伸學習：鼓勵學生利用「國字銀行」將部件字和教學字記錄
下來，利用課餘時間去尋找有相同部件的字，增加在自己的紀錄本
上。

三、詞彙教學

1. 圈詞：老師唸，請學生圈出課文中所有的生詞。本課為「好玩、出現、
安全、主人、碧玉、（皇帝、皮球、玻璃）」等 5 至 8 個詞。

2. 詞彙教學：每個詞依照下列程序進行教學：

⑴呈現教學詞卡：老師帶領學生唸一遍，並找出課文中出現該生詞的
句子。

⑵詞義教學：老師透過發問來引導學生學習與該詞彙相關之相近詞、
相反詞、多義詞，藉由連結學生舊有經驗來加深新經驗。步驟如下：

①請學生利用課文前後的描述，猜猜看教學詞的意義。老師可以問：
「你們知道○○的解釋嗎？」

②如果學生不知道，老師進一步問：「如果不知道，可以從課文中的意思猜猜看這個詞的意思。」再利用造句、說明或同義詞說明這個詞的意義。

③接著，老師請學生想想看：「你知道有哪些詞和這個詞的意思相近呢？」

④然後，請學生想想看：「你知道有哪些詞和這個詞的意思相反呢？」

⑤最後，如果生詞中有多義詞，則可進一步問：「今天認識的生詞中，有沒有以前學過這個詞，但意思跟你之前學的不同？」

(3)經過上述討論後，利用「幫忙找朋友」作業單讓學生用自己的話整理所學到的詞彙。

 幫忙找朋友

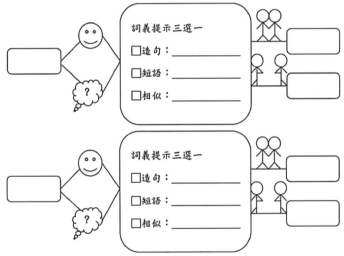

3. 生詞習寫練習：利用生詞習寫單練習語詞，每個生詞至少習寫 2 次。

識字課文生詞習寫作業單＿＿月＿＿日

出								
現								
。								
出								
現								

4. 選詞填寫練習：利用選詞填寫作業單進行自我複習，完成後師生共同訂正。

選詞填寫作業單　　　　　　　　　　＿月＿日

　　小朋友（　　）中應該填入什麼呢？請選出正確的答案，並把它填入（　　）中。

猜謎、神奇、好玩、出現、安全、主人、通通

一、　　我覺得（　　）遊戲很（　　），可以看誰最聰明能夠猜出答案。

四、閱讀流暢性教學

1. 課文朗讀活動：可以變化運用各種帶領朗讀的方法，讓學生反覆練習朗讀課文到流暢的程度。在教學之初，可以由老師示範，讓學生模仿，例如：老師先帶讀全文一遍，再請學生全體朗讀；或是老師可以逐段示

範，再請學生跟讀。在教學中期之後，則可由師、生或是生、生之間輪流朗讀接力，或是請學生兩兩一組個別進行均可。

2. 課文朗讀評量：可善用課堂之間的時間，多次、反覆的練習朗讀技巧。透過學生兩兩利用碼表進行朗讀交互評量，以提升學生參與的動機。

 文章朗讀記錄

有個字，很神奇，
加個元，很好玩，
加個見，會出現，
加個入，就安全，
頭上加一點，變主人，
腳上加一點，變碧玉，
加白、加求、加皮，通通有意義。

朗讀一	日期	月	日	小老師簽名：				
	全部字數	減	念錯字數	得	正確字數	朗讀時間 分 秒		每秒鐘正確數	每分鐘正確數
	51	－		＝				

◎適用對象

識字量在 1,200 字以下（或識字能力在小二以下）的國小中、高年級學生。

◎成效考驗

以本教材之相關教學實驗有二：

1. 洪儷瑜、黃冠穎（2006）針對低年級語文低成就學生所進行的教學實驗研究，其目的在比較「以文帶字」和「以字為主」的兩種教學設計成效，研究結果發現，兩種方法在增進部件辨識能力的成效差異不大，但「以文帶字」的教學對於閱讀能力的增進較為全面、保留效果較佳，在識字、朗讀理解的正確性與流暢性均有立即和保留效果。

2. 洪儷瑜等人（2009）針對中高年級識字困難學生，進行為期一年的補救教學課程，其研究目的在了解識字量在 1,200 字以下之四、五年級學生，是否能夠在部件文教學中增進閱讀能力。研究結果發現，實驗組學生在識字正確性、寫字能力、文章朗讀之正確性與流暢性都有較佳的提

升。其中，四年級實驗組在識字流暢性能力的表現進步極大，在經過一學期的教學後，12 人中即有 5 人能夠達到年級平均水準，顯示出本課程在識字能力增進上的成效。

◎進一步閱讀

洪儷瑜、黃冠穎（2006）。兩種取向的部件識字教學法對國小低年級語文低成就學生之成效比較。**特殊教育研究學刊，31**，43-71。

洪儷瑜、陳秀芬、吳怡慧、古美娟（2009）。**希望小學中高年級語文科補救教學研發實驗報告**。財團法人永齡教育基金會永齡希望小學台東教學研發中心，未出版。

◎教材評析

本教材的優點可從動機與能力兩方面來談。

一、在動機方面

1. 考慮控制教材的難度與學習量，包括字頻覆蓋率、文章長度，並在教學過程之活動設計等，都考慮維持中高程度的成功學習機會，才能夠有效的維持學習動機。

2. 結合策略用鷹架的方式教導學生：如在教導組字規則時，將字形拆解成可命名、高構字率的部件，再配合教導學生析字口訣的記憶策略，更有利於鞏固字形的保留效果。

3. 在文章脈絡中學習，結合學生有興趣的主題和朗讀活動，讓學生有機會在脈絡中學習文字、區辨相似字，故保留效果佳，容易產生學習遷移。

二、在閱讀能力方面

1. 雖然補救目標主要在讀寫字能力之提升，但能兼顧到詞彙、流暢性等目標，涵蓋的語文能力仍有其完整度。

2. 教學層面從字→詞→文章，雖然文章字數較少，但結合脈絡讓識字更有保留成效，且透過重複朗讀亦有效鞏固學習效果。

3. 根據魏金財、吳敏而（1996）的研究結果顯示，前 1,000 個字彙即已達到兒童讀物用字 90%的覆蓋率。本教材之功能在建立前 1,200 至 1,500 字的基本識字能力，並兼顧流暢性的教學目標，能讓學生不致於因為基本能力過低而在學習其他語文能力上受到限制，有其意義及重要性。

4. 本教材符合中高年級閱讀發展之需要，內容設計挑選其學生經驗中的主題，並兼顧應有的知識難度和故事體與說明文之多元文體。

5. 參與教學實驗的師生對於本教材的評價極高。根據洪儷瑜等人（2009）教學實驗後的滿意度調查發現，教師觀察到學生均能參與活動、遵守老師指令，並表現出正向的學習態度，八成以上的老師認為本教材的難度適當，九成以上的老師認為教學活動及作業設計合宜。

本教材之限制包括：

1. 教材難度偏易：為控制難度，在所選的教學字和文長字數上有所限制，雖在文體上有變化，但內容豐富度有限，與以文本理解為主的教材相比較，此教材在文體難度偏簡單。

2. 若學生識字量超過 1,200 字以上，或是沒有嚴重的國字書寫問題，不建議採用此課程。學生識字量若在 1,500 字以上，則建議可以另選以組字知識為主的識字課程，如部首聲旁。

第二節
案例二：直接教學模式 ── 國語文課程之介紹與評析

◎教材名稱

直接教學模式 ── 國語文課程

◎編製／設計者（年代）

陳秋燕（2003）、楊欣宜（2007）、盧昱雯（2008）

◎出處

國立高雄師範大學特殊教育研究所碩士論文

◎設計理念與架構

壹、課程目標

　　本課程發展之主要目的，乃在發展一套適用於閱讀理解嚴重困難的國中學生之國語文補救課程，以加強學生的國語文基本能力，包含：口語理解、識字和閱讀理解能力。此套課程共計有 29 課，針對中等教育階段資源班學生，乃定位在輔助性外加式課程運用，從補強學生國語文的基本能力，強化其對普通教育國語文課程的學習成效。此套課程亦可運用為中等教育階段自足式特教班的國語文課程，成為實用國語文課程的教材，從國語文基本能力的訓練，建構出身心障礙學生在語文方面的聽覺理解、口語表達、閱讀和寫字的實用能力。

貳、課程設計原則

　　依據閱讀發展階段來看，國中階段學生必須具備透過閱讀去學習不同知識的能力，故此套課程最終目標乃著重於提升學生的閱讀理解能力。本套課程每一課程皆涵蓋國語文的基礎能力訓練，依序為此課相關內容之口語理解、一般推論理解能力、識字和閱讀理解能力等四部分。

　　此套課程的課程能力指標，乃參考、彙整美國直接教學模式中「閱讀補救方案」課程（corrective reading）的能力指標架構、九年一貫國語文領域之能力指標，以及特殊教育實用語文的學習目標，建構出符合中文語言特質、普通教育以及特殊教育國語文課程能力指標之課程目標。本課程並參考直接教學模式的教學原則，發展每一課程的教學設計，每一課程內容皆包含能力指標、教學目標、教師教學指引、學生講義、學生練習單，以及學生評量單等六項內容。以下為本課程內容編製之七項原則：

1. 理論性：參考直接教學模式之「閱讀補救方案」課程的語文發展能力指標，建構中文的能力指標（請參見本章附錄 1），並且依據直接教學模式之教學原則，設計每一課程的教學活動以及教學節數的建議；教學設計包含教學流程、教師示範、學生課堂練習、回家之課後練習和評量等五個區塊；本課程單課的教學時數安排，教師可以視學生的能力調整，以符合加強學生國語文能力本位發展之原則。

2. 基礎性：以培養學生口語理解能力、識字能力和閱讀理解能力為主要目標，次要目標包含：聽覺記憶、序列記憶、口語推論理解能力、常用

字、背景知識、語文常識、字面理解能力、閱讀推論理解能力等基本能力，本課程之語文發展基礎能力架構，如圖 11-1 所示。

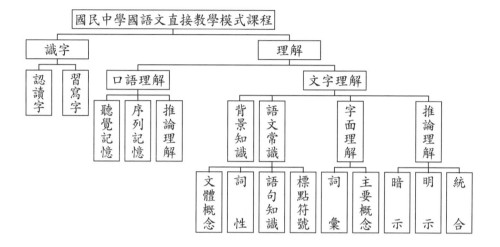

圖 11-1　國民中學國語文直接教學模式課程圖

3. 發展性：顧及中等教育階段學生的身心特質發展性，本課程之主題選擇符合青少年心理、興趣及社交議題的內容，以國中國文課本形式來編排。語文能力的發展性，則從聽覺理解、口語表達、識字到閱讀理解能力的完整序列性建構。

4. 編序性：課程設計採細步驟、累進式的能力發展，逐步加深教材教法的難度，例如：為考量學生識字量有限，課程內容從總字數少的文章開始（如第 1 課共有 24 個字），再階段性增加課文總字數，以第 28 課508 個字為最高。代表內容難易度之概念句數，則從第 1 課的 3 個概念句數，逐漸增加至第 29 課的 38 個概念句數，以階段性的增加教材難度，來提升學生的學習動機和信心，本課程之單元次序與字句概念數彙整表，請參見本章附錄 2。

5. 結構性：本課程的教材具高度結構性，每課包含之內容依序為：「背景知識」、「作者、出處、文體」、「課文架構圖、課文」、「生字」、「注釋」、「問題與討論」、「語文常識」、「推論練習」、「課堂練習單」、「生字練習單」等。

6. 經常性評量：本課程依照課程本位測量（curriculum-based measure-

ment，簡稱 CBM）的原則，設計「國語文單元成就測驗」檢核單元目標的學習效果，每教完 2 課即評量一次，分為口語問答、識字和閱讀理解等三大部分，以檢測學生的學習成效。一方面給予學生立即的回饋，另一方面也可以及時發現學生的錯誤，提供教師訂正或調整教學策略之依據。

7. 診斷－教學：此套課程為了實現特殊教育的診斷－教學之原則，可以依序先施測 12 個單元的「國語文單元成就測驗」，以了解不同學生在此套課程學習的起點行為或是教學適用的課別，並做為教師進行此課程學生能力分組的參考標準。本課程亦綜合上述 12 個單元的「國語文單元成就測驗」形成「國語文綜合成就測驗」，分為口語理解、國字和閱讀理解等三項分測驗，教學前教師可以先以此綜合成就測驗，評估出學生在三項分測驗能力的優弱勢，再設計個別化教學的目標，教學後亦可再進行此綜合測驗的評估，以比較學生在此三項能力的學習成效。

參、課程內容

本課程每課內容皆有十大項，說明如下：

1. 認識背景知識：介紹與課文內容特定主題相關的重要概念，以利學生進入課文文本閱讀。內容主要參考自國中教科書相關說明、百科全書或網路資料改寫而成。

2. 作者、出處、文體：介紹作者和插圖者姓名、文章出處以及文體。

3. 課文架構圖、課文：課文視學生學習需要，部分文字或段落有改寫或刪減。課文的選擇考量學生的發展年齡及語文能力，先選定相關主題，再從一般國中生較常閱讀的讀物及閱讀教材中選取適合的文章改編，題材包括成語故事、諺語故事、知識性短文等。為了增進學生學習的成就感，文本的字數控制在 100 至 500 字之間，逐漸增加文本長度。

4. 生字：根據九年一貫國語文能力目標，識字與寫字能力達到 1,000 至 1,200 字相當於第一階段國小三年級的水準。本課程的生字選取以日常生活中的常用字為主，又分為習寫字和認讀字。「習寫字」選取原則為此課文的關鍵概念字詞，並且是教育部國語推行委員會（2000）主編整理之「字頻總表」前 1,000 個字，教學目標為學生能自行書寫出此字之字形；「認讀字」選取原則為此課文的關鍵概念字詞，並且列入「字頻總表」前 1,000 至 1,500 個字，教學目標為學生能認讀此字字形或自語

詞中選出此字。若課文中有不斷重複出現的重要關鍵字詞，但是屬於「字頻總表」的 1,500 個字以上，本課程亦會列為認讀字。

5. 注釋：針對生難字詞加以說明，以較淺白或普遍的同義詞為第一優先，其次是較口語化的解釋，避免注釋中仍有新詞彙要解釋的狀況。從文本中選出日常生活中的常用語詞或表達文本重要概念的語詞，主要參考教育部國語推行委員會（1994）《重編國語辭典修訂版》，和國語日報出版中心（2005）主編的《新編國語日報辭典》，選擇字詞淺白易懂的句子或常用的同義詞做為注釋。

6. 問題與討論：針對課文字面意義以及引申含意設計討論問題，引導學生進行討論，以訓練學生邏輯思考和表達能力，通常由教師主導進行口頭的對答練習或學生的小組練習。

7. 語文常識：介紹文體、詞性、標點符號和連接句子，通常由教師主導進行口頭的教導練習或小組練習。

8. 推論練習：利用文本中出現的特性句子，進行學生推論理解能力的訓練，句子的對換練習，包括：推論、類推、譬喻、矛盾、摘要和預測文章段意等項目；通常由教師主導進行口頭的教導練習或小組練習。

9. 課堂練習單：此乃延續小組練習活動的內容，讓個別學生在課堂中能獨立作答。最前面幾課的教學著重聽覺理解，採由老師唸題目，學生個別在自己的作業單寫下答案，等學生對此部分的學習方式熟悉之後，教師再逐漸增加難度讓學生自己看文字作答；此部分的內容，包括：口語理解（語詞辨識、回答問題）、國字測驗（聽寫國字、圈選國字），以及閱讀理解（選擇題）等多種題型的練習。

10. 生字練習單：主要功能為增加學生的生字識字量，包含習寫字和認讀字，教師皆會進行生字的字形和字音教學，在教學過程中，會先讓學生在生字練習單上，練習生字字形書寫 3 至 4 遍，其餘的生字書寫練習則做為回家作業。

為使讀者明白直接教學模式國語文課程之設計細節，本章附錄 3 以盧昱雯所設計之第 18 課「五十步笑百步」為例，呈現特定課文的教學目標與全套課程能力指標之對應關係。有興趣的讀者可以進一步在「林素貞老師研究室」網站（http://ksped.nknu.edu.tw/sirsujan/），「課程發展」選單下之「直接教學模式課程」，或是國語文課程發展之相關碩士學位論文，瀏覽完整的課程教材內容和碩士論文全文。

◎適用對象

　　本課程適用於閱讀理解程度在國小三年級水準以下的國中學生；並不設限學生的識字程度，而是著重增強學生的口語和閱讀理解能力，但是每一個課程皆列有習寫字和認讀字的教學目標，教學者可依據學生程度，調整每個課程識字教學內容的多寡。

◎成效考驗

　　本實驗課程發展歷時共計 6 年，由 3 名研究生的延續性碩士論文所整合完成（陳秋燕，2003；楊欣宜，2007；盧昱雯，2008）。課程發展過程包含特殊教育教授、普通教育國中國文科教師、資源班國文科教師的專家檢核，三個階段共歷經 8 位專家檢核後，本課程做了許多部分的修訂；接著再進入三個準實驗不等組研究設計的實驗教學，實驗教學之研究對象總計有 143 位國一至國三學生，其中包含一般學生 68 位以及輕度身心障礙學生 75 人，本實驗課程的成效考驗，除學生在教學前後的語文表現外，還包含實驗教學過程的教學日誌、實驗教學教師意見調查表等。本課程經過長期的研究，驗證此套課程確實能有效提升輕度身心障礙學生的國語文之口語理解、識字、寫字和閱讀理解能力。

◎進一步閱讀

陳秋燕（2003）。**國民中學國語文直接教學課程之發展**。國立高雄師範大學特
　　殊教育研究所碩士論文，未出版，高雄市。
楊欣宜（2007）。**國民中學國語文直接教學基礎課程之發展**。國立高雄師範大
　　學特殊教育研究所碩士論文，未出版，高雄市。
盧昱雯（2008）。**國民中學國語文直接教學進階課程之發展**。國立高雄師範大
　　學特殊教育研究所碩士論文，未出版，高雄市。

◎教材評析

　　本套直接教學模式國語文課程之編製，至少有兩方面的特色：
　　1. 課程內容有其延續性，即每一階段的課程研發皆是根據陳秋燕（2003）
　　　先前的研究發現，再往下簡化難度（楊欣宜，2007）或往上加深難度
　　　（盧昱雯，2008）。

2. 不僅有課程內容，還包括細部的教學流程設計，充分體現直接教學模式的精神（可參閱本書第二章閱讀教學模式之介紹）。

在可能的限制方面，包括：

1. 課程所欲達成的能力指標部分，乃綜合九年一貫課程綱要本國語言能力指標、特殊教育學校（班）國民教育階段智能障礙類課程綱要（實用語文），以及美國直接教學模式下所發展的「閱讀補救方案」，雖然參考的面向十分完備，但也難以面面俱到，顧及每位特殊學生的個別差異性。再者，對不同語言體系的讀者，其語言發展的順序或困難點是否有差異？這個問題不是本課程所能回答的，未來還需要有更基礎的中文研究做為檢驗課程能力指標的依據。

2. 全套課程共包括 12 個單元 29 課，其難度也依據字數、句數、概念句數的複雜程度排列，相當具有編序性。然在使用上，不同語文程度的學生比較適合從哪個單元切入，目前的研究還未提出較明確的建議說明。另外，此課程之教學實驗係以外加時數的形式進行，每個課程大約需要外加 3 節才能上完，在有限的補救教學時數中，如何與現行的國中國文教材銜接？或是在什麼狀況下，可以先不上國中國文教材，改選用這套教材？這些問題尚待後續的教學實驗檢驗。

第三節 案例三：永齡國語文補救教材系列之介紹與評析

◎教材名稱

永齡國語文補救教材系列

◎編製／設計者（年代）

主編：陳淑麗、曾世杰

研發：財團法人永齡教育基金會永齡希望小學台東教學研發中心團隊

◎出處

陳淑麗、鍾敏華、曾世杰（2005）。**奇妙文字國（3）**。台北市：彩虹愛家生命教育協會。

陳淑麗（主編）（2008a）。**奇妙文字國第一冊**。台北市：財團法人永齡教育基金會。

陳淑麗（主編）（2008b）。**奇妙文字國第二冊**。台北市：財團法人永齡教育基金會。

陳淑麗（主編）（2008c）。**南一調整教材第二、三、四、五、六冊**。台北市：財團法人永齡教育基金會。

陳淑麗（主編）（2009a）。**奇妙文字國第四冊**。台北市：財團法人永齡教育基金會。

陳淑麗（主編）（2009b）。**奇妙文字國第五冊**。台北市：財團法人永齡教育基金會。

曾世杰（主編）（2005）。**ㄅㄆㄇ注音王國**。台北市：彩虹愛家生命教育協會。

◎設計理念與架構

壹、教材設計理念

此系列教材主要是為國語文低成就的孩子設計的，希望透過提供有品質的教材與教學，讓許多成績低落的孩子，有機會重拾學習的樂趣與成就。教材的設計不僅特別考慮低成就學生的許多特性，還採用有科學研究為基礎的有效教學方法，設計理念兼顧了專業與人性化，包括：

1. 以紮實的學理基礎為後盾：教材系統性很強，難度的層次很清楚，從易到難，有很清楚的分級。小學低年級看重「識字」和「流暢性」，年級愈高，愈看重「閱讀理解」。

2. 考慮弱勢學生文化或生活經驗的差異：教材內容希望能貼近弱勢學生的經驗，因此撰寫課文時，特別考慮其文化經驗的特殊性，例如：把「喝酒」、「豐年祭」、「自然災害」等議題編入材料。

3. 講究插圖精緻並與課文概念呼應：教材中的每一幅插圖都是精心設計的，既有繪本的效果，又能表達課文的概念，孩子都相當喜愛。

4. 多層次的學習難度以反應個別差異：低成就的孩子雖然成就都低落，不過還是有很大的個別差異，為了同時照顧到不同能力的孩子，學習單設計包括多種難度層次，希望孩子在補救教學中可以有較多的成功經驗。教學者可針對學生的學習狀況或程度，選擇適合的學習單或調整教學的目標與內容。

5. 明示的教學：一般學習材料裡也會羅列語文知識與規則（如國字部首多和字義有關），但低成就學生往往不容易洞察這些結構與規則。因此，教材採用了一些教學策略，包括「部件教學」、「故事結構法」等，這些方法有助於孩子發現文字的組字規則及文章的結構。

6. 強調流暢性：為了幫助孩子解碼能夠自動化，讓他們在閱讀時有更多的認知資源可以做高層次理解。教學特別強調流暢性訓練，包括字、詞彙和課文都涵蓋在訓練範圍。兒童對老師手持碼表計時，通常都有極高的興趣，許多兒童甚至自己拿著碼表，一遍又一遍的練習閱讀的自動化。

7. 便於教師使用：本教材內含仔細的教案和完整的教具，以及給孩子練習的學習單、作業單、評量單（請參見本章附錄 4），希望減輕教師的備課負擔，便於教師使用。

貳、教材設計內容與架構

一、注音教材

　　包含注音教材的內容、架構與目標，請參閱本書第五章，不在此贅述。

二、中文教材

　　1. 四種核心的教學成分：使用研究證實是有效的教學策略，如圖 11-2 所示。

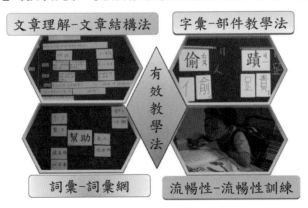

圖 11-2　奇妙文字國教材的教學成分與教學策略

2. 四種教學成分的教學流程，如圖 11-3、表 11-1 所示。

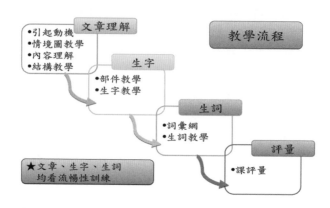

圖 11-3 「奇妙文字國」教材各成分的教學流程

表 11-1 「奇妙文字國」教材各教學成分的目標與教學設計

成分	教學目標	教學方法	練習單	形成性評量
文章理解	1. 提高動機 2. 理解內容 3. 掌握文章重點	1. 聯繫舊經驗、情境圖 2. 朗讀課文、四層次問題的內容提問 3. 故事結構法：根據文章的結構提問	1. 故事結構表 2. 文章理解選擇題	1. 朗讀課文流暢性 2. 選擇題
詞彙	1. 認讀、書寫 2. 詞義理解 3. 應用 4. 擴充 5. 自動化	1. 認讀、書寫練習 2. 詞義說明或解釋 3. 口語造句 4. 詞彙網、相似詞、相反詞 5. 詞卡閃示練習、遊戲	1. 詞彙習寫 2. 造句 3. 詞彙網	1. 生詞認讀流暢性 2. 聽寫正確性 3. 造句
字彙	1. 認讀、書寫 2. 部件規則 3. 字義理解 4. 應用 5. 擴充 6. 自動化	1. 認讀、筆順、書寫練習 2. 部件教學：部件演進卡、部件組合口訣 3. 字義說明或解釋 4. 口語造詞 5. 形似字擴充 6. 字卡閃示練習、遊戲	1. 圈選部件 2. 字彙習寫 3. 造詞	1. 國字聽寫正確率 2. 認讀流暢性 3. 造詞
流暢性	自動化	文章、字和詞等成分都用碼表計時練習	速度	

◎適用對象

國小一至三年級國語文低成就學生

◎成效考驗

此系列教材在推廣到全國之前，先在最弱勢的台東縣做過一系列的教學實驗，來驗證教材的有效性。實驗是針對需要補救教學的孩子，提供長時、密集、小班的國語科補救教學，結果發現在一個學期或一學年之後，許多孩子的語文能力就可以跟上同儕了。

以 2007 年在台東縣的實驗為例，參與實驗的小二兒童，在補救教學前，他們的識字能力在全國常模的百分等級為 14，但接受一年的補救教學後，百分等級平均可提升到 48，有 63%的學生，識字能力可以回到同儕兒童的水準（以嚴格的百分等級 45 為標準）；但未接受補救教學的對照組，補救教學前的平均識字量百分等級是 23，兩個學期後，反而退步到百分等級 18。小一學生的成效也很好，經過一年的補救教學，有 60%的孩子，注音能力可以回到同儕水準，且分別有 50%和 58%的孩子，中文識字（聽或看詞選字）、聽寫也回到同儕水準。2008 年之後，研發中心開始逐步將系列教材與補救教學模式推廣到全國的永齡希望小學，同樣也收到很好的成效。筆者的結論是：孩子不是不能學，但需要有專業的補救教學！

◎進一步閱讀

陳淑麗（2008）。二年級國語文補救教學研究──一個長時密集的介入方案。
　　特殊教育研究學刊，33（2），27-48。
陳淑麗（2009）。**弱勢學童讀寫希望工程──課輔現場的了解與改造**。台北
　　市：心理。
陳淑麗、曾世杰（2005）。唸名速度及聲韻覺識在中文閱讀障礙亞型分類上的
　　角色──個案補救教學研究。載於洪儷瑜、王瓊珠、陳長益（主編），**突
　　破學習困難──評量與因應之探討**（頁 179-214）。台北市：心理。
陳淑麗、曾世杰、洪儷瑜（2006）。原住民國語文低成就學童文化與經驗本位
　　補救教學成效之研究。**師大學報──教育類，51**（2），147-171。
陳淑麗、洪儷瑜、曾世杰、鍾敏華（2006）。原住民學生國語文補救教學方案

前驅研究。**當代教育研究，14**（4），63-98。

曾世杰、陳淑麗（2007）。注音補救教學對一年級低成就學童的教學成效實驗研究。**教育與心理研究，30**（3），53-77。

◎教材評析

此系列教材的優點是系統、結構，教學設計具有學理基礎，也有相當不錯的教學成效，同時也頗受學生和教師歡迎。永齡教育基金會在 97 學年度，針對永齡希望小學使用這套教材的全體教師，做了教材滿意度調查，結果滿意度高達 95%，許多孩子對這套教材也愛不釋手，會不斷地重複閱讀。

教材的另一項特色是，為了發揮較佳的教學效果以及減低老師備課的負擔，配合教材，研發中心團隊提供了豐富的教學支援，包括：詳細的教案、學習單、評量單與教具等，並發展執行補救教學的運作模式（包括師資培育、教學督導、篩選、排課、進展監控、績效責任等）；也發展出 100 例以上的線上教學策略帶，供教學者自學或教學督導下處方箋之用。希望藉此提升不同師資來源的課輔教師之水準，可以在短期培訓後就上手，也希望老師花最少的時間備課，儘量把時間花在對孩子直接的協助上面。

這套教材目前的評價整體雖相當不錯，但第一次使用的老師，卻也常會出現許多困擾或質疑，例如：為什麼要使用這些策略、教學時間不太夠、用部件教學法，有些部件無法命名或不能拆解、或者還是有部分的孩子學不會……等。通常，有教學經驗的在職老師，在教學督導的協助下，大約 1 個月就能得心應手地使用這套教材；沒有經驗的大專生，則需要長一點的時間才能得心應手。但是，這套教材能帶起所有低成就的孩子嗎？答案是不一定！

孩子如果沒有生理上的障礙，通常可以順利地學會這些教材，孩子會慢慢地進步，補救教學的孩子大部分屬於這類。但也有小部分的孩子雖然很努力學，老師也很努力教，但卻學得很慢，總是記不得一些字，這樣的孩子極可能有生理上的障礙。我們建議，要儘快將他（她）們轉介做特殊教育的鑑定，他們可能需要更密集、師生比更高、鷹架更細緻的特殊教育服務。

參考文獻

洪儷瑜（2009a）。**教師虛擬研究室——中文讀寫教材調整之專家系統的建立**。行
　　政院國家科學委員會專題研究計畫成果三年期末報告（報告編號：NSC
　　95-2516-S-003-004-MY3），未出版。

洪儷瑜（2009b）。**以能力為本位的補救教學設計的原則**。國立台灣師範大學特殊
　　教育學系實驗教材教師手冊。

洪儷瑜、陳秀芬、吳怡慧、古美娟（2009）。**永齡希望小學中高年級語文科補救教
　　學研發實驗報告**。財團法人永齡教育基金會永齡希望小學台東教學研發中心，
　　未出版。

洪儷瑜、黃冠穎（2006）。兩種取向的部件識字教學法對國小低年級語文低成就學
　　生之成效比較。**特殊教育研究學刊，31**，43-71。

洪儷瑜（主編）（2009）。**國字精進手冊——部件識字**。財團法人永齡教育基金會
　　永齡希望小學台東教學研發中心，未出版。

國語日報出版中心（主編）（2005）。**新編國語日報辭典**。台北市：作者。

教育部國語推行委員會（1994）。**重編國語辭典修訂版資料庫**。2001 年 1 月，取
　　自 http://dict.revised.moe.edu.tw/

教育部國語推行委員會（主編）（2000）。**國小學童常用字詞調查報告書**（初
　　版）。台北市：教育部。

陳秋燕（2003）。**國民中學國語文直接教學課程之發展**。國立高雄師範大學特殊教
　　育研究所碩士論文，未出版，高雄市。

陳淑麗（2008）。二年級國語文補救教學研究——一個長時密集的介入方案。**特殊
　　教育研究學刊，33**（2），27-48。

陳淑麗（2009）。**弱勢學童讀寫希望工程——課輔現場的了解與改造**。台北市：心
　　理。

陳淑麗、洪儷瑜、曾世杰、鍾敏華（2006）。原住民學生國語文補救教學方案前驅
　　研究。**當代教育研究，14**（4），63-98。

陳淑麗、曾世杰（2005）。唸名速度及聲韻覺識在中文閱讀障礙亞型分類上的角色

——個案補救教學研究。載於洪儷瑜、王瓊珠、陳長益（主編），**突破學習困難——評量與因應之探討**（頁 179-214）。台北市：心理。

陳淑麗、曾世杰、洪儷瑜（2006）。原住民國語文低成就學童文化與經驗本位補救教學成效之研究。**師大學報——教育類**，51（2），147-171。

陳淑麗、鍾敏華、曾世杰（2005）。**奇妙文字國（3）**。台北市：彩虹愛家生命教育協會。

陳淑麗（主編）（2008a）。**奇妙文字國第一冊**。台北市：財團法人永齡教育基金會。

陳淑麗（主編）（2008b）。**奇妙文字國第二冊**。台北市：財團法人永齡教育基金會。

陳淑麗（主編）（2008c）。**南一調整教材第二、三、四、五、六冊**。台北市：財團法人永齡教育基金會。

陳淑麗（主編）（2009a）。**奇妙文字國第五冊**。台北市：財團法人永齡教育基金會。

陳淑麗（主編）（2009b）。**奇妙文字國第四冊**。台北市：財團法人永齡教育基金會。

曾世杰、陳淑麗（2007）。注音補救教學對一年級低成就學童的教學成效實驗研究。**教育與心理研究**，30（3），53-77。

曾世杰（主編）（2005）。**ㄅㄆㄇ注音王國**。台北市：彩虹愛家生命教育協會。

黃沛榮（2003）。**漢字教學的理論與實踐**。台北市：樂學。

楊欣宜（2007）。**國民中學國語文直接教學基礎課程之發展**。國立高雄師範大學特殊教育研究所碩士論文，未出版，高雄市。

盧昱雯（2008）。**國民中學國語文直接教學進階課程之發展**。國立高雄師範大學特殊教育研究所碩士論文，未出版，高雄市。

魏金財、吳敏而（1996）。小學國語課文字彙數量、次序的安排與比較分析。**國教學報**，5，1-31。

附錄 1　國民中學國語文直接教學模式課程之能力指標

各課之課程能力指標分配表

主要能力	次能力	課程能力指標		基礎課程															進階課程													
				第1課	第2課	第3課	第4課	第5課	第6課	第7課	第8課	第9課	第10課	第11課	第12課	第13課	第14課	第15課	第16課	第17課	第18課	第19課	第20課	第21課	第22課	第23課	第24課	第25課	第26課	第27課	第28課	第29課
A 口語理解	A-1 聽覺記憶	A-1-1	聽定義說出所指的詞彙	■	■	■	■	■	■	■	■	■	■	■	■	■	■	■	■	■	■	■	■	■	■	■	■		■	■	■	■
		A-1-2	說出語詞的意義	■	■			■		■	■		■	■	■		■	■	■	■	■	■				■	■	■	■	■	■	■
		A-1-3	聽詞彙說出反義詞			■	■		■																						■	■
		A-1-4	聽詞彙說出相似詞（同義詞）			■	■																									■
		A-1-5	說出語詞的反義詞和相似詞（同義詞）																													
		A-1-6	聽句子再以相似詞（同義詞）替換說出完整句子																													■
		A-1-7	聽相關背景知識說出特定主題																					■							■	■
		A-1-8	聽段落文章說出重要概念								■		■	■			■	■	■	■	■		■								■	■
		A-1-9	重述句子	■	■																											
		A-1-10	說出含有指定詞彙的完整句子	■	■														■		■	■									■	■
		A-1-11	跟著句子教增加，正確重述句子																								■					
		A-1-12	根據句義，接續說出完整句子																							■		■				
	A-2 序列記憶	A-2-1	看序列圖說出事件先後順序					■															■									
		A-2-2	聽故事再說出相關事件發生的順序					■				■											■	■								
	A-3 推論理解	A-3-1	說出譬喻句型的答案							■																			■			
		A-3-2	說出矛盾句型的答案																											■	■	■
		A-3-3	說出類推句型的答案																													
		A-3-4	說出段落文章的摘要重點					■			■					■								■	■	■	■	■	■	■	■	■

附錄 1 國民中學國語文直接教學模式課程之能力指標（續）

各課之課程能力指標分配表

主要能力	次能力		課程能力指標	第1課	第2課	第3課	第4課	第5課	第6課	第7課	第8課	第9課	第10課	第11課	第12課	第13課	第14課	第15課	第16課	第17課	第18課	第19課	第20課	第21課	第22課	第23課	第24課	第25課	第26課	第27課	第28課	第29課
											基礎課程								進階課程													
A 口語理解	A-3 推論理解		A-3-5 說出段落文章中的預測結果		■		■		■											■				■			■		■	■	■	
			A-3-6 聽段落文章說出隱含的重要意義		■																			■			■		■	■	■	
			A-3-7 回答句子中 who、when、how、what 的問題														■			■				■			■		■			■
			A-3-8 分辨自己的回答是字面理解																					■			■		■	■	■	
			A-3-9 回答文章中字面理解的問題														■							■			■		■	■	■	
			A-3-10 分辨自己的回答是推論理解																					■			■		■	■	■	
			A-3-11 回答段落文章的推論理解問題	■	■	■	■	■	■	■	■	■	■	■	■	■	■	■	■	■	■	■	■	■	■	■	■	■	■	■	■	■
B 識字	B-1 認讀字		B-1-1 選出詞彙中正確的國字	■	■	■	■	■	■	■	■	■	■	■	■	■	■	■	■	■	■	■	■	■	■	■	■	■	■	■	■	■
			B-1-2 從課文中正確圈出本課語詞	■	■	■	■	■	■	■	■	■	■	■	■	■	■	■	■	■	■	■	■	■	■	■	■	■	■	■	■	■
	B-2 習寫字		B-2-1 聽/看字音選/寫出國字	■	■	■	■	■	■	■	■	■	■	■	■	■	■	■	■	■	■	■	■	■	■	■	■	■	■	■	■	■
C 閱讀理解	C-1 背景知識	C-1-1 特定主題詞彙	C-1-1-1 選出定義所指特定主題的詞彙			■								■																		
			C-1-1-2 指出/選出圖所代表的詞語	■					■																				■			
		C-1-2 特定主題知識	C-1-2-1 選出關於特定主題的重要知識/規則										■								■										■	
			C-1-2-2 運用特定主題之事/規則解釋原因																								■					■

附錄 1　國民中學國語文直接教學模式課程之能力指標（續）

各課之課程能力指標分配表

主要能力	次能力		課程能力指標	第1課	第2課	第3課	第4課	第5課	第6課	第7課	第8課	第9課	第10課	第11課	第12課	第13課	第14課	第15課	第16課	第17課	第18課	第19課	第20課	第21課	第22課	第23課	第24課	第25課	第26課	第27課	第28課	第29課
										基礎課程												進階課程									
C 閱讀理解	C-2 語文常識	C-2-1 文體	C-2-1-1 辨識寓言	■	■	■	■	■	■																							
			C-2-1-2 辨識新詩																													
			C-2-1-3 列舉計畫書格式							■	■	■																				
			C-2-1-4 列舉日記格式										■																			
			C-2-1-5 列舉書信格式												■																	
			C-2-1-6 辨識說出成語故事文體													■		■														
			C-2-1-7 辨識說出諺語故事文體																					■								
			C-2-1-8 辨識說出記敘文類文體																		■	■										
			C-2-1-9 認識說出說明文類文體																													
	C-2-2 詞性		C-2-2-1 辨別句子中的名詞														■	■						■	■	■	■	■	■	■	■	■
			C-2-2-2 辨別句子中的動詞																■					■	■	■	■	■	■		■	■
			C-2-2-3 辨別句子中的形容詞																	■								■	■			■
			C-2-2-4 從句子中辨別詞彙的詞性											■														■				■
			C-2-2-5 指出句子的主詞																											■	■	
			C-2-2-6 指出句子的主語、謂語									■																				
	C-2-3 連接句子		C-2-3-1 用「每當…（就）」連接二個句子成為一句													■										■						
			C-2-3-2 用「但是…」連接二個句子成為一句																	■						■						
			C-2-3-3 用「和」連接二個句子成為一句																			■		■								
			C-2-3-4 用「因為…所以…」連接二個句子成為一句									■											■				■	■				
			C-2-3-5 用「…尤其是…」連接二個句子成為一句																													■
			C-2-3-6 用「雖然…但是…」連接二個句子成為一句																												■	■
			C-2-3-7 用「…特別是…」連接二個句子成為一句																													■

附錄 1　國民中學國語文直接教學模式課程之能力指標（續）

各課之課程能力指標分配表

主要能力	次能力	課程能力指標	基礎課程														進階課程														
			第1課	第2課	第3課	第4課	第5課	第6課	第7課	第8課	第9課	第10課	第11課	第12課	第13課	第14課	第15課	第16課	第17課	第18課	第19課	第20課	第21課	第22課	第23課	第24課	第25課	第26課	第27課	第28課	第29課
C-2 語文常識	C-2-4 標點符號	C-2-4-1 依句意正確將逗號「，」選／填入句中	■																									■			
		C-2-4-2 依句意正確將句號「。」選／填入句中	■	■																											
		C-2-4-3 依句意正確將問號「?」選／填入句中					■																								
		C-2-4-4 依句意正確將引號「「」」選／填入句中				■													■												
		C-2-4-5 依句意正確將頓號「、」選／填入句中			■		■													■											
		C-2-4-6 依句意正確將專名號選／填入句中																													
		C-2-4-7 依句意正確將冒號「：」選／填入句中																■													
		C-2-4-8 更正句中標點符號的錯誤																					■								
C-3 字詞理解	C-3-1 詞義能力	C-3-1-1 依定義分辨／選出詞彙	■	■			■	■	■	■					■	■	■	■	■	■	■	■	■	■	■	■	■	■	■	■	■
		C-3-1-2 分辨選出／說出生詞的意義						■																							
		C-3-1-3 運用適當的語詞填入句中空格						■																							
		C-3-1-4 辨識詞彙在句中的意思																													
		C-3-1-5 運用生字詞造句																													
	相似詞	C-3-1-6 分辨選出／舉出詞語的相似詞（同義詞）			■																										
		C-3-1-7 運用相似詞（同義詞）替換句子的語詞																													
	反義詞	C-3-1-8 列舉選出詞語的反義詞																													
	C-3-2 段落篇章	C-3-2-1 辨識段落文章中的重要概念	■		■																	■						■			
		C-3-2-2 排列出相關事件的發生順序			■																					■					
C-4 推論理解	C-4-1 推論	C-4-1-1 辨識一個含有「所有」規則的推論	■																			■									
		C-4-1-2 辨識一個含有「沒有」規則的推論	■										■																		

附錄 1　國民中學國語文直接教學模式課程之能力指標（續）

各課之課程能力指標分配表

主要能力	次能力		課程能力指標	基礎課程 第1課	第2課	第3課	第4課	第5課	第6課	第7課	第8課	第9課	第10課	第11課	第12課	第13課	第14課	第15課	進階課程 第16課	第17課	第18課	第19課	第20課	第21課	第22課	第23課	第24課	第25課	第26課	第27課	第28課	第29課
C 閱讀理解	C-4 推論理解	C-4-1 推論	C-4-1-3 辨識一個含有「每一」規則的推論						■							■		■				■						■		■		■
			C-4-1-4 辨識一個含有「有的」（有些／部分）規則的推論															■					■					■			■	
			C-4-1-5 根據已知的事實推論回答問題／規則					■																						■		
			C-4-1-6 從一系列的例子中推論出規則（選出／說出）																		■											
			C-4-1-7 使用「如果……就」規則的解決問題									■	■																			
		C-4-2 舉證證明	C-4-2-1 辨別哪一項事實能解釋特定結果	■	■														■			■	■			■	■					
			C-4-2-2 辨別哪二項事實能解釋特定結果	■	■																		■			■						
			C-4-2-3 辨別哪些是「相關」或「無關」文句						■																							
		C-4-3 類推	C-4-3-1 根據特定的規則類推						■		■								■				■									■
			C-4-3-2 依記憶口頭類推																				■									
			C-4-3-3 選出某類類推的規則																				■									■
		C-4-4 矛盾	C-4-4-1 指出句子矛盾之處										■																	■		
			C-4-4-2 訂正句子矛盾之處																													
			C-4-4-3 更改關鍵詞使矛盾句子變成合理意思一致的文句																				■									
			C-4-4-4 分辨句子和另一項論述矛盾												■																■	
			C-4-4-5 找出段落中矛盾的二事實論述																					■			■					■
			C-4-4-6 指出某一個句子和另一個句子矛盾的理由																						■							
		C-4-5 譬喻	C-4-5-1 從一個譬喻句中分辨哪二者相似關係							■																						
			C-4-5-2 依條件造出一個譬喻句																							■						
		C-4-6 陳述推論	C-4-6-1 選出段落文章摘要	■					■				■	■	■							■	■									
			C-4-6-2 選出預測段落文章中的結果																	■									■	■	■	■
			C-4-6-3 分辨段落文章說出隱含重要意義																				■								■	■
			C-4-6-4 運用已知事實填寫表格																				■						■	■	■	■
			C-4-6-5 依序排出文章的摘要																				■						■	■	■	■

附錄 2　國民中學國語文直接教學模式課程單元內容分析

單元		課別	課文名稱	字數	句數	概念句數
一	寓言小品 （一）	一	停電了	24	3	3
		二	驕傲的太陽	42	4	4
		三	窗簾	48	4	4
二	寓言小品 （二）	四	螃蟹媽媽	57	7	4
		五	請狼保護	58	8	5
		六	狐狸和葡萄	62	9	5
三	新詩	七	下雨了	52	6	6
		八	我喜歡你	87	11	11
		九	秘密的旅行	105	16	14
四	應用文	十	書信	144	18	11
		十一	日記一則	152	15	10
		十二	新年計畫	146	15	11
五	成語故事 （一）	十三	亡羊補牢	155	20	12
		十四	朝三暮四	161	20	12
		十五	盲人摸象	193	18	14
六	知識短文 （一）	十六	狗的啟示	165	19	15
		十七	南極企鵝	228	21	17
七	諺語故事	十八	五十步笑百步	245	28	19
		十九	食果子，拜樹頭	268	29	19
八	成語故事 （二）	二十	畫蛇添足	204	24	19
		二十一	刻舟求劍	258	31	21
九	知識短文 （二）	二十二	諾貝爾獎	226	23	21
		二十三	可怕的地震	343	28	21
十	知識短文 （三）	二十四	登革熱	377	28	22
		二十五	維生素	313	27	23
十一	知識短文 （四）	二十六	雅虎傳奇	337	27	23
		二十七	麥當勞的奇蹟	403	32	25
十二	知識短文 （五）	二十八	發明大王	508	35	29
		二十九	機車	441	42	38

附錄 3　國民中學國語文直接教學模式課程第 18 課單元教材能力
指標分析

主要能力	次能力	「國語文直接教學進階課程」能力指標	第 18 課「五十步笑百步」課程內容分析
口語理解	聽覺記憶	A-1-1 聽定義說出所指的詞彙	恐怕／趁機／一陣子／嘲笑／不甘示弱
		A-1-2 說出語詞的意義	
		A-1-3 聽詞彙說出反義詞	嘲笑—讚美／恐怕—必定
		A-1-4 聽詞彙說出相似詞（同義詞）	恐怕—只怕／嘲笑—取笑
		A-1-5 說出語詞的反義詞和相似詞（同義詞）	嘲笑—讚美／恐怕—必定
		A-1-6 聽句子再以相似詞（同義詞）替換說出完整句子	恐怕—只怕／嘲笑—取笑
		A-1-7 聽相關背景知識說出特定主題	何謂「士兵」／軍人的職責／服兵役的年紀
		A-1-8 聽段落文章說出重要概念	1. 「軍人」的相關知識 2. 本文的段落重點和架構圖的對應關係
		A-1-10 說出含有指定詞彙的完整句子	注釋例句的重述
	序列記憶	A-2-1 看序列圖說出事件先後順序	看圖按順序說出故事大意
		A-2-2 聽故事再說出相關事件發生的順序	依故事內容排出順序
	推論理解	A-3-2 說出類推句型的答案	詞組的關係「生、死」、「快、慢」、「高、矮」
		A-3-4 說出段落文章的摘要重點	看架構圖說出故事大意
		A-3-5 說出段落文章中的預測結果	故事結論：「只要是逃跑，無論遠近，都是一樣膽小」
		A-3-6 聽段落文章說出隱含的重要意義	「五十步笑百步」引申意思
		A-3-7 回答句子中 who、when、how、what 的問題	1. 故事背景、人物身分、事件經過和結果 2. 看圖說出事件經過

附錄 3　國民中學國語文直接教學模式課程第 18 課單元教材能力
指標分析（續）

主要能力	次能力		「國語文直接教學進階課程」能力指標	第 18 課「五十步笑百步」課程內容分析
口語理解	推論理解		A-3-8 分辨自己的回答是字面理解	討論符合「五十步笑百步」的例子故事背景？主角有誰？發生什麼事？故事結果？
			A-3-9 回答文章中字面理解的問題	
			A-3-10 分辨自己的回答是推論理解	故事主角的行為後果和評價
			A-3-11 回答段落文章的推論理解問題	
識字	認讀字		B-1-1 選出詞彙中正確的國字	膽／兵／逃／陣／弱
			B-1-2 從課文中正確圈出本課語詞	恐怕／趁機／一陣子／嘲笑／不甘示弱
	習寫字		B-2-1 聽／看字音選／寫出國字	戰／激／恐／跑／遠
閱讀理解	背景知識		C-1-1-1 選出定義所指特定主題的詞彙	士兵
			C-1-1-2 指出／選出圖所代表的詞語	軍隊的種類：陸軍、海軍、空軍
			C-1-2-1 選出關於特定主題的重要知識／規則	當兵的年齡和義務、軍人軍種和職責
	語文常識	文體	C-2-1-2 辨識諺語故事	諺語故事的意義
		標點符號	C-2-4-4 依句意正確將引號「「」」選／填入句中	複習引號「」新教認識冒號（：）練習和用法（：「」）的連用組合
			C-2-4-7 依句意正確將冒號「：」選／填入句中	
			C-2-4-8 更正句中標點符號的錯誤	
	字面理解		C-3-1-1 依定義分辨／選出詞彙	恐怕／一陣子／嘲笑／不甘示弱／趁機
			C-3-1-2 分辨選出／說出語詞的意義	
			C-3-1-3 使用教過的語詞填入句中空格	
	推論理解		C-3-1-4 辨識詞彙在句中的意思	恐怕／連接詞
			C-3-1-6 分辨選出／舉出語詞的相似詞	恐怕－只怕／嘲笑－取笑
			C-3-1-7 重述句子使用相似詞替代句子中的語詞	

附錄 3　國民中學國語文直接教學模式課程第 18 課單元教材能力
　　　　指標分析（續）

主要能力	次能力	「國語文直接教學進階課程」能力指標	第 18 課「五十步笑百步」課程內容分析
閱讀理解	推論理解	C-3-1-8 說出語詞的反義詞	反義詞組 詞語：嘲笑－讚美 類推詞組：生死、快慢、長短
		C-3-2-1 辨識段落文章中的重要概念	1. 故事背景、人物身分、事件經過和結果 2. 故事延伸涵義
		C-3-2-2 排列出相關事件發生順序	排出故事連環圖先後順序
		C-4-1-4 根據已知的事實推論選出問題／規則	問題與討論的(3)～(5)
		C-4-1-5 從一系列的例子中推論出規則	類推詞組為相反關係
		C-4-2-1 辨別哪一項事實能解釋特定結果	「五十步笑百步」的例子
		C-4-3-1 根據特定的規則類推	類推反義詞組
		C-4-3-2 依記憶口頭類推	類推故事內容和諺語延伸涵義
		C-4-3-3 選出某項類推的規則	從詞組中判斷關係
		C-4-6-1 選出段落文章摘要	故事背景？主角有誰？發生什麼事？故事結果？
		C-4-6-2 選出預測段落文章中的結果	逃跑的後果
		C-4-6-3 分辨段落文章說出隱含的重要意義	「五十步笑百步」的諺語意思
		C-4-6-5 依序排出文章的摘要	故事先後順序

附錄 4　永齡國語文補救教材系列之「奇妙文字國」

壹、奇妙文字國 1

　　文長約 100 個字，適合小一下學期之學生使用。

一、課文例子：第五課〈西瓜〉（圖／呂家豪，文／曾世杰）

二、課文例子：第六課〈森林哭了〉（圖／呂家豪，文／曾世杰）

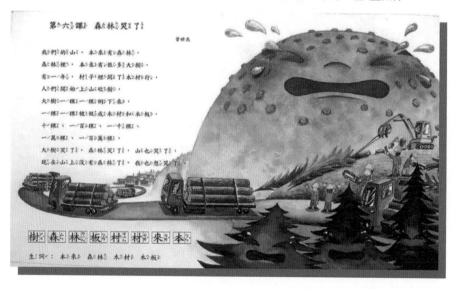

貳、奇妙文字國 2

文長約 150 個字，適合小二上學期之學生使用。

一、課文例子：第八課〈爸爸回來了〉（圖／呂家豪，文／曾世杰）

二、教具

第八課〈爸爸回來了〉教具清單

項目	規格	照片
課文掛圖	A2	
圖片教具	A4	
生字卡	18.8cm×14cm	祭 宗 祝 福 祥 神 祈 祖　神（正面）　　（背面）
生詞卡	A4	祭拜 祈求 終於 幫助
部件卡	10cm×14cm	夕 示 宀 礻 示 申 且 礻
部件演進卡	21cm×90cm	
延伸字卡	18.8cm×14cm	組 助 扶 服 幅 富　洋 伸 宋

三、學習單舉例

（一）生字學習單

爸爸回來了　學習單——我是小柯南

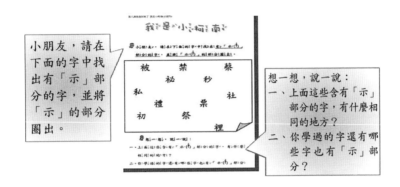

小朋友，請在下面的字中找出有「示」部分的字，並將「示」的部分圈出。

被　禁　蔡　祕　秒　私　禮　票　社　初　祭　裡

想一想，說一說：

一、上面這些含有「示」部分的字，有什麼相同的地方？

二、你學過的字還有哪些字也有「示」部分？

（二）詞彙網學習單

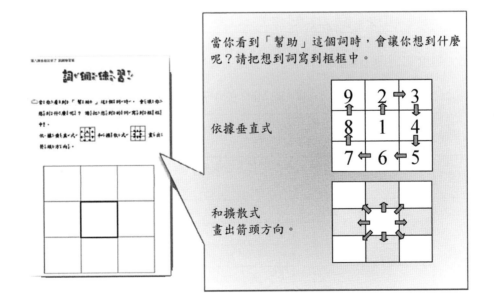

當你看到「幫助」這個詞時，會讓你想到什麼呢？請把想到詞寫到框框中。

依據垂直式

和擴散式
畫出箭頭方向。

四、文章結構學習單

（一）難度一：選擇題式

第八課　爸爸回來了

人物	◎這個課文裡面有誰？ □爸爸、　媽媽、　外婆、　作者 □爸爸、　媽媽、　作者、　阿姨		
起因	◎爸爸去做什麼，好多天都還沒回家？ 答：□逛街　　□捕魚　　□旅行　　□讀書		
經過	◎連連看：課文中，作者跟誰做了什麼事來祈求爸爸快快回家？		
	作者和誰	向誰	做了什麼事
	媽媽●　　●	向耶穌	● 燒香祭拜
	阿姨●　　●	向祖先	● 祈禱
	媽媽●　　●　去廟裡向神明		● 燒香祭拜
結果	◎結果爸爸有回來了嗎？ 答：□爸爸回來了　　□爸爸沒有回來了		

（二）難度二：問答題式

爸爸回來了

人物	◎這個課文裡面有誰？ 答：		
起因	◎爸爸去做什麼，好多天都還沒回家？ 答：		
經過	作者和誰	向誰	做了什麼事
	1.		燒香祭拜
	2.媽媽		
	3.	去廟裡向神明	
結果	◎結果爸爸有回來了嗎？ 答：		

五、課本、教師手冊、習作與作業簿

參、奇妙文字國 3

文長約 250 個字，適合小二下學期之學生使用。課本、教師手冊、習作如下。

肆、奇妙文字國 4

文長約 350 個字，適合小三上學期之學生使用。課本、教師手冊、習作如下。

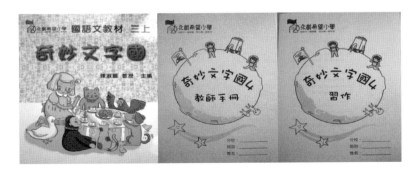

中英索引

筆記欄

筆記欄

筆記欄

筆記欄

筆記欄

國家圖書館出版品預行編目資料

突破閱讀困難：理念與實務／台灣學障學會策劃；王瓊
珠、陳淑麗主編.-- 初版. -- 臺北市：心理，2010.03
面； 公分. --（障礙教育系列；63097）

ISBN 978-986-191-351-3（平裝）

1. 閱讀障礙　2. 特殊教育　3. 補救教學

529.69　　　　　　　　　　　　　　　99002463

障礙教育系列 63097

突破閱讀困難 —— 理念與實務

策　　　劃：台灣學障學會
主　　　編：王瓊珠、陳淑麗
責任編輯：郭佳玲
總 編 輯：林敬堯
發 行 人：洪有義
出 版 者：心理出版社股份有限公司
地　　　址：231026 新北市新店區光明街 288 號 7 樓
電　　　話：(02)29150566
傳　　　真：(02)29152928
郵撥帳號：19293172 心理出版社股份有限公司
網　　　址：https://www.psy.com.tw
電子信箱：psychoco@ms15.hinet.net
排 版 者：辰皓國際出版製作有限公司
印 刷 者：辰皓國際出版製作有限公司
初版一刷：2010 年 3 月
初版八刷：2022 年 8 月
I S B N：978-986-191-351-3
定　　　價：新台幣 300 元